힌두교에
대한 기독교 메시지,
선교방식

힌두의 땅으로 들어가라

힌두교에 대한
기독교 메시지, 선교방식
힌두의 땅으로 들어가라

2020년 11월 17일 초판 1쇄 인쇄
2020년 11월 24일 초판 1쇄 발행

지 은 이 | 진기영
펴 낸 이 | 정제순

펴 낸 곳 | 아릴락북스
출판등록 | 제504-2020-00008호
주   소 | 경상북도 포항시 북구 장량로75번길 19-12
전   화 | 054-260-1706 FAX | 054-260-1709

판매대행 : 고요아침
03678 서울시 서대문구 증가로 29길 12-27 102호
전화 | 02-302-3194~5
팩스 | 02-302-3198
E-mail | goyoachim@hanmail.net

값은 뒤표지에 있습니다.
ISBN 979-11-970457-3-8 (03230)

잘못된 책은 구입하신 서점에서 교환해 드립니다.

인도선교의 이해 III

힌두교에 대한 기독교 메시지, 선교방식

힌두의 땅으로 들어가라

진 기 영 지음

아릴락북스

　"힌두교에 대해 적절한 기독교 메시지와 선교방식은 무엇일까?" 이것은 2003년 석, 박사 공부를 시작할 때부터 지금까지 지속적으로 던져왔던 질문이자 연구의 주제였다. 연구의 초기에는 기독교 메시지를 힌두교의 용어와 문화로 표현하는 작업의 선교신학적 토대를 세우는 데 주력했다. 힌두들이 이해할 수 있는 메시지를 전하려면 힌두교/힌두문화와 관련을 지어야 하는데 그렇게 해도 되는지, 신학적으로 어떻게 그것이 가능한지 살펴보았다. 그러다가 2011년부터 인도에서 현장 선교사 생활을 하면서는 실제적인 사역에 좀 더 초점을 맞추게 되었다. 즉 어떤 기독교 메시지라야 인도인들이 잘 이해하고 수용할 수 있는지, 그리고 어떤 방식으로 선교해야 그들이 거부감 없이 받아들일 수 있는지 그 구체적인 방법들을 탐구해 왔다.

　그동안 발간된 책『인도선교의 이해』1권과 2권, 그리고『서양식 선교방식의 종말』을 통해 위의 질문에 어느 정도 대답을 한 것 같다. 그럼에도 불구하고 나의 작업에 대해 여전히 불만족스러운 부분 두 가지가 있었다. 먼저 기독교 메시지의 대상이자 통로가 되는 힌두교에 대한 소개가 많이 부족한 점이었다. 특히 기존의 전통적인 힌두교 이해와 더불어 힌두 내부자들이 말하는 힌두교에 대한 이해를 보충하여 힌두교 이해에 균형을 잡을 필요가 시급한 것으로 보였다. 또 한 가지는 그 간의 글을 통해 전통적 선교방식으로 안 된다는 이야기는 많이 했지만 그러면 어떻게 해야 하는지 구체적인 대안 모델 제시가 많이 부족해 보였다.

　이런 점에서 이번에 출간되는 네 번째 책은 I 부에서 힌두교에 대한 올바른 이해를 갖도록 힌두교를 상세히 소개하는 데 집중하였다. 힌두교에 대한 자문화중심적이고 단편적인 이해로 인해 그동안 놓치고 있었던 힌두교의 또 다른 모습을 보여줌으로 힌두교의 큰 그림, 전체의 모습을 발견하도록 했다. II 부에서는 힌두들에게 호소력 있는 기독교 메시지, 그리고 힌두들의 마음을 움직일 수 있는 전도방식을 집중적으로 다루었다. 이론보다는 실제로 적용 가능하도록 구체적인 사역의 내용을 비교적 상세하게 소개했다. 저자의 주장보다는 여러 개종자들의 간증과 열매 맺은 사역자들의 체험과 보고 등을 통해 독자들이 새로운 선교방식의 가능성을 직접 판단할 수 있도록 했다.

부록으로 1910년 에딘버러 세계선교사수양회 때 출간되었던 『비기독교 종교와 관련된 선교사 메시지』 중 찰스 로빈슨이 작성한 힌두교 분과의 보고서를 번역하여 실었다. 당대의 지도적인 인도선교사 60명의 답변서에 기초한 이 보고서는, 힌두교에 대한 올바른 이해와 힌두교에 적절한 기독교 메시지, 선교방식을 찾는 모든 이들에게 통찰력과 혜안을 제시한다. 110년 전 선교사들이 목소리 높여 외쳤던 이야기가 오늘날 본서에서 필자가 말하는 바와 상당 부분 일치한다는 것은 참으로 흥미로운 일이다. 이 글이 한인 선교사들의 힌두교에 대한 인식을 새롭게 하고, 힌두교에 대한 선교방식을 일신하는 데 도움이 되기를 바란다.

이 자리를 빌어 이 책이 나오기까지 많은 수고를 해 준 아내 박은애 선교사에게 고마움을 표한다. 아내는 원고를 읽고 기독교 입장에서, 독자의 입장에서, 국어 교사의 입장에서 날카로운 비판을 아끼지 않고 원고 교정 작업을 위해 수고해 주었다. 아내의 수고가 아니었더라면 책의 완성도가 많이 떨어졌을 것이다.

또한 나와 아내를 인도와 독일에 선교사로 파송한 후 물심양면으로 지원을 아끼지 않는 로뎀나무 교회로 인해 참으로 감사하다. 유병용 담임목사님과 성도님들의 기도와 사랑과 후원이 아니었더라면 코로나 위기 속에 내가 어떻게 책 쓰는 일에 집중할 수 있었겠는가! 로뎀나무 교회 형제자매들을 가족으로 만나게 하신 하나님께 깊이 감사드린다. 멀리서도 늘 응원해 주시는 박상면 장로님, 서현주 집사님, 이창용 집사님, 이병난 집사님, 윤다윗, 윤사라 선교사님께도 감사드린다.

이 책은 아릴락을 통해 출판하는 나의 첫 책이다. 지역 연구가 부족한 한인선교 사역 가운데 아릴락의 출판이 세계선교에 큰 기여가 되기를 바란다. 이런 기회를 주신 아릴락의 정제순 원장님께 감사드린다.

차 례

I. 외부자의 힌두교, 내부자의 힌두교

II. 힌두교에 대한 기독교 메시지/선교 방식

부록 1: 에딘버러 보고서

부록 2: 힌두에게 보내는 복음 편지

추천사1

정제순(아릴락 원장)

이번에 아릴락(아시아언어문화연구원)의 복음과문화연구소를 책임지고 있는 진기영 박사가 지역 연구에 관한 좋은 내용을 정리하여 주신 것에 모든 아릴락 동역자들과 함께 환영하고 하나님께 감사를 드립니다. 복음이 세상 속에 온전히 뿌리를 내리기 위해선 반드시 그 지역의 총체적인 문화적 상황을 깊게 이해함과 동시에 그것을 뛰어넘어 복음과 함께 교류해야 합니다. 그러나 인도의 힌두교는 모든 그리스도인들에게 크나큰 고민을 안겨주는 힘들고 거친 산과 같았습니다.

이런 상황과 연유로 인도에서 교수로 사역했던 진 박사가 어떻게 하면 이 힌두교를 이해하고 또 그 이해를 바탕으로 그리스도인들과 함께 교류할 수 있는지에 대한 전략적인 대안들을 정리한 것입니다. 힌두교라는 종교에 대한 이해뿐 아니라, 오랫동안 뿌리내린 카스트 제도와 같은 문화적 상황을 꿰뚫고 선교적인 방안을 제시한 것은 단순히 선교적인 이해를 넘어, 복음을 상황에 접목시키는 데 고민을 갖고 있는 모든 이들에게 또 하나의 지혜와 통찰력을 주리라 생각합니다. 아무쪼록 이 책을 통해 하나님 나라 확장에 조금이라도 기여하길 간절히 기도드립니다. 게다가 특별히 이 책을 위해 교정에 애쓰신 포스텍교회 최수진 사모님과 사역을 위해 기꺼이 출판해 주신 태학사 지현구 회장님께 진심으로 감사를 드립니다.

추천사2

조범연 선교사, 인도 연합성경 신학교(Union Biblical Seminary)
선교학 교수 및 인도 어메이징 그레이스 신학대학 총장

인도 선교사이자 힌두교 전문 선교 학자인 진기영 박사님의 『힌두교에 대한 기독교의 메시지, 선교 방식』이라는 저서가 세상에 나오게 된 것을 진심으로 환영합니다.

인도 선교는 남인도의 도마 정교회로부터 시작하니 자그마치 이천 년의 선교역사를 자랑하지만, 아직도 2.3%의 미약한 복음화율을 보이고 있습니다. 그리고 로마 가톨릭 교회와 각 개신 교파의 교회들을 통해 엄청난 인적, 물량적 선교가 이루어졌지만 아직도 미약한 복음화율은 힌두권에서 사역하는 선교 사역자들에게 큰 고민과 도전을 주고 있습니다.

이러한 시기에 본서는 선교 사역자들에게 길잡이 역할을 해줄 안내서입니다. 저자 진기영 박사님의 힌두 경전에 대한 깊은 지식과 인도 뿌네의 연합성경 신학교(Union Biblical Seminary)에서 교수 사역 그리고 인도 현지 사역의 경험을 통해 힌두권 선교에 대한 혜안과 통찰력을 아주 쉽고 간결하게 표현한 결정체가 바로 본서라고 할 것입니다. 여기에 다양한 성공적인 힌두권 선교의 모델을 제시함으로서 독서에 있어서 깊이와 더불어 흥미를 더하고 있습니다.

본서는 크게 2부로 구성이 되어 있습니다.

1부는 힌두교 신관과 세계관에 대한 내부자적 관점과 외부자적 관점을 예리하고도 정확하게 논파하고 있습니다. 우리가 피상적으로 알고 있는 힌두교에 대한 외부자적 이해를 힌두교 경전에 근거해서, 혹은 내부자적 관점에서 우리가 오해하고 있는 힌두교의 신관과 세계관을 상세하게 설명하고 있습니다. 다른 힌두교의 소개서에서는 볼 수 없는, 새로운 설명과 쉬우면서도 심도 깊은 이해를 볼 수 있습니다. 본서의 1부를 통해서 우리 독자들의 힌두교 이해는 더 깊어지고 넓어지리라 확신합니다.

2부에서는 힌두교에 대한 기독교의 메시지와 선교 방식을 논하고 있습니다. 저자는 인도 선교가 인도인의 관점에서 인도인이 수용할 수 있는 방식으로 겸손하게 이루어져야 할 것을 일관되게 강조하고 있습니다. 1장 "힌두 관점에서 보는 선교사와 기독교"에서는 서구의 제국주의적이며, 우월주의적 선교로 인한 과거 선교의 실패와 어려움을 실례를 들면서 말하고 있습니다. 2장 "힌두교에 대한 기독교의 메시지"에서는 슬레이터를 비롯한 선교학자들의 성취주의적 구원론의 관점에서 기독교의 메시지를 설명합니다. 힌두들의 심성을 알고 이들의 영적인 갈망을 그리스도 안에서 성취해야 한다는 기독교의 메시지는 힌두인들에게 가장 합당하고 타당한 선교 메시지임을 동의하지 않을 수 없습니다. 3장 "힌두교에 대한 선교 방식"에서는 다양한 힌두권의 달릿 계층에서부터 상층 카스트에 이르기까지 수많은 예시를 제공함으로써, 인도의 상황과 형편에 따라 가장 적절하고 수용적인 선교 방식을 찾아 복음을 증거할 것을 제시하고 있습니다.

사실 본서는 인도선교의 엑기스를 담아 놓은 인도 선교의 입문서이자 안내서이며 마지막에는 우리 선교를 평가해 주는 기준을 담고 있습니다.

본인은 인도 선교에 관심 있는 모든 분들뿐만 아니라 타문화권 선교 사역자들 그리고 종교학 연구자들에게 본서를 필독할 것을 권면드립니다.

유병용 목사 (로뎀나무 교회 담임목사)

사랑은 이해를 바탕으로 할 때 실제적으로 표현되고 깊어질 수 있다. 그러므로 이해를 추구하지 않는 사랑의 행위는 한계에 직면할 수밖에 없을 것이다. 이 책은 인도의 영혼들, 그중에서도 힌두 배경의 인도인들을 사랑하는 사람이 쓴 글이라고 할 수 있겠다. 왜냐하면, 한 선교사가 아직도 복음을 제대로 듣지 못한 대다수의 힌두 배경의 인도인들을 사랑하여 그들을 이해하고자 애쓴 기록이기 때문이다. 이해하기 위한 노력은 쉽게 한계에 부딪친다. 더구나 그 대상이 나와 다르고 기괴하게 보이기까지 한다면 더더욱 그러하다. 저자가 힌두교의 신관과 세계관을 설명하는 내용들을 따라 가다 보면 우리가 가지고 있던 선입견을 계속해서 마주하게 된다. 그런데, 저자의 친절한 설명을 따르다 보면 어느새 우리가 알고 있던 힌두교의 신관과 세계관이 매우 편협했다는 것을 깨닫게 된다. 그리고 그들에게 복음을 전하려고 하는 사람들은 왜 반드시, 그들의 삶과 사상의 그릇으로 작동하고 있는 힌두교를 이해해야 하는지 깨닫게 된다. 그런 점에서 이 책은 힌두 배경의 인도인들에게 선교를 하려는 선교사와 그런 선교사를 후원하는 교회들이 반드시 읽어야 할 책이다. 이 책이 모든 힌두 배경의 인도 사람들을 품고 선교하려는 사람들의 손에 들려져 읽히길 소망하는 이유이다. 우리가 이 책을 읽어야 할 이유는 거기서 그치지 않는다. 힌두교에 대한 기독교 메시지와 적절한 선교 방식을 읽다 보면 우리의 선교에 대해서뿐 아니라, 이 땅의 교회가 우리가 터 잡고 있는 우리의 이웃들에게 어떻게 다가서고 있는지를 돌아보게 된다. '보배와 같은 복음을 어떤 그릇에 담아서 전해야 할 것인가? 오늘 우리는 복음을 전하기에 적절한 그릇인가?' 질문하게 된다. 실제적인 힌두 선교의 방법론들에 대한 예들의 소개는 이런 질문에 대한 효과적인 답변이다. 나는 이 책의 내용이 실제적인 힌두 선교에 대한 길잡이이면서, 동시에 오늘 이 땅의 교회에게 다시 선교적 교회로 돌아오라는 초대장처럼 느껴졌다. 마치, 평생 인도 선교사로 살았던 레슬리 뉴비긴이 은퇴 후 돌아온 조국과 그 교회를 향해 다시 선교적 교회로 돌아오라고 외쳤던 것과 마찬가지이다. 마지막으로, 나에게 이 책을 소개하는 것은 마치 증인이 되는 심정이다. 저자이신 진기영 선교사님이 인도의 영혼들과 사랑에 빠지고, 그들을 사랑하기 때문에 그들을 이해하려고 보냈던 그 많은 시간의 수고와 연구들을 곁에서 지켜보았기 때문이다. 선교사님의 그간의 노력과 기도의 결실인 이 책이 많은 사람들의 손에 들려져 아름다운 열매를 맺길 기도하며 추천사를 마친다.

비쉬누 신

시바 신

깔리 여신

끼르딴

동물 제사

집에서 드리는 힌두 뿌자(예배)

힌두 아쉬람

삿상을 인도하는 구루

삿상에 참여한 제자들

바잔

서론

인도 선교는 20퍼센트 미만의 무슬림을 제외하면 한마디로 힌두 선교라고 할 수 있으며, 그것은 종교 문화적으로 힌두교를 그 배경으로 한다. 주지하는 대로 선교는 빈 공간에 복음을 심는 것이 아니라 기존에 이미 무엇인가로 채워져 있는 곳을 복음으로 대체, 변혁시켜 나가는 것이다. 인도의 경우 '기존의 무엇' 중 가장 중요한 것이 '힌두교'이기 때문에 이 책에서는 힌두교에 적절한 기독교 메시지와 선교 방식은 어떤 것이 좋을지 논의해 보고자 한다.

복음은 그것이 이스라엘이나 영국, 한국이나 인도에 전해지든 다 똑같은 복음이고 핵심은 예수 그리스도이다. 그럼에도 불구하고 각 나라와 지역과 민족마다 종교·언어·문화·사회적 배경이 다 다르기 때문에 복음을 전달하는 용어, 개념, 사상, 문화의 틀이 각기 다를 수밖에 없다. 그러기에 힌두들이 이해할 수 있고 받아들일 수 있는 복음을 전하기 위해서는 힌두의 신앙과 문화의 틀에 맞게 복음을 전하는 것이 필수적이다.

그런데 힌두교는 아브라함 종교인 유대교·기독교·이슬람교와도 다르고 같은 인도에서 나온 불교하고도 매우 다른 점들이 있어서 이해하기가 쉽지 않다. 힌두교에 대한 이해가 잘못 되면 힌두에게 부적절한 메시지, 대상과 관계없는 기독교 메시지가 만들어지게 된다. 선교사들이 채택하는 선교 방식 역시 호감보다는 반감을 주고, 복음으로 끌어들이기보다는 복음에서 멀어지게 만들 수도 있다. 문제는 상대방의 신앙과 문화에 대한 바른 이해를 갖지 못하면, 무엇이 잘못되었는지, 현지인들이 선교사의 메시지와 선교 방식에 왜 거부감을 일으키는지 알 수가 없다는 것이다. 선교의 결실이 잘 맺히지 않아도 왜 안 되는지 파악하지 못하고 같은 잘못을 계속 반복하게 된다는 것이다. 많은 경우에 그 원인을 선교사 자신에게서 찾기보다는 힌두교와 카스트 제도의 사탄성, 완고함, 핍박과 같은 외부 요소에 그 원인을 돌리는 경향이 있다. 인도 선교는 이와 같은 상태로 서양 선교 500년의 세월이 흘렀으며, 한인의 인도 선교 역사도 한 세대를 훌쩍 넘기게 되었다.

그렇게 오랜 세월 동안 수많은 물적, 인적 자원을 투자하여 선교를 했음에도 불구하고 인도에서 기독교는 왜 2.2프로에 불과하고, 그것도 대부분 사회의 최하층 천민과 빈자에게만 머물러 있을까? 물론 2프로라도 감사하지만 이 정도 오랜 세월 동안 시도한 결과가 이것에 불과하다면 기존의 기독교 메시지가 적절했는가에 대해 한 번쯤은 심각한 의문을 가질 필요가 있다고 본다. 그 동안의 선교방법, 접근방식에서 좋은 것은 이어가야 하겠지만 적절하지 않은 부분은 과감하게 수정할 필요가 있다. 특히 인도에서 기독교가 비주류의 종교, 하층민의 종교, 외국 종교가 아니라 주류의 종교, 국민 종교로 만들려면 반드시 뭔가 바뀌어야만 한다. 수백 년을 걸쳐 많은 경우 실패했지만, 일부 서구 선교사와 인도 전도자 중에 성공적으로 사역했던 사람들도 있었는데 그들의 메시지와 사역의 노하우를 진지하게 검토할 필요도 있다.

새로운 출발을 하려면 두 가지가 전제되어야 한다. 먼저 실패의 원인을 외부에서 찾기보다는 선교사와 전도자 자신에게서 찾는 것이 중요하다. 하나님의 복음과 예수 그리스도는 간디와 라다끄리슈난(Sarvepalli Radhakrishnan: 인도 초대 대통령)의 예에서 알 수 있듯이 인도인에게 매력적이며 환영받는 신앙이다. 복음은 모든 견고한 진을 파하고 사람을 새롭게 할 수 있는 놀라운 하나님의 능력이다. 힌두교가 아무리 견고하게 보여도, 카스트 제도와 핍박이 아무리 강할지라도 복음은 결코 매이지 않으며 하나님의 능력을 이길 수는 없다. 복음이 매이고 하나님의 능력이 제약되는 경우는 오직 능력의 통로가 되고 그릇이 되는 전도자가 매여 있기 때문이며 준비가 되어 있지 않기 때문이다. 그러므로 전도자는 스스로 무엇에 매여 있으며 어떤 준비가 부족한지 파악하여 그 매인 것을 풀고 타문화 선교에 적절한 준비를 갖출 필요가 있다.

다음으로 필요한 것은 힌두교에 대한 올바른 이해이다. 전통적 접근 방법으로 힌두 선교에 결실을 맺지 못했던 것은 힌두교와 그 문화에 대한 이해가 부적절하고 불충분했기 때문이다. 상대방에 대한 이해가 부적절하다면 상대방과 관계없는 메시지를 전할 수 있고, 상대에게 호감과 신뢰를 주기보다는 도리어 상처를 줄 수도 있다. 이 두 가지를 바꾼다면 막혔던 길을 돌파하고 높게만 보이던 산을 넘는 새로운 역사 창조를 할 수 있을 것이다. 적을 알고 나를 알면 백전백승할 수 있다고 했다. 선교의 대상인 힌두들을 제대로 알면 힌두를 얻는 길이 어렵고 힘든 길이 아니라 재미있고 즐거운 일이 될 수 있다.

그런데 전통적인 힌두교 이해를 상론하기 전에 한 가지 분명히 해야 할 것이 있다. 그것은 내부자의 진술을 배제하고 기독교적인 관점에서만으로 볼 때는 힌두교에 대한 이해가 틀리지 않다는 점이다. 기독교의 관점으로 보면 힌두교는 분명히 진리가 아니다. 진리는 오직 예수 그리스도와 하나님의 유일 계시인 성경이다. 반면 힌두교와 같은 타종교는 거짓 종교이고, 그들의 신들 역시 인간이 만든 우상과 마귀이며, 참 신이 아니다. 인간의 구원은 오직 예수 그리스도의 이름 안에만 있고, 십자가와 부활로 완성된 복음 안에만 있다. 타종교/힌두교 안에는 구원이 없다. 이러한 단순 명확한 타종교 이해는 그리스도와 성경 계시에 대한 우리의 신앙과 신학, 교리에 근거한 것이다.

그럼에도 불구하고 타종교/힌두교 이해는 위의 이해가 전부가 되어서는 안 된다. 힌두교에 대한 선교사의 기존 이해는 본질적으로 중요한 것이기는 하지만, 그것은 어디까지나 힌두신앙을 가지고 살아가는 공동체 외부자의 관점일 뿐이다. 현지인들과 사랑과 신뢰의 관계를 맺고 그들이 복음을 이해하고 받아들일 수 있도록 설득하기 위해서는 '그들의' 그들에 대한 이해-내부자의 관점이 반드시 필요하다. 이는 그리스도를 따르는 인도인 개종자들이 외국 문화가 아니라 인도 문화에 뿌리를 내리고 인도 공동체 속에서 살아가도록 하기 위해서이다. 선교사는 잠시 인도에 머물다가 떠나가지만, 인도인은 인도인의 정체성을 버리고 인도 문화와 사회를 떠나서 살 수 없다. 한국인이 한국인의 정체성을 버리고 한국 문화와 사회를 떠나 살 수 없듯이 말이다. 그러므로 '그들의' 그들에 대한 이해는 필수적이다.

토의할 점

1. 문화인류학에서는 조사대상이 되는 족속이나 문화를 연구조사하기 위해 보편적, 객관적, 외부자의 견해뿐만 아니라 특정 지역의 개별적, 주관적, 내부자의 견해를 상보적으로 보완한다. 이러한 접근방법이 인도와 힌두교 이해에 어떤 점에서 도움이 될지 토의해 보라.

2. 힌두들에게 구원의 복음을 전하기 위해서는 '죄', '대속', '부활', '신앙', '영생'과 같은 용어와 개념들이 힌두들에게도 있는지 알 필요가 있다. 또한 그들이 이해하는 것과 기독교인이 이해하는 것 사이에 어떤 차이가 있는지도 알아야 한다. 이런 예를 가지고 힌두교에 대한 기독교 메시지, 힌두 문화에 적절한 선교 방식이 왜 필요한지에 대해 토의해 보라.

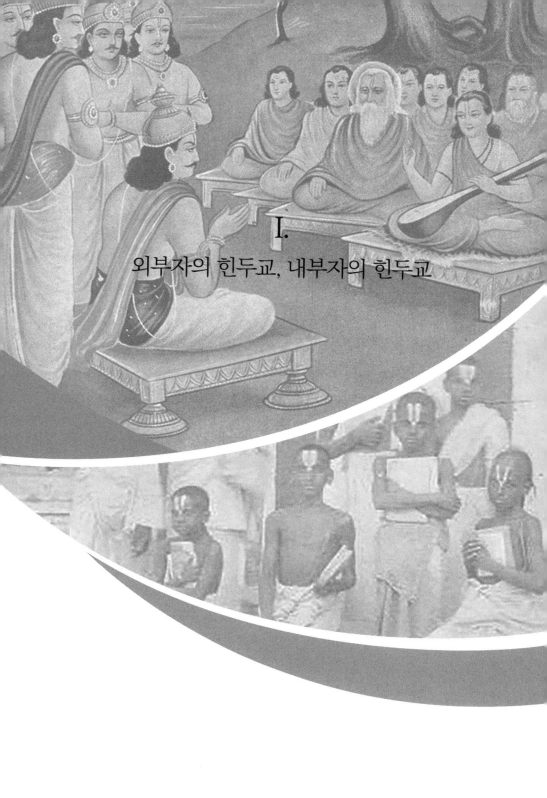

I.
외부자의 힌두교, 내부자의 힌두교

시야가 좁거나 무엇인가에 막혀 가려지게 되면 전체의 큰 그림이 아니라 부분의 작은 그림만 보이게 된다. 그러면 맹인이 코끼리의 다리, 또는 복부나 꼬리 부분만 만지고서 코끼리가 무엇인지 성급한 판단을 내리는 것과 같은 어리석음에 빠지게 된다. 문제는 맹인이 만지는 그 '부분'이 틀린 것이 아니라는 데 있다. 분명히 코끼리의 한 부분을 만져보고 체험해 보았기 때문에 맹인은 자신의 판단이 맞을 것이라는 확신을 가진다. 그러나 성급한 마음을 버리고 인내심을 가지고 코끼리의 전체를 만져보고 살펴봐야 코끼리의 참모습을 알게 된다.

이 비유가 힌두교 이해에도 적용되는 것은, 외국 선교사들은 말할 것도 없고, 인도인이지만 기독교 가정에 태어난 인도 기독교인들의 대부분은, 힌두교를 믿고 실천해본 경험자가 아닌 외부자이기 때문이다. 그들은 힌두교에 대한 경험과 지식이 짧고 부분적이기 때문에 힌두교는 세 가지 구원의 길을 제시하는 종교임에도 불구하고 마치 한 가지만 말하는 종교인 것처럼 말하는 경향이 있다. 그리고 힌두교는 6개의 철학 학파가 있는데, 마치 한 가지 학파만 있는 것처럼 말하기도 한다. 힌두교에는 이것도 있고 저것도 있는데, 그중에 하나만 말한다. 그들은 힌두교의 많은 요소 중에 그것을 폄훼, 비난, 공격하기에 유리하고, 기독교를 변증하는 데 유리한 자료만을 선택적으로 골라서 말한다. 이러한 행위들과 접근 방식들은, 외부자들끼리 모인 기독교 신학교, 선교훈련 학교에서 이야기할 때는 상관없겠지만 인도인, 특히 힌두 신앙에 충실한 내부자들에게는 안 통한다는 데 문제가 있다. 힌두의 입장에서 볼 때는 외부자들이 내리는 평가가 대부분 불공정하고 편파적이며, 힌두 경전이 말하고 힌두가 실천하는 힌두교와 사뭇 다르다. 그러기에 그들은 부분적이며 왜곡된 힌두교 이해에 기초한 기독교 메시지와 선교 접근 방식에 대해 거부감을 가질 수밖에 없게 되는 것이다.

그래서 힌두교에 대한 전통적인 이해와 함께 힌두 내부자의 입장에서 그들이 말하는 힌두교에 대해 기술함으로써 가능하면 이쪽과 저쪽 모두, 전체의 큰 그림을 볼 수 있도록 시도하였다. 앞에서도 말했지만 우리의 기독교 신앙과 신학의 입장에서 전통적인 힌두교 이해는 타당해 보인다. 이러한 '우리의' 이해에 '힌두의' 자기 이해를 더함으로써 전체를 종합적으로 판단할 수 있는 시각을 갖게 되기를 기대해 본다.

1. 외부자의 신, 내부자의 신

다신교로 보이나 유일신

　인도 철학 전공자인 문을식은 『인도의 사상과 문화』에서 힌두교는 '다신교'라고 말한다. 기독교 포털뉴스의 요가 관련 한 기사에도 힌두교는 '3억 3천만여 신을 숭배하는 다신교'로 소개된다. 기독교 선교단체인 미션매거진 코리아 컴퓨터 미션도 "힌두들이 믿는 (귀) 신들을 다 열거한다는 것은 불가능하다."며 힌두교를 다신교의 범주에 집어넣는다. 이들의 말과 같이 힌두교에는 브라마, 비슈누, 시바와 같은 대표적 세 신이 있고 그 배우자인 사라스와띠, 락쉬미, 빠와띠와 같은 여신들도 있다. 뿐만 아니라 비슈누의 화신인 람(또는 라마), 크리슈나와 같은 아바타(Avata, 성육신)신들도 셀 수 없이 많이 있다. 힌두교 최고의 권위를 가진 베다경은 33개의 신명을 언급하며, 브리하다라니야카 우빠니샤드는 신들의 수를 3,306으로 말한다. 심지어 힌두교에는 3억 3천의 신들이 있는 것으로 알려져 있다. 이를 보면 힌두교는 틀림없이 다신교로 보인다.

　그런데 '힌두교'와 '다신교'라는 두 개의 단어를 같이 넣어 구글 검색을 해보면 위의 이해와는 다른 내용도 나온다. 위키피디아의 한글 '힌두교' 항목에는 힌두교가 "여러 신들의 존재를 부정하지 않는 다신교적 일신교(단일신교 또는 일신숭배)"라고 말한다. 앞에 '다신교적'이라는 말이 붙기는 했지만 '일신교'라는 것이다! '단일신교'라는 말도 여러 신들이 있지만 개인적으로 어느 한 신을 택하여 그 신을 최고신으로 섬기는 것이므로, 이 역시 일신교라는 말이다! 영어로 '힌두교' 항목을 구글에서 보면 힌두교 이해가 단순히 '다신교'든가, '일신교' 둘 중의 하나로 설명되지 않고 다음과 같이 다소 복잡하다. "힌두교는 일신교·다신교·만유내재신론·범신론·범신론적 이신론·일원론·무신론에 걸치는 여러 신앙을 가진 다양한 사상의 체계이며, 그 신 개념은 복잡하여 개인과 전통과 신봉하는 철학에 따라 각기 다르다."

　그렇다면 힌두교는 다신교인가, 일신교인가? 이런 질문에 힌두 신앙을 가지고 힌두로서 사는 사람들이 아닌 외부자들은 대부분 다신교라고 하겠지만 힌두들은 이런 양자택일식의 질문 앞에 대답하기 곤란함을 느낀다. 여러 신들의 존재를 인정하고 필요할 때는 도움을 구하기도 하지만, 자신이 섬기는 주(主)신(최고신)은 하나이기 때문이다. 그래서 어떤 사람은 여러 신을 섬긴다고 대답할 수도 있지만, 일신교로 대답하는 사람들도 만날 수 있다. 심지어는 다신교와 일신교 둘 다 된다는 대답도 들을 수 있다. 힌두교를 하나의 종교로 이해하는 사람과, 기독교와 이슬람교의 틀로서만 유일신 신앙을 이해하는 사람은 힌두교 이해가 참 어렵다.

일반 상식과는 달리 인구 절반에서 삼분의 이에 달하는 다수의 힌두는 유일신 신앙을 가지고 있는 것으로 말해진다.[01] 자신이 모시는 신만이 유일한 창조주, 유일한 구원주, 유일하게 거룩한 신이라고 믿는 것이 유일신 신앙이라면 많은 힌두들도 그런 신앙을 가지고 있다는 것이다. 근대 인도의 가장 유명한 성자이자 서구권에 온 최초의 힌두교 전파자였던 스와미 비베까난다(Swami Vivekananda, 1863-1902)가 이렇게 말하는 대표적인 사람이다. 비베까난다는 그의 저서, 『힌두교』에서 명확히 말한다. "인도에는 다신교가 없다… 유일신교는 고대 인도의 초기부터 있었고, 베다경에는 유일신 신앙이 지배적이다."[02] 비베까난다뿐 아니라 거룩한 삶 협회(Divine Life Society)의 2대 회장이자 요기와 영적 지도자로서 인도 국내외적으로 많은 영향을 끼쳤던 치다난다 사라스와띠(Chidananda Saraswati, 1916-2008)는 힌두교에 대해 이렇게 역설한 바 있다. "힌두교가 여러 신들을 가진 다신교로 잘못 알려져 있지만, 진실로 힌두교는 일신교적 종교이다." 연구 업적으로 인도 대통령 훈장을 받은 저명한 산스크리트 학자인 가야 트리빠티(Gaya Charan Tripathi)는 서구의 힌두교 이해를 비판하는 글에서 '힌두교를 다신교로 보는 것은 오해'라고 말하며 "베다 시대의 아리안 사람들은 기본적으로 이 세상의 기원으로서 하나의 유일한 존재를 믿었다"고 말한다.[03]

인도인뿐 아니라 서구에서 힌두교를 연구하는 서양학자들도 힌

---

01 남인도의 대표적 기독교 신학자이자 주교였던 아빠사미(A. J. Appasamy)가 한 말이다.

02 Swami Vivekananda, *Hinduism* (Chennai: Sri Ramakrishna Math, 2004), 10, 18.

03 Eds., Guenther-Dietz Sontheimer, *Hinduism Reconsidered*, Gaya C. Tripathi, "Hinduism Through Western Glasses A Critique of Some Western Views on Hinduism," (New Delhi: Manohar Publishers, 1997), 127.

두교가 유일신적 종교라는 데 대부분 동의한다. 예를 들어 영국 케임브리지 대학 비교종교학 교수로서 힌두교에 관한 광범위한 저술을 남긴 율리우스 리프너(Julius J. Lipner)는 힌두 학술지에 기고한 글에서 "힌두교는 참으로 유일신적 신앙이다"라고 말했다.[04] 기독교 학자 중 인도 전문가인 영국의 로빈 보이드(Robin Boyd)는 5, 6세기 힌두 박띠 시인들로부터 시작해서 11세기 라마누자에 의해 "한 분이신 하나님과의 인격적 교제에 의해서 구원에 이르기를 갈망하는 신앙"이 남인도에서 시작하여 전 인도 대륙으로 퍼졌다고 했다.[05]

이렇게 힌두 지도자들과 학자들의 권위로 말해도 힌두교가 유일신교라는 주장은 여전히 이해가 가지 않는다. 비 힌두의 관점에서는 학자들이나 힌두들의 주장이 궤변처럼 들리는 것은 사실이다. 힌두의 경전인 베다경이나 우빠니샤드 그리고 뿌라나를 읽어보면 수많은 신들의 이름이 나온다. 인도의 아무 길거리를 다녀도 수많은 신들의 모습, 그들을 모시는 크고 작은 사원을 쉽게 볼 수 있다. 그러므로 힌두교에 다수의 신이 있는 것은 틀림없는 사실이다. 그런데 이것이 다가 아니다. 좀 더 인내심을 가지고 찬찬히 그 내용을 살펴보면 다신교적 요소뿐 아니라 일신교적 내용도 같이 나오는 것을 확인할 수 있다. 팩트 체크를 위해, 유일신 관련 내용 여부를 힌두 경전에서 찾아보기로 하자. 베다경은 신의 천지창조를 말할 때 이렇게 언급하고 있다. "태초에 무엇이 있었는가? 만물의 창조자께서 땅을 만드시고 하늘을 펼쳐 놓으신 것이 아닌가? 팔과 날

---

04 Julius J. Lipner, "Rise of Hinduism; or, How to Invent a World Religion with Only Moderate Success", *Hindu Studies* (2006, 10), 102.

05 Robin Boyd, *Introduction to Indian Christian Theology*, (Madras: The Christian Literature Society, 1979), 111.

개로 그분이 하늘과 땅을 지으시고 낳으셨나니, 그분은 한 분이신 하나님이시다."(리그베다 10. 81. 82.) 말씀으로 천지를 지은 기독교와 달리 팔과 날개로 지었다는 것이 다를 뿐, 천지를 창조한 신이 하나라는 것은 똑같다. 우빠니샤드는 특정 신의 이름까지 언급하며 이렇게 말한다. "하나님은 한 분이시며 만물을 다스리신다. 그 빛이 비춰면 밤도 없으며 존재도 비존재도 없고 오직 시바만 계신다."(스베따스바따라 우빠니샤드 4.11.20)

힌두교는 여러 신들을 섬기기 때문에 이 신을 믿어도 되고 저 신을 믿어도 되는 다원적인 종교로 알려져 있다. 힌두교가 특정 신에 대한 배타적인 숭배를 요청한다고는 일반적으로 예상하지 못한다. 그런데 간디를 비롯하여 인도인으로부터 가장 사랑받는 경전 바가바드 기타는 놀랍게도 크리슈나 신에 대한 배타적인 섬김을 다음과 같이 명한다. "사랑으로 내게 예배하되 다른 신은 섬기지 말라."(기따 9.30) "믿음으로 나에게만 예배할 때 나를 알고 나를 만날 수 있으리라."(기따 11.42) 성육신한 신 크리슈나의 가르침과 행적을 기록한 바가바타 뿌라나 역시 신의 유일성을 반복하여 강조한다. "모든 베다가 가르치는 바 이상, 모든 제사와 요가의 목적, 모든 행위와 지식과 금욕과 모든 진리는 바로 사랑의 주님이시며, 그분 말고는 다른 목적이 없다⋯ 사랑의 신의 발밑에서 그분을 묵상하는 자는 복이 있나니 그들은 모든 죄와 마음의 속박으로부터 자유를 얻을 것이라. 그 한 분만을 섬기라⋯ 신도 하나, 진리도 하나이니."(바가바타 뿌라나, 5, 73, 109). 비슈누파와는 달리 시바파 힌두들은 시바 신의 유일성을 이렇게 말한다. "가장 높으신 주이신 시바는 한 분이시며 아무 흠이 없으시다."(샨띠 랄 나가 번역, 『시바 마하뿌라나』,

2017, 444쪽).

　이상을 보면 힌두 경전은 분명 유일한 신, 하나의 신을 말하고 있으며 그 신에 대한 배타적인 예배와 섬김을 명하는 부분이 있음을 알 수 있다. 이는 힌두교를 단순히 다신교 종교로만 아는 것은 부분적인 이해이며, 힌두교는 명백히 유일신적 요소도 같이 가지고 있음을 말해주고 있다.

　물론 유일신교이긴 한데 기독교와 이슬람이 말하는 유일신과는 다른 점이 있다. 기독교와 이슬람처럼 하나의 신만 있다면 다른 신은 없어야 할 것이다. 그런데 힌두교는 주신과 최고신으로서 하나의 신이 있지만, 다양한 기능을 하는 하위의 신들도 인정한다. 한 국가에 최고 권력자로서 대통령이나 수상, 왕이 있지만 그 밑에 각 부처 장관과 차관과 국장 과장이 있고 지역 동사무소에 동장이 있는 것과 같다. 서울시 동대문구 용두동에 시장, 구청장, 동장이 있는 것처럼 인도에는 지역마다 마을의 수호신들과 각종 지역 신들이 존재한다. 여기서 다 똑같이 신이라는 말을 쓰기 때문에 동등한 신으로 생각되지만 사실은 그렇지 않다.

　힌두교에서 신자들에 의해 주(主)신으로 모시는 신을 제외하고 거의 대부분의 인도 신들은 인간과 별로 다를 바 없는 한계를 가진 존재이다. 엄격히 말하면 비슈누파에게 있어서 신은 비슈누 하나뿐이고, 시바파의 경우에는 시바 하나뿐이다. 나머지 신들은 인간보다 능력은 좀 더 많을 수 있지만 그들도 인간과 똑같이 죄를 범하고 그 죄의 대가를 치러야 한다. 신들도 인간과 같이 그들의 행위(업보)에 따라서 다시 태어나고 또 태어나야 하는 윤회의 무거운 짐을 지고 살아야 하는 것이다.

또한 종교학자 엘리아데가 말한 대로 신의 특징 중 하나는 불멸성인데 대부분의 힌두 신들은, 예를 들어 '신들의 왕'으로 불리는 인드라조차 불멸하는 신이 아니다. 그도 자신의 수행의 능력으로 그 위치에 오르게 되었는데, 인간 중에 더 큰 능력으로 그 위치를 뺏어 갈 성자도 있기 때문에 인드라는 늘 성자를 유혹하여 그들이 능력을 쌓지 못하도록 방해한다. 힌두교에서 사람들에게 죄 사함을 주고 윤회의 사슬에서 풀어줄 해방자와 구원자는 오직 하나의 신; 크리슈나파에서는 크리슈나, 시바파에서는 시바일 뿐이다. 심지어 시바조차도 크리슈나를 주신으로 섬기는 자들의 입장에서는 온전히 거룩하지 못한 신이고, 크리슈나 역시 시바파 힌두들에게는 창조주와 구원자가 아니다.

이상과 같은 힌두들의 신관을 이해한다면 각 종파별로 갖고 있는 하나의 최고신을 제외한 나머지 인도의 신들은, 사실 기독교나 이슬람교의 천사와 유사한 성격을 가진 것으로 이해하면 좋을 것으로 여겨진다. 천사들은 예를 들어 가브리엘과 같이 대부분 하나님의 뜻을 잘 받드는 하나님의 종이다. 그러나 하나님께 반역하고 불순종하는 천사들도 있었고, 그들은 결국 최후의 심판을 면치 못하게 된다. 이와 마찬가지로 대부분의 인도의 신들은 인간보다 탁월한 초자연적 능력을 행하며 최고신의 뜻을 수행하지만, 인간과 같이 죄를 짓고 신으로부터 벌을 받는 존재들인 것이다.

인도의 신들 사이에는 이와 같은 질적인 차이, 또는 위계질서가 있는데 이러한 차이를 구별하지 못하는 외부인들이 자신들의 기준에 근거하여 힌두교를 다신교로 오해하는 일이 벌어지는 것이다. 이런 설명에도 불구하고 또 한 가지 의문이 떠오를 수 있다. 그러면 인간처럼 죄짓고 벌 받는 신은 배제하더라도 여전히 힌두교의 각 종파별로 주신으로 받드는 여러 신들이 존재하지 않는가? 힌두들이 선택하여 모시는 최고신이 모두 같은 이름의 신이 아니라 비슈누, 시바, 데비와 같이 각기 다른 신이 아닌가? 그렇다면 결론은 같아 보인다. 힌두교는 결국 다신교 아닌가?

그렇지 않다. 힌두교는 유일신 신앙을 가진 하나의 종교가 아니라 여러 종교들의 집합으로 보는 것이 더 정확하다. 기독교와 이슬람교는 교단이 달라도 모든 기독교인은 예수를, 모든 무슬림은 알라만을 신으로 받든다. 그런데 힌두교는 종파별로 숭배하는 최고신·유일신이 각기 다르다. 그들이 받은 계시가 다르고 경전과 교리가 각기 다르기 때문이다. 그러기에 힌두교는 하나의 종교라기보다는 여러 종교들의 집합, 종교 박물관이라고 말하는 것이다. 이는 또한 힌두교가 다른 종교들과 달리 교리나 신앙고백에 근거하여 탄생한 종교가 아니라, 페르샤 사람들이 볼 때 인더스 강 저편의 사람들이 믿는 종교들이라는 지역적인 개념을 그 배경으로 갖고 있기 때문이다.

인도의 신이 이처럼 유일신 개념을 갖고 있으면서도 기독교와 이슬람교에 비해 다른 하위 신들의 존재와 기능에 긍정적인 이유는 일원론(아드바이따) 사상의 영향 때문으로 보인다. 리그베다에는 최고신과 하위 신과의 관계에 대해 이렇게 말한다. "신은 하나인데 현자들은 그를 여러 가지로 부른다(Ekam Sat Viprah Bahudda Vadanti, *Rig Veda*, 1.164.46)." 이 말은 시인과 철학자, 현자들이 받은 계시가 각기 다르므로 이런저런 이름으로 그 신에 대해 말하지만 결국 세상에 존재하는 신은 오직 하나라는 것이다. 하나와 여럿은 서로 다른 것이 아니다. 하나가 사람들에게 여러 모습으로 나타나지만, 여러 모습의 본질을 들여다보면 그들은 본래 하나인 것이다. 이처럼 하나와 여럿 사이가 분리된 것이 아니라 연결되어 있고 그 여럿의 역할이 있다고 보기 때문에, 힌두들은 유일신 신앙을 가지면서도 다른 신의 존재에 거부감을 크게 느끼지 않을 수 있는 것이다.

서양의 관점으로 볼 때 논리적으로 유일신교와 다신교는 공존할 수 없다. 마치 양극과 음극이 공존할 수 없듯이. 그러나 동양의 관점으로 보면 음과 양은 각기의 역할을 하며 조화롭게 공존하고 있다. 마찬가지로 힌두의 관점에서 보면 최고신은 질병, 재정 문제와 같은 소소한 일상의 문제를 털어놓고 도움을 요청하기에는 좀 거리가 멀게 느껴진다. 그런 일은 하위 신, 지역 신의 역할이다. 큰 신만 역할이 있는 것이 아니라 작은 신도 그 역할이 있는 것이다. 작은 신도 큰 신의 현현이고 최고신의 뜻과 영광을 위해 봉사하는 일을 하는 것이다. 그러나 다시 한번 말하지만, 그들은 죄를 짓고 죽는 신이며 그러기 때문에 그들은 일반적인 의미에서 신이 아니라 신의 피조물이며 신의 종들이다. 힌두들에게 구원을 주는 유일한 신은 각 사람이 섬기는 자기의 신인 것이다.

힌두가 아닌 사람들은 서양적 사고의 틀이나, 기독교나 이슬람교의 틀, 외부자의 틀이 있기 때문에 힌두교를 다신교, 또는 일신교, 아니면 범신론 등과 같이 어떤 하나의 범주 안에 집어넣으려고 하는 경향이 있다. 그러나 힌두교는 그렇게 단순하지가 않으며 그렇게 하는 순간 오류가 발생한다. 힌두교를 가장 잘 설명할 수 있는 방법은 다신과 일신과 범신, 심지어 무신론을 모두 포괄하는 하나의 우산으로 이해하는 것이다. 이중 힌두교가 정확히 어디에 해당되는 것인지 힌두가 아닌 사람들은 어려움을 느낄 수 있다. 그러나 인도인은 이 모두를 상호보완적으로 이해하며, 이렇게 구분하고 이름 짓는 데 사실상 큰 관심을 기울이지 않는다.

토의할 점

1. 힌두교에 있는 다신교적 요소와 일신교적 요소에 어떤 것이 있는지 말해 보자. 다신교와 일신교는 상호 대립, 모순 관계로 보이는데 이것이 힌두교에서는 어떻게 공존 가능한가?

2. 힌두교와 기독교는 유일신교란 측면에서 어떤 공통점이 있는지, 그럼에도 불구하고 어떤 근본적인 차이점이 있는지 설명해 보라.

종교로 알지만 문화

  힌두교는 종교인가, 문화인가? 종교와 문화는 물론 상호 연관이 되지만 일반적으로 종교와 문화는 각기 다른 두 가지 영역으로 본다. 둘 중에 하나를 선택한다면 당연히 힌두교는 종교의 범주에 속하는 것으로 이해하는 사람이 대부분일 것이다. 그러나 외부인들과는 달리 인도인들 가운데는 힌두교를 종교로도 보지만 문화의 관점으로 보는 사람들도 아주 많다. 선교사는 전통적으로 종교의 관점으로만 힌두교를 보아왔는데, 문화의 관점에서도 힌두교를 이해할 필요가 있다.

  힌두교를 종교로만 이해하고 있는 사람이라면 2012년 10월 11일 인도 따밀나두 주 법원에서 판사가 내린 다음의 판결문은 참으로 황당하게 느껴질 것이다. "시바, 하누만, 두르가 신을 예배하고 사원을 유지하는 데 사용한 비용은 종교적인 목적이 있다고 볼 수 없다." 따밀나두 주 법에 의하면 종교 목적으로는 소득세를 면제받을 수 없고, 오직 자선사업을 위해서 사용된 비용에 한해서만 면세를 받게 되어 있었다. 그런데 시바 사원이 시바신을 섬기는 데 사용된 비용은 "종교를 위해 쓰는 비용이 아니므로" 세금 면제를 받게 해 달라는 주장을 한 것이다. 일면 황당하게 보이는 이런 주장에 대해 담당 판사는 놀랍게도 사원의 이의 제기를 합당한 것으로 보아 소득세 면제를 허락했다. 그 이유는 다음과 같다.

  "시바신과 하누만 신 그리고 두르가 여신에게 예배드리고 사원을 유지하는 것은 특정 종교를 유지하고 포교하는 목적이라고 볼 수 없다. 왜냐하면 시바, 하누만, 두르가 신은 특정 종교를 대표하는 신이라기보다는 우주의 초자연적인 힘으로 간주되기 때문이다."[06] 시바 사원 측의 주장과 판사가 말한 대로 힌두교는 모두가 어느 특정 신만을 믿고 예배하는 종교가 아니다. 그래서 시바 사원에는 시바파 신자들만이 아니라 시바의 초자연적인 힘을 인식하는 사람이라면 비슈누파에서 왔건 샥띠파에서 왔건 어떤 사람들이라도 그 사원을 이용한다는 것이다. 종파를 가리지 않고 모든 사람이 찾아오고 모든 사람들에게 봉사하는 공통의 공간이므로 면세 사유에 합당하다고 판결을 내린 것이다. 이처럼 인도에서는 종파에 관계없이, 불교도이든 시크교도든, 심지어 무신론자와 공산주의자라도 모두 힌두라고 불리운다. 외국에서 탄생한 종교인 기독교와 파르시교와 유대교와 이슬람교를 믿는 사람들만 아니면, 인도 땅에서 태어난 사람들은 모두 힌두교에 속한다는 것이다. 여기서 힌두라는 말은 지역적인 개념이자 문화적인 공통 정체성에 기반한 개념이지 결코 교리적인 개념이 아니라는 것을 주목해야 한다.

이렇게 힌두교가 종교가 아니라 문화, 또는 삶의 방식이란 말을 해도 이런 종교를 경험한 적이 없는 많은 사람들은 여전히 이해가 가지 않는다. 한국말에는 기독교, 불교, 이슬람교와 같이 단어의 끝에 종교를 의미하는 '교'자가 들어가 있으니 분명히 힌두교는 종교로 인식된다. 영어에도 '힌두이즘'(Hinduism)의 끝에 붙은 '이즘(-ism)'은 명사나 형용사 뒤에 붙어 추상화시키는 어미로, 어떤 것

---

06 PTI, "Hinduism, No Religion. Shiva, 'A Super Power', Says IT Tribunal", *The Hindu*, 2013.3.16

을 내세우거나 따르는 '주의', '주장'의 의미를 갖는다. 그래서 힌두이즘은 '부디즘'(Buddhism, 불교), 유다이즘(Judaism, 유대교), 시키즘(Sikhism, 시크교)과 같이 어떤 일관된 일련의 '사상', '가르침'이라는 인상을 준다. 힌두교에 이런 가르침과 종교적인 요소가 있는 것은 사실이지 않은가?

그렇다. 힌두교는 교파에 따라 믿는 신이 다르고 교리도 다양하기는 하지만 업보와 윤회, 카스트와 같은 공통된 가르침이 있는 것이 사실이다. 그러나 이렇게 힌두교를 종교로만 이해할 때의 문제점은 전통적인 종교의 개념으로는 설명이 안 되는 많은 부분과 부딪치게 된다는 것이다. 힌두교를 종교의 관점으로만 보는 사람은 힌두교에 있어서 필수적인 부분을 간과하는 경향이 있다. 그러기에 정치·경제·사회·교육·문화 등과 분리된 별개의 독립된 영역으로 존재하는 종교의 모습에 익숙한 서구와 한국인의 경우, 인도에서 경험하는 힌두교의 모습은 낯설기만 하다. 예를 들어 한국 경찰서에 특정 종교의 상징물을 공적으로 게시할 수 있을까? 한국이나 유럽은 안 되지만 인도는 된다. 경찰서 마당 한가운데에 돌로 된 힌두 신상이 세워져 있고, 경찰이 근무하는 사무실 안에는 여러 신의 형상을 액자에 담아 걸어두고 있다. 어디 경찰서뿐이랴. 회사, 동네 가게, 인터넷 카페, 심지어 달리는 택시 안에도 힌두 신상이 달려 있거나 걸려 있다. 사람이 있는 거의 모든 곳에 신의 형상이 있다고 해도 과언이 아니다. 힌두교와 정치, 힌두교와 철학, 힌두교와 교육, 힌두교와 사회·기업·직업·결혼 등은 떼려야 뗄 수가 없다.

기독교의 경우에는 교파는 달라도 사도신경과 같이 기독교인이라면 공통적으로 고백하는 신앙과 교리가 있다. 그러나 기독교인이라고 해서 특정 형태의 옷을 다 같이 입어야 하고, 기독교이기 때문에 특정 음식만을 먹어야 한다든지, 특정 관습을 다 같이 지켜야 하는 것은 없다. 그래서 기독교인이 교회 밖으로만 나오면 기독교인인지 아닌지 구별하기 어렵다. 그런데 힌두교는 어떤 신의 이름을 부르거나 어떤 신앙을 고백하든지 무관하게, 힌두라면 반드시 입어야 하고 먹어야 하고 지켜야 하는 공통의 관습과 삶의 방식이 있다. 기독교는 교리가 중요하지만 힌두교인은 삶이 중요하다. 기독교인의 정체성은 교리에 있지만, 믿는 신과 교리가 각기 다른 힌두들에게는 삶의 방식(문화)이 정체성의 핵심이자 전체를 하나로 묶어주는 끈이기 때문이다.

힌두교의 이런 측면을 한마디로 말해주는 단어가 바로 '다르마(dharma: 종교, 질서, 윤리, 문화를 의미하는 말)'라는 말이다. 힌두교라는 말 자체는 근대에 들어와서 페르시아 사람들이 강 건너편에 사는 거주민들의 종교들을 한데 묶어 붙여준 이름이다. 본래는 이처럼 지역에 기반한 이름인데, 대부분의 사람들은 이를 교리적 개념인 것으로 오해한다. 그러기에 힌두교라는 말을 하는 순간 인도인들의 신앙에 대한 오해가 시작된다. 서구의 틀, 한국의 틀, 비 힌두의 틀, 자문화 중심주의의 틀로 인도인의 신앙을 보기 때문이다. 그러나 근대 이전 인도인들은 힌두교라는 말을 몰랐다. 힌두들은 수천년 전부터 자신들의 신앙을 사나따나 다르마(Sanatana Dharma)라고 불러왔다. 이는 영원 전에 자신들의 신이 준 '영원한' 다르마라는 것이다. 불교와 이슬람교와 기독교는 모두 부처, 마호메트, 예수라는 역사상의 인간을 그 기원으로 갖는 종교이지만, 힌두들은 인간이 아닌 신으로부터 직접 계시 받은 다르마를 갖고 있다고 생각하여 이에 대해 큰 자부심을 갖는다.

이처럼 힌두교가 이른바 '종교'가 아니라 뭔가 다른 것이라고 말한 여러 사람들이 있어 왔다. 인도와 캐나다에서 활동하는 인도 철학자 차크라바띠(Sitansu Chakravarti)가 『힌두교: 삶의 방식』이라는 책에서 이렇게 말했고, 인도 초대 대통령을 지낸 대표적인 힌두 철학자 라다끄리슈난(Sarvepalli Radhakrishnan) 역시 그의 저서에서 힌두교를 '삶의 방식'이라고 정의한 바 있다. 또 다른 서구의 힌두 전문가인 클로스터마이어(Klaus K. Klostermaier)도 "서구에서는 힌두교를 종교의 하나로 보지만 힌두에게 그것은 삶의 방식이며 다양한 문화이다."라고 말했다.

여기서 여러 사람들이 말한 '삶의 방식'이라는 말은 '다르마(dharma)'에 대한 번역이라고 말할 수 있다. 다르마는 다양한 의미를 갖고 있다. 부분적으로 서양의 종교 개념도 들어가지만, 그보다 더욱 광범위한 우주 운행의 질서·법·규율·사회 관습·카스트에 따라 사는 삶의 방식이라 할 수 있다. 고빈드 데쉬판데(Govind Deshpande)는 "산스크리트어로 다르마의 어원은 '붙든다', '유지하다'는 뜻이다. 모든 사람을 하나로 묶고 유지하는 것이 바로 다르마인 것이다. 이런 점에서 다르마는 종교와 다르다. 그것은 사회 질서, 의무, 책임, 문화, 문명을 말한다"[07]고 했다. 비쉬와나탄(Vishwanathan)도 『나는 힌두인가? 힌두 입문서』에서 힌두교는 "삶의 방식이지 조직화된 종교가 아니다. 힌두교는 인도에서 문화이다"라고 했다.

사나따나 다르마('영원한 종교'란 뜻으로 힌두교를 가리키는 인도 고유의

---

07 Dayanand Bharati, *Understanding Hinduism* (New delhi: Munshiram Manoharlal, 2005), 21.

용어)가 종교와 어떻게 다른지 아마도 저명한 저술가 반시 빤딧 (Bansi Pandit)이 가장 잘 설명한 것 같다. 빤딧은 이렇게 말했다. "힌 두교는 예배에 대해서는 완전한 자유를 주지만 이 세상 삶의 방식 에는 엄격한 규정이 있다. 힌두가 힌두인 것은 한 가지 신학이나 예 배 방식을 받아들였기 때문이 아니라 힌두의 문화와 삶의 방식을 받아들였기 때문이다. 신을 믿지 않는 무신론자조차도 힌두가 될 수 있는데, 힌두라 함은 종교적 모습 때문이 아니라 윤리적이고 영 적인 삶의 모습 때문이다. 그래서 힌두교에서 무신론자의 의미는 신을 부인하는 자가 아니라 다르마를 부인하는 자이다. 힌두교는 단지 종교만이 아니라 다르마를 받아들이고 그 다르마대로 진리를 따라 사는 모든 사람들의 집합인 것이다.[08]

힌두교 이해의 핵심이 종교가 아니라 삶의 방식과 문화임을 인 식하게 된다면 외래종교인 이슬람과 기독교가 힌두교와 갈등과 충 돌을 빚고 있는 근본 원인이 무엇인가를 보는 새로운 눈이 생길 수 있다. 무슬림이나 기독교인은 종교 또는 교리의 관점에서 힌두교 를 보기 때문에 자신들과 힌두의 갈등을 종교적인 것으로 보는 경 향이 있다. 다신교 신앙을 가진 힌두 근본주의자가 자신들의 유일 신 신앙에 대해 가하는 공격과 종교적인 핍박이라는 것이다. 속사 정을 모르는 외부인들이나 모든 것을 종교적(교리적) 관점으로 보는 것이 익숙한 무슬림이나 기독교인의 관점에서는 그렇게 보일 수 있 다. 이렇게 종교적인 핍박과 박해라고 보는 것이 핍박받는 자들이 나 그들을 후원하는 국내외 지지자들에게는 종교적 열정을 고취시

---

08 Bansi Pandit, *Explore Hinduism* (Loughborough: Heart of Albion Press, 2005), 80.

켜주는 이점이 있을지도 모른다.

그러나 실상은 이와 다를 수 있다. 앞에서도 언급했지만 이론적으로 힌두들은 믿는 신과 교리가 다른 것에는 거의 신경 쓰지 않는다. 외래종교는 차치하고서라도 자신들의 전통 신앙 안에 이미 종파별로 유일신적 신앙을 갖고 있기 때문에 이슬람교와 기독교의 유일신교에 대해 특별히 민감할 아무런 이유가 없다. 힌두들이 관심 갖는 민감한 부분은 대부분 힌두의 문화, 다르마를 무시하고 정죄하며 파괴시키는 무슬림과 기독교인의 삶의 방식인 것이다. 또한 현실적으로는 힌두가 이슬람이나 기독교로 개종할 때 상실하게 될 정치적인 권력과 돈에 더 큰 관심이 있다.

2005년 필자가 인도 방갈로에 있을 때였는데, 한번은 '평화'를 주제로 힌두, 무슬림, 기독교인이 같이 모여 강연회를 개최한 적이 있었다. 국가를 부를 때에 사회자는 오늘의 주제는 평화인 만큼 특별히 모든 참여자가 국가에 대한 경의를 표해 달라고 부탁했다. 그러나 국가인 반데마타람(Vande Mataram)이 울려 퍼지자마자 무슬림들은 자리에서 벌떡 일어나 바깥으로 나가버리고 말았다. 반데마타람이 어머니 여신 두르가와 락쉬미를 찬양하는 우상숭배의 노래라고 보기 때문이었다. 물론 노래 중에 어머니를 주님, 두르가, 락쉬미라고 했기 때문에 무슬림들이 그렇게 해석하는 것도 무리는 아니다. 그러나 이는 반킴 차터지가 지은 시로서 어머니 나라(인도)를 향한 애국심을 고취시킨 대표적인 독립운동가 중의 하나이다. 종교적인 용어를 쓰기는 하였지만, 어머니는 분명 모국으로서 인도를 상징하는 시어로 볼 수 있는 것이다. 무슬림의 태도를 한편으로 이해는 할 수 있지만, 무슬림이라는 종교인으로서의 정체성과 인도 국민으로서의 정체성이 함께 할 수 없는 것을 목격하는 것은 충격적인 일이었다.

똑같은 정체성 문제가 인도 기독교인들에게도 있다. 인도의 기독교인들은 국가 지정 공휴일을 선택적으로 지킨다. 예를 들어 수난절 성금요일이나 크리스마스 같은 공휴일은 잘 지키지만, 힌두 종교축제에 기반한 기타 공휴일은 안 지킨다. 인도의 대표적인 공휴일이자 전국적인 축제가 벌어지는 디왈리(빛의 축제), 또는 마하라슈트라의 간빠티(가네샤) 축제 기간 동안 기독교 신학교는 휴강하지 않고 수업을 평일과 같이 진행한다. 반대로 크리스마스 때에는 가장 긴 한 달 동안의 방학을 즐긴다. 신학교 직원에게 왜 간빠티 축제일에 직원과 학생들이 쉬지 않는지 그 이유를 물어본 적이 있었다. 직원의 대답은 간단했다. "그것은 그들의 축제이고, 우리의 축제가 아니기 때문이지요."

우상으로 여기는 간빠티 축제나 디왈리 축제에 기독교인이 참여하지 않는 것을 이해하지 못하는 바는 아니다. 그러나 다른 한편으로 전 국민과 전 도시와 마을 주민이 다 지키고 즐기는 국민 축제와 휴일 지키기를 거부하고 마치 외국인처럼 행동하는 모습도 정상적으로 보이지는 않는다. 기독교인이 기독교인으로의 정체성을 지키는 것은 중요한 일이겠으나 그들도 같은 인도 시민으로서 인도인의 정체성을 공유하지 않는다면 그들이 그토록 나누기를 원하는 기독교 신앙이 어떻게 인도 주류 사회 속으로 들어갈 것을 기대할 수 있을까? 어느 누가 수천 년간 내려온 전통 가치와 축제와 문화와 가족을 버리고 외국인이 되기를 원할 것인가? 이 점에서 인도 기독교인들과 전도자/선교사들은 기독교인으로서의 정체성뿐만 아니라 문화적, 국민적 정체성을 어떻게 같이 가져갈 수 있을까를 고민해야 한다. 이것이 종교로서뿐만 아니라 문화(다르마)로서 힌두교를 이해하는 것이 중요한 이유이다.

토의할 점

1. 힌두교에 필수적으로 요구되는 것과 기독교에 필수적인 것이 각기 어떻게 다른지 말해 보라. 다양한 최고신과 교리와 경전들을 갖고 있는 힌두들을 하나로 묶는 역할을 하는 '다르마'의 중요성에 대해 말해 보라.

2. 교리보다 문화를 중시하는 힌두교가 기독교 복음 전파에 왜 유리한지 토의해 보라. 힌두 개종자들에게 기독 신앙을 소개함으로써 신앙의 정체성을 세울 뿐 아니라 현지의 문화적 정체성을 유지하도록 격려하는 것이 복음의 뿌리내림과 확산에 왜 도움이 되는지 토의해 보라.

범신론으로 알고 있는데 초월적 인격신

범신론은 초자연적 인격신의 존재를 부정하고 세상의 모든 존재 (세계, 우주, 자연법칙)를 곧 신으로 보거나 신이 만물 안에 내재하고 있다고 믿는 신앙이다. 범신론은 스피노자, 헤겔 등을 통해 서구세계에서도 볼 수 있지만, 힌두교의 경우 범신론은 우파니샤드의 아드바이따(advaita, '둘이 아니고 하나'라는 뜻) 사상에 잘 나타난다. 인도의 아드바이따 사상에 의하면 세상에 존재하는 것은 오직 신(브라만)이다. 사람들이 미몽에 빠져 깨닫지 못할 뿐 모든 자연, 모든 인간이 신과 분리된 서로 다른 둘이 아니고 본래 하나라는 것이다.

기독교적 입장에서 볼 때 이러한 범신론은 첫째, 세계 밖에 초월적으로 존재하는 인격적인 신을 인정하지 않기에 유일신교, 인격신론과 대립된다. 둘째, 존재하는 모든 것을 다 신으로 보기에 범신론은 필연적으로 다신교 신앙을 낳고, 피조물을 신으로 모시는 우상숭배와 연결될 수 있다. 셋째, 자연 그대로의 것을 신적인 것, 좋은 것으로 보기에 인간의 죄악 된 본성에 대한 이해가 없거나 약할 수 있다. 넷째, 창조주와 피조물, 인간과 인간 사이에 개별적으로 서로 다름을 인정하지 않기에 인격적, 윤리적으로 책임지는 일에 소극적이 될 수 있다.

힌두교가 이러한 범신론 신앙의 요소가 있다는 것은 주지하는 바이다. 그러나 힌두교를 범신론으로만 이해하는 것은 힌두교에 대한 부분적 이해에 불과하다. 힌두교는 이보다 훨씬 더 큰 그림이 있어야 전체가 다 담아진다. 왜냐하면 힌두교 중에서 범신론 또는 베단타 학파의 아드바이따 일원론이 중요하기는 하지만 이것은 상키야, 요가, 니야야, 바이쉐쉬카, 미맘사 학파와 함께 힌두교의 6개 정통 학파와 기타 여러 학파들 중 하나에 불과하기 때문이다. 이 다양한 학파들 중에는 범신론/일원론이 있을 뿐 아니라 이원론도 있고, 초월적인 신과 인격적인 신에 대한 신앙도 나온다. 범신론이 힌두교의 주요 특징 중 하나라면 유일신론, 인격신론 역시 똑같거나 그 이상의 큰 비중으로 다뤄야 할 힌두교의 주요한 특징 중 하나인 것이다.

범신론 또는 일원론 철학에 기초한 힌두 신앙의 종파는 스마르따파인데 주창자인 샹까라의 추종자들이다. 이들은 인격적 속성을 가진 신은 미몽(마야)의 작용으로 나타나는 것일 뿐 참 실재가 아니라고 본다. 반면에 전체 힌두교도 중 2/3에 해당되는 비슈누파 힌두들의 경우에는 라마누자[09]의 유일신론과 인격적 신관을 가지고 있다. 라마누자는 절대적 관점에서 신의 불변성을 강조하는 니르구나(nirguna, '성품이 없다'는 뜻)와 인격적 신으로서 사구나(saguna, '성품을 가졌다'는 뜻)를 조화시키는 철학의 토대를 쌓은 사람이다. 만일 '인격적'이라는 말의 정의가 자유 의지와 이성을 갖고 다른 인격체와 소통하고 상호관계를 맺는 존재라면, 비슈누파와 시바파 힌두교는 인격성을 가진 신이다. 이 종파에서 최고신인 비슈누 혹은 시바는 이 세상/우주 바깥에 있는 초월자이다. 그러면서 동시에 이 세상에 있는 인간이 고통 중에 부르짖을 때 역사 속에 찾아와 구원

---

09 베단타 학파에 속하는 사람이지만 샹까라와 달리 제한적 일원론(Vishishtadvaita)을 주창함으로 비슈누파 힌두교의 철학적 기초를 놓은 사람이다.

의 손길을 내밀며 무너진 정의를 다시 일으켜 세운다.

힌두교의 초자연적, 인격적 신관의 예를 들어 보자. 가장 오래된 베다경에는 오늘날에도 매일 아침 제사장이 신에게 올려드리는 다음의 기도문이 나온다. "오! 수백 수천의 사람들을 치료하신 우리의 왕이시여! 당신의 은혜는 얼마나 넓고 깊은지요. 불의와 부패를 몰아내어 주시고, 우리가 저지른 죄악으로부터 우리를 구원하소서 (Mandala 3.62.10)." 여기에는 비인격적인 범신론의 신과 추상적인 철학의 신으로서 '그것'이 보이지 않고 도리어 인격적인 신으로서 '당신'이 보인다. 만일 아무런 편견 없이 위의 기도문을 읽는다면, 이 기도의 대상이 되는 힌두의 신 역시 인간의 질병과 죄, 고통의 문제에 깊은 관심을 갖고 인간의 요청에 응답하는 인격적인 신으로 신앙되어지고 있다는 것을 알 수 있을 것이다.

신앙(박띠)을 통한 구원의 길을 제시하는 바가바드 기타에는 불법이 횡행하여 고통당하는 세상에 무너진 정의를 세우기 위해 찾아오는 아바타 신앙에 대한 언급이 다음과 같이 나온다. "의가 시들고 불법이 그 머리를 들이밀 때 내가 땅으로 내려오나니, 선인을 보호하고, 악인을 멸망시키며, 의를 세우기 위해 시대마다 올 것이니라(바가바드 기타 4.7.8)." 인도의 아바타는 시대마다 반복적으로 찾아온다. 이것은 역사상 단 한 번 찾아온 기독교의 성육신과 크게 다르다. 그러나 어쨌든 초월적 존재인 신이 세상의 불법의 문제, 악인에 의해 선인이 고통받는 외침을 외면하지 않고 세상의 요청(문제)을 해결하기 위해 어떤 의지적 행동을 하는 것을 주목할 필요가 있다. 힌두교의 신 개념 중에도 범신론의 신 개념이 있을 뿐 아니라 이처럼 초월자이면서도 인격적으로 사람들의 문제와 요청에 반응하는 신 개념이 있는 것이다.

힌두교의 주요 신 중 하나인 비슈누의 성육신인 크리슈나의 행적과 가르침을 수록한 바가바타 뿌라나에는 다음과 같은 내용이 나온다. "사랑의 하나님을 묵상하는 자는 참으로 복이 있나니, 그들은 모든 부정한 죄와 마음의 속박으로부터 자유함을 얻을 것이니. 그 한 분만을 섬기라(쉬리마드 바가바탐, 3장, 73쪽)" 사랑과 용서는 살아있는 인격체만이 보일 수 있는 반응이며 행위이다. 머릿속으로만 존재하는 철학의 신, 인격을 가지지 않은 자연/우주는 죄와 부패에 대한 진노도 할 수 없고, 자신에게 용서와 도움을 청하는 자들에 대한 은혜도 결코 베풀 수가 없다. 힌두교의 신 역시 하나의 신만을 인격적으로 섬기도록 요청한다.

토의할 점

1. 힌두교에 범신론적 요소는 무엇인지, 또 유일신교적·인격신론의 요소에는 어떤 것이 있는지 말해 보라.

2. 비슈누파의 인격신론, 아바타론과 기독교의 신론, 성육신론의 유사점과 차이점은 무엇인가? 힌두교와 기독교의 신론 사이에 적은 부분이라도 어떤 공통점을 인정한다면 힌두교에 대한 기독교 메시지가 어떻게 달라질 수 있는지 토의해 보라.

우상숭배 종교로 아는데 우상을 배격하는 신

기독교나 이슬람교, 유대교와 같은 종교는 자연물이나 사람을 형상화하여 그것을 신으로 숭배하는 것을 금기시하며 매우 큰 죄로 여긴다. 그러나 이러한 종교들과는 달리 힌두교는 소, 쥐, 돌, 새, 인간의 성기, 산, 무기 등 세상에 보이는 거의 모든 것을 형상화하여 신으로 섬긴다. 그래서 많은 서구인들, 특히 아브라함 종교를 가진 사람들은 힌두교를 우상숭배의 종교로 규정한다. 특별히 기독교인/선교사의 관점으로 볼 때, 돌과 나무와 쇠 조각과 그림에 불과한 것 앞에 머리를 조아려 무언가를 빌며 신으로 섬기는 것은 어리석고 사악한 행위이다. 그들은 피조물과 거짓 신을 만들어 섬기는 죄에 빠져 있는 것이다.

힌두교는 이처럼 분명히 우상숭배의 종교이다. 그러나 그렇다고 하여 모든 힌두가 우상숭배/이미지 숭배를 하고 있는 것으로 생각한다면 오해이다. 도리어 적지 않은 힌두들이 우상숭배는 어리석고 잘못된 신앙이기 때문에 그것을 버려야 한다고 주장하는 것을 알 필요가 있다. 교육받지 못한 힌두, 신앙의 초보 단계에 머물러 있는 힌두만을 만난다면 그들에게 우상숭배는 당연한 것일 수 있다. 그러나 교육받은 힌두, 성숙한 힌두들을 만난다면 보이지 않는 존재, 마음에 모셔야 할 신에 대해 말하는 것을 들을 수 있을 것이다.

흥미롭게도 힌두는 이 세상에 우상을 섬길 필요가 없는 유일한 종교가 힌두교라는 자부심을 갖고 있다. 궤변같이 들릴지 모르지만, 힌두의 눈으로 볼 때 세상의 모든 종교는 알게 모르게 실제로는 다 우상을 섬기고 있다. 가톨릭 교인은 마리아 앞에 기도하고 성당마다 마리아 상을 가지고 있으며, 개신교인 역시 예수상이나 성화, 그리고 십자가를 숭배하는 것으로 본다. 이슬람교의 경우 기독교 못지않게 우상숭배 문제에 있어서 까다로운 것처럼 보이지만 무슬림 역시 메카의 카바(검정 돌)를 초자연적인 능력을 가진 신성한 것으로 여겨 숭배한다. 또한 선지자 모하멧을 숭배하는 것이 금지되어 있지만, 실제로는 수백만의 무슬림이 모하멧의 머리터럭을 숭배하기에 인도 최대의 모스크인 샤르 무바락 마스짓('복된 머리카락 모스크')이 께랄라 주에 세워진 바 있다.

힌두는 서구 기독교인들이 역사적으로 자신들의 신앙과 특정 교리를 수호 또는 포교한다는 명분으로 수많은 타종교인과 타교파인을 죽이는 전쟁과 학살을 되풀이해 온 것을 안다. 힌두들은 이 모든 것이 특정 신과 종교의 우상화에 있다고 본다. 반면에 인도의 몇몇 현자들은 모든 우상을 넘어선 참된 종교를 제시했는데, 그것이 바로 그 어떤 형상도 없고 그 어떤 정의(定義)에 의해서도 규정될 수 없는 신에 관한 종교, 곧 사나따나 다르마라는 것이다. 이것은 진리에 대한 무지나 확신의 결여가 아니라, 특정 신/진리의 우상화에서 자유롭다는 것이다. 그러기에 힌두교는 심지어 특정 신을 믿는 것이 필수가 아니라 자신이 믿는 신을 선택할 자유조차도 주어져 있는 것이다.

일반적으로 힌두는 우상을 숭배하는 종교로 알려져 있지만, 실제로 인도에서 우상숭배를 반대하는 목소리도 적지 않다. 예를 들어 앞에서 언급한 아드바이따 베단타, 일원론 학파가 대표적이다.

이 학파에서는 신은 어떤 모양이나 형태를 가지지 않는다는 점을 강조한다. 아드바이따 학파의 창설자인 샹카라는 이미지 숭배가 열등한 형태의 신앙이라고 거부한다. 영적으로 미성숙한 사람들이 우상을 숭배할 수는 있지만, 성숙한 단계에 이르게 되면 그것이 어리석은 것임을 알고 버리게 된다는 것이다. 아드바이따 학파가 인도의 주요 학파 중의 하나라는 점을 고려한다면 우상숭배를 반대하는 자들의 목소리가 결코 소수가 아니라 주류 중 하나에 속한다는 것을 말해 준다.

중세 인도에서 가장 강력하게 우상숭배를 배격한 학파는 미맘사 학파이다. 이 학파에서는 베다경에 대한 주석에 기초하여 종교의식에서 우상숭배적인 요소를 모두 없앴다. 미맘사는 일체의 이미지나 우상을 없애고 보이지 않는 신의 말씀으로서 베다 경전의 중요성을 강조했다.

근대로 와서 힌두교 개혁운동이 일어나면서 가장 먼저 우상철폐를 부르짖은 것은 인도 근대화의 아버지 람 모한 로이(Ram Mohan Roy)의 브라모 사마즈(Brahmo Samaj) 운동이다. 이 운동의 중요 가르침 중의 하나는 다신교와 함께 우상숭배를 반대한다는 것이다. 노벨상을 받은 라빈드라낫 타고르의 아버지 마하쉬 데벤드라낫 타고르가 브라모 사마즈 운동의 설립자 중의 하나이다.

힌두 개혁운동 중 가장 광범위한 영향을 끼쳤던 다야난드 사라스와띠(Dayanand Saraswati)의 아리야 사마즈(Arya Samaj) 운동은 일신론과 우상숭배 거부, 카스트 철폐 운동 등으로 잘 알려져 있다. 이 운동은 지금도 800만 명에 달하는 회원이 활동 중이며, 인도의 5대 수상이었던 쵸다리 차란 싱의 청년기에 중요한 영향을 끼친 신앙

운동이었다.

인도에서 그림이나 형상을 숭배하는 신앙은 기원후 3, 4세기 이후 남인도에서 시작하여 인도 전역으로 퍼진 박띠 운동의 영향이 크다. 20세기 이전 글을 읽을 수 있는 인구가 전 인구의 1% 미만이던 시대에 대부분의 사람들은 자신들의 경전을 읽을 수도 없을뿐더러 하층 카스트는 경전 읽는 것 자체도 금지되어 있었다. 그래서 인격적인 구원자 아바타를 믿는 신앙을 가진 다수의 문맹 백성들의 신앙을 고취하고 교육시키기 위한 목적으로 여러 가지 그림과 형상들이 사용된 측면도 있다고 할 것이다.

이러한 전통은 다수가 글을 읽을 줄 아는 오늘날에도 계속되어 형상 숭배, 이미지 숭배는 인도에서 보편적인 현상인 것이 사실이다. 그러나 그럼에도 불구하고 인도사람이 문자 그대로 돌과 나무와 쇠와 그림을 진짜 신으로 여겨 그 앞에 예배드리는 것은 아니라는 점을 이해할 필요가 있다. 그들도 그것이 기도 응답을 줄 수 없는 나무와 돌에 불과한 것을 알고 있다. 그들이 그 우상 앞에 절하는 것은 눈에 보이는 자연물을 섬기는 것이 아니라, 그 상징물의 배후에 있는 보이지 않는 신 앞에 예배드리는 것이다. 인도 경전도 참신은 보이지 않으며, 눈에 보이는 이미지와 상이 아니라 신자들의 마음에 있다고 가르친다.

힌두의 우상숭배에 대한 올바른 이해를 위해서는 그들이 일정한 자격을 갖춘 브라만 사제를 불러 신의 임재를 요청하는 특정한 기도와 의식을 집행하는 것에 주목할 필요가 있다. 다시 말하면 그들이 우상으로 섬기는 코끼리와 원숭이는 언제나 계속 신으로 서 있는 것이 아니라, 특정한 의식과 기도를 통해 예배라는 제한된 시간에 신으로서 인간을 만나는 것이다. 그러기에 예배가 끝나면 신상은 베일로 가려지거나 물속으로 수장을 시키는 것이다. 그래서 인도의 대부분의 신성한 강들은 수장된 우상으로 인해 오염 문제가 심각하지만, 이들은 수장하는 관습을 멈추지 않는다. 만일 신상 자체를 정말 신으로 생각한다면 그 신상을 수장시키는 일은 결코 가능하지 않을 것이다. 신이 돌과 쇠에 나타날 수는 있지만, 돌과 쇠 자체를 신으로 여기지는 않기 때문이다.

인도사람은 13억이나 되는 많은 사람의 신앙의 수준과 성숙도가 다 같을 수 없고 각기 다른 것을 안다. 그러기 때문에 눈에 보이는 우상을 섬기는 것이 어떤 사람에게는 불필요한 것일지라도, 신앙의 초보 단계에 있는 또 다른 부류의 사람들에게는 도움이 될 수 있는 것을 그들도 인정한다. 그러나 그것은 어린아이 신앙이거나 미신이라고 생각하며 궁극적으로 어떤 이미지나 신상이 없이도 참된 하나님을 섬길 수 있어야 한다고 권고하고 있다.

토의할 점

1. 힌두가 이슬람과 함께 기독교를 우상숭배 종교 중의 하나라고 보는 이유가 무엇인지 말해 보라. 교회와 기독교인의 역사 생활 중에 우상숭배적 요소로는 어떤 것이 있는지 토의해 보라.

2. 힌두교에 우상숭배가 많은 이유가 무엇인가? 또한 힌두교인 중에 우상숭배를 배격하는 철학·종파들은 무엇이며, 그 이유들이 무엇인지 토의해 보라.

죽은 신으로 여기지만 살아있는 신

열왕기상 18장을 보면 엘리야가 이방의 선지자들 앞에서 송아지 두 마리를 잡아 나무 위에 놓고 부르짖었다. "너희는 너희 신의 이름을 부르라 나는 여호와의 이름을 부르리니 이에 불로 응답하는 신 그가 하나님이라(18:24)." 바알 선지자들의 반복된 부름에도 불구하고 그들의 신은 대답이 없었던 반면에 성경의 하나님은 불로 응답하였다. 이로써 바알 신은 '죽은' 신, 이스라엘의 신은 '살아있는' 신으로 드러나게 되었다. 이 사건은 타종교의 신과 기독교의 하나님을 극적으로 대비시키며 우리의 신은 참 신인 반면 그들의 신은 죽은 신임을 보여준다. 참 신은 기독교의 하나님 한 분이시기 때문에 다른 신들은 필연적으로 거짓 신, 죽은 신일 수밖에 없다. 이런 신앙과 교리의 관점에서 볼 때 힌두교의 신은 당연히 죽은 신이고, 부르고 기도해도 대답 없는 신이다. 그 신들은 돌과 쇠와 나무에 불과하기 때문에 그것들을 통해서는 어떤 구원의 체험도 없고 진정한 자유나 평화, 기쁨과 같은 것은 없는 것이다. 힌두교의 신은 작은 그림으로 보든 큰 그림으로 보든 단지 죽은 신일 뿐이다.

이렇게 힌두교의 신은 분명히 죽은 신이지만 그럼에도 불구하고 힌두들의 신 이해와 신에 대한 체험 이야기 중에는 기억해야 할 부분이 있다. 그것은 기독교인들과 마찬가지로 힌두들도 자신들의 신이 죽은 신이 아니라 살아있는 신으로 말한다는 것이다. 많은 힌두들이 기적의 체험, 질병이 치유된 체험, 자신들의 신의 이름을 부르며 기도할 때 응답받는 체험을 이야기하는 것을 들을 수 있다. 한 번은 비행기를 타고 인도에서 런던으로 가던 중 비행기 안에서 옆에 앉은 힌두와 이야기를 하게 되었다. 그 사람은 여행 목적을 물어보는 나의 질문에 자신이 최근 직장 문제가 있어 신에게 기도를 했는데, 기도 응답으로 런던에 좋은 직장을 얻어 그곳에 가게 되었노라고 자랑스럽게 말해 주었다. 힌두들의 기도 응답은 그의 경우처럼 직장 문제에 그치지 않는다. 자녀 문제나 재정 문제를 해결 받았다든지, 마음의 평화를 누리게 되었다든지, 드물기는 하지만 심지어 신을 만난 구원의 체험까지 말하는 것을 들을 수 있다.

인도의 전설적인 크리켓 선수이자 상원 의원으로도 활동했던 사친 텐둘카(Sachin Tendulkar)는 독실한 힌두 신자로 알려져 있다. 그는 자주 사원을 방문하여 기도하는 습관이 있는데 한 인터뷰에서 자신의 기도생활을 이렇게 이야기한다. "기도는 평상시나 시련의 때에나 나로 하여금 언제나 올바른 결정을 할 수 있는 힘을 준다. 기도하면 마음에 하나 가득 기쁨이 샘솟는다. 나는 기도할 때 많은 말을 하는 편은 아니지만, 기도를 통해 하나님과 대화를 나누고 하나님께로 가까이 나아가기를 힘쓴다. 하나님은 신실한 마음으로 드리는 기도를 외면하지 않으시고 언제나 응답해 주셨다. 그러므로 나의 모든 것은 오직 하나님의 은혜이다. 나의 성공 하나하나는 다 하나님이 주신 것이다." 텐둘카의 기도는 힌두 기도 생활의 전형적인 모습을 보여준다. 그의 기도 생활은 하나님을 만나고 하나님과 소통하는 생활이다. 시합에서 승리할 때도 있고 실패할 때도 있지만, 그 어느 때나 그는 자신의 신에게 감사하고 위로받고 힘을 얻는다. 그는 자신이 인생에서 얻은 모든 것이 신의 축복으로 받은 것이라고 고백한다. 그의 기도에는 응답이 없어 자신의 신이 살았는지 죽었는지 회의하는 모습을 찾아볼 수 없다. 도리어 그의 기도에는 살아있는 신, 자신을 돌보고 은총을 베푸는 신에 대한 감사가 있는 것을 본다.

　힌두의 이러한 고백과 신앙의 체험에 관한 이야기는 기독교인의 입장에서 종종 혼란스럽고 당황스러운 이야기일 수 있다. 그러나 세상에는 마귀와 귀신의 세력도 역사하고 있기 때문에 타종교라고 해도 기적이나 치유나 기도의 응답이 전혀 없는 것이 아니다. 또 전능하고 사랑과 자비가 있다고 믿는 신에게 나아갈 때 실제로 신이 살아있기 때문이 아니라, 플라시보 효과('위약효과'로서 가짜 약에 의한 심리적 치료효과)에 의해 존재하지 않는 죽은 신에 의해서도 어떤 평화나 위로를 받는 체험을 할 수도 있다. 여기서 중요한 것은 서둘러 힌두의 주장과 체험을 부정하려고 할 것이 아니라 그들도 이런 체험을 가질 수 있다는 것을 이해하고 받아들이는 것이다. 그들의 체험 자체를 부정하면 나의 신앙의 체험을 간증할 때 상대방도 나의 이야기에 귀를 기울이지 않을 수 있다. 만일 상대방이 자신의 신앙체험을 말한다면 우리도 우리의 그리스도 체험을 이야기할 좋은 기회를 얻을 수 있다. 상대방의 체험을 부정하기보다는 참 하나님, 살아있는 하나님과 동행하는 체험의 풍성함을 나누는 것이 지혜롭다.

1. 거짓 신, 죽은 신인 힌두교의 신을 믿는 사람의 경우에도 구원의 체험, 평화의 체험, 기도가 응답받는 체험을 할 수 있는가?

2. 자신의 신에 대한 찬사를 늘어놓는 힌두 앞에서도 간증할 수 있는 구원의 체험, 자유와 평화의 체험, 하나님과 동행하는 삶의 풍성함에 대한 체험을 나누어 보라.

마귀로 보이지만 정의를 세우는 신

기독교 신앙의 관점에서 볼 때, 타종교의 신은 인간에 의해 만들어진 (우상)신이거나 마귀/사탄이다. 마귀는 악을 행하며 사람들을 두려움으로 사로잡아 종노릇하게 하며 하나님으로부터 멀어지게 한다. 힌두교의 신은 기독교 신앙의 관점으로 보나 그 외관으로 볼 때 분명히 이러한 마귀의 모습을 갖고 있다. 예를 들어 깔리라고 하는 여신은 검푸른 피부에 분노로 타오르는 붉은 색 눈을 갖고 있으며 목에는 사람의 해골로 된 목걸이를 두르고 있다. 네 개나 되는 손에는 피 묻은 칼과 함께 피가 뚝뚝 떨어지는 사람의 목이 들려 있다. 죽은 사람의 피를 먹어 새빨개진 혓바닥을 내밀고 시체 위에서 춤을 추는 깔리 신! 깔리뿐 아니라 두르가라는 신도 10개의 손에 각종 병기가 있고, 그것들로 검정색 물소를 찔러 죽이는 모습을 볼 수 있는데, 이러한 신들의 모습은 기괴하고 끔찍스럽게 보인다. 형상은 이렇게 마귀의 모습인데, 힌두 경전은 이 신들이 마귀를 물리치고 정의를 세우는 일을 한다고 말한다!

데비 마하트미얌 경전에 의하면 깔리와 두르가는 정의의 신, 거룩한 신으로서 마귀를 찔러 죽이는 신으로 묘사되고 있다. 깔리의 눈이 그토록 붉게 타올랐던 것은 마귀에 대한 거룩한 분노의 불길, 정의의 불길이었던 것이다. 두르가가 창조의 신 브라마를 죽이러 온 마귀 마두와 카이타부, 그리고 마귀 대왕 마히쉬아수라를 물리쳤을 때 신들과 성자들이 그의 위엄과 덕을 찬양한다. "오, 가장 높으시며 우주의 주재이신 주시여, 당신은 온 세상을 보호하시며 모든 악을 파하셨나이다. 당신은 세상의 모든 고통과 두려움과 마귀를 물리쳐 주시고 우리에게 복을 주시는 분이십니다. 자유와 평화와 피난처와 해방을 주시는 주를 찬양하나이다."

이와 같이 데비 마하트미얌에는 총 13장 가운데 1장에서 10장까지 마두, 카이타바, 마히시아수라, 둠라로차나, 찬다, 문다, 락타비야, 니쉬움바, 슘바와 같은 마귀를 무찌르는 이야기가 나온다. 이마귀들은 모두 신을 대적하고 세상의 질서를 무너뜨리며 사람들에게 고통과 질병과 두려움을 가져다주는 세력이다. 이런 악한 세력을 무너뜨려 우주의 질서를 보존하며 사람들을 두려움과 고통으로부터 건져주는 존재는 마귀인가, 아니면 정의의 신인가?

인도 최고의 명절이자 축제는 디왈리이다. 디왈리는 아내 시타를 납치해 간 마귀 라반을 물리치고 돌아온 람의 승리의 귀환을 축하하는 빛의 축제이다. 이 이야기는 대서사시 라마야나에 잘 나타나 있는데, 람은 선과 정의의 상징, 빛과 다르마(질서)의 상징으로 묘사된다. 람 신과 같이 인도에는 수많은 아바타(성육신)가 있는 것은 널리 알려진 사실이다. 이 아바타 신들이 역사 속에 인간의 모습으로 온 이유는 이 세상을 어지럽히는 마귀와 싸워 물리침으로 무너진 다르마를 세우기 위해서이다. 인도의 모든 경전은 끊임없이 정의와 윤리와 거룩함을 세우는 신들의 이야기로 가득하며 신자들에게 거룩한 삶을 살도록 촉구하고 있다.

이는 람 신을 섬기는 비슈누파만의 이야기가 아니다. 시바파 힌두교의 경전인 마하시바 뿌라나는 시바 신이 세상에 육으로 온 목적을 이렇게 말한다. "오 위대한 신, 자비의 바다이시여 당신은 악한 이들을 심판하고 의인에게 복을 주기 위해 이 세상에 육으로 오셨나이다. 당신은 악을 응징하시는 분이시며 정의를 세우는 분이십니다. 당신은 점도 흠도 없는 거룩한 분이십니다."

만일 기독교인이 인도의 경전을 읽어보아 인도인들이 경배하는 신들이 어떤 신들인가를 알게 된다면 그 신들을 마귀와 사탄이라고 말하기는 쉽지 않을 것 같다. 우리의 신앙으로 그렇게 선포는 할 수 있을지라도 그것을 받아들일 힌두는 아무도 없을 것이다. 왜냐하면 그들의 경전은 전혀 다른 의미의 신들, 정의를 위해 싸우는 신들을 일관되게 말하고 있기 때문이다. 예수님은 비유로 사탄이 어찌 사탄을 쫓아낼 수 있느냐 하셨는데(막3:23), 그 말씀대로라면 인도의 그 많은 마귀 사탄을 쫓아낸 것은 도대체 누구일까? 기독교 신앙의 관점에서는 깔리, 두르가, 람은 모두 마귀, 사탄에 불과하다. 그렇지만 힌두들은 자신의 신들 역시 마귀를 물리치며 정의를 세우는 신으로 믿고 있다는 것만큼은 인식하고 있어야 할 것 같다.

토의할 점

1. 힌두 경전인 뿌라나에는 마귀들과 아바타 신들 사이에 끊임없는 싸움이 나오는데 이들 사이의 공통점이나 차이점에 대해 말해 보라.

2. 힌두에게 전도할 때 힌두교의 신을 단순히 마귀와 사탄으로만 말하면 어떤 문제들이 생길 수 있는지 토의해 보라. 성경이 말하는 마귀와 힌두경전이 말하는 마귀, 그리고 그 마귀를 물리치는 신들에 대해 어떻게 이해하면 좋을지 토론해 보라.

부도덕한 신으로 보이나 거룩한 신

영국의 노예무역 폐지를 주도했던 윌리암 윌버포스는 힌두 신의 도덕성에 대해 이렇게 말한 바 있다. "인도의 신들은 음란하고 불의하며 사악하고 잔인한 괴물들이다." 인도 뭄바이의 윌슨 대학에서 인류학자로 활동했던 영국인 존 매켄지 역시 "힌두 철학에는 윤리적인 요소가 전혀 없다."고 말한 바 있다. 인도인 중에서도 유명 기독교 저술가이자 사회개혁자인 비샬 망갈와디(Vishal Mangalwadi)는 『인도는 왜 낙후되었는가?』라는 책에서 인도사회의 후진성을 논하면서 그 책임을 '힌두 신들'에게서 찾았다. "힌두 신들은 인도 정부가 부패한 것처럼 부패하다. 신이라면 마땅히 도덕의 수호자가 되고 윤리적인 삶을 장려해야 할 터인데 도리어 힌두의 신들은 인도의 도덕의식에 가장 심대한 타격을 가했다."

신들이 부패와 부도덕을 부추긴다니! 믿기 어렵지만 많은 힌두 신들은 성적으로 부도덕한 행동, 강간, 심지어는 윤간과 관련이 되어 있다. 힌두의 대표적 세 신 가운데 창조의 신으로 알려진 브라마는 자신의 6살 된 딸 사라스와띠를 강간했으며, 보존의 신 비슈누는 정숙한 기혼녀 브린다에게 속임수를 써서 자신의 욕정을 채웠고, 파괴의 신 시바는 요가마야의 아내를 탐내 성추행을 했다. 브라마, 비슈누, 시바 이 세 신들은 심지어 브라마의 며느리 아나쉬야를 윤간하기까지 했다.

베다에서 신들의 왕이라 일컬어졌던 인드라 역시 예외가 아니어서 성자 가우타마의 아내 아할리야를 강간했다. 가장 사랑받는 신 중 하나인 크리슈나는 마귀에게 사로잡힌 16,100명의 공주들을 구해낸 일이 있었는데, 그 후 그들 모두를 자신의 아내로 삼았다. 그는 16,100명이나 되는 아내도 모자라 후에 8명의 아내를 더 얻어 공식적으로 16,108명의 아내를 두었다. 그러고 나서도 그는 수많은 소를 치는 여인들과 함께 사랑을 나누는 일을 멈추지 않는다. 시바 신은 인도학자 웬디 도니거(Wendy Doniger)에 따르면 "성을 밝히는 고행자, 음란하고 난잡한 신"으로 알려져 있다. 시바파 신자들은 그들의 신의 상징을 아예 남성의 성기 모양으로 만들어 이를 숭배하고 있다.

그런데 이렇게 힌두교 신화 가운데 신들의 부도덕을 언급하는 내용도 나오지만 다른 한편으로 힌두 신의 거룩함에 대해 말하는 수많은 구절들이 있는 것도 사실이다. 시바파 힌두교의 경전인 마하시바뿌라나를 보면 시바 신은 '흠도 점도 없는 거룩한' 신으로 칭송받는다. 시바는 '언제나 진실하고 진리를 사랑하며 진리만을 말하는 입과 눈'을 갖고 있다고 말한다. 시바는 사람들이 저지르는 작은 죄 하나라도 다 살펴보고 있으며 죄악된 세상을 정화시키는 데 깊은 관심을 갖고 있다. 그러기 때문에 마지막 시대인 깔리 시대에 '모든 죄를 없이 하는 것이 시바의 영광'이라고 말하는 것이다. 시바 신은 자신이 거룩하기 때문에 신자들도 거룩한 삶을 살도록 명한다. "너희는 재물을 얻을 때에도 불의를 행하지 말고 정의롭게 해야 한다." 그는 불의한 방법으로 번 재물은 파괴될 것이며 불법으로 번 돈으로 헌금한 것은 결코 받지 않을 것이라고 한다. 왜냐하면 시바가 원하는 것은 '헌금이 아니라 성도의 거룩한 삶'이기 때문이다. 말로만 하는 회개로는 진정한 죄 사함을 받을 수 없고, 구체적으로 의로운 행동이 수반되어야 한다고 한다. 불의를 행한 죄인들은 회개하고 죄 사함을 받지 않으면 쇳물이 끓어오르는 지옥불에서 헤아릴 수 없는 세월 동안 벌을 받아야 한다. 힌두 신의 거룩함을 말하는 것은 시바파 힌두교만이 아니라 주류 종파인 비슈누파의 경전들에서도 동일하다.

여기에서 한 가지 드는 의문은 부도덕한 모습과 거룩한 모습 중 어느 것이 진정한 힌두 신들의 모습인가 하는 것이다. 인간이라면 부도덕한 죄인의 본성과 바르게 살려는 모습의 두 가지 상반된 본성을 가지는 것이 이해될 수 있다. 그러나 신이 어떻게 반쪽은 악하고, 나머지 반쪽은 선할 수 있는가? 힌두교 신학 전반에 대한 이해가 없이 힌두교의 한 부분만을 보면 서로 충돌되고 모순되는 모습인 것으로 보인다. 그러나 여기서 먼저 우리가 기억할 것은 힌두교가 하나의 종교가 아니라 여러 다른 종교, 또는 다른 전통을 가진 종교들의 집합이라는 것이다. 그러기 때문에 비슈누파의 경전에는 오직 비슈누만이 거룩한 신인 반면 시바신은 부분적으로 죄를 짓는 것이 나올 수 있는 것이다. 다른 하위 신들의 경우 그 죄의 질적, 양적 수준은 더욱 클 수 있다. 반면에 시바파 경전의 경우는 오직 시바 신만이 거룩한 신인 반면 비슈누 신은 죄도 짓고 악도 행하는 것으로 나온다. 외부인의 눈으로 볼 때는 다 똑같은 신이지만 힌두들의 경우는 자신이 섬기는 주신/최고신과 나머지 신을 구분한다. 그래서 종파별로 하나의 거룩한 신/최고신을 제외한 나머지 신들은 인간과 같이 죄를 범할 수 있는 존재이기에 그들 역시 윤회의 과정을 통과해야만 한다. 앞에서도 언급했지만 이 경우 여타의 신은, 신이라기보다는 천사와 같은 영물로 이해하는 것이 더 적절한 것으로 보인다. 천사의 타락은 피조물인 천사의 죄 문제이지 신의 부패의 증거가 될 수는 없는 것이다.

뿐만 아니라 하위 신들이 죄를 범하는 것에 대해 힌두들이 갖고 있는 신학적 해석에 대해 이해할 필요가 있다. 예를 들어 크리슈나가 여러 여인들/소치는 여목동들을 사랑한 것에 대해 힌두 학자들은 그것이 불륜이나 쾌락에 대한 탐닉이 아니라 신자들과의 사랑의 연합이라는 관점으로 해석하고 있기 때문이다. 이는 아가서에서 솔로몬과 술람미 여인의 사랑 이야기 그리고 신약에서 그리스도와 신자들의 관계를 신랑과 신부의 관계로 비유하는 것과 유사하다고 볼 수 있다. 뿐만 아니라 신들의 범죄를 최고신의 주권, 또는 최고신의 영광의 관점에서 해석하기도 한다. 즉 실제로 분노와 욕정에 빠진 것은 하위 신들이지만 최고신 비슈누, 또는 시바 신은 이것을 자신의 영광을 드러내는 데 사용한다는 것이다. 이는 마치 하나님이 이집트 왕 바로의 마음을 완악하게 하심으로 하나님의 영광을 드러낸 것과 유사할 수 있다(출애굽기 9:12).

1. 힌두의 신들 가운데 최고신과 하위신들 사이에는 죄 또는 윤리 문제에서 어떤 차이가 있으며 힌두들은 신들의 범죄를 어떻게 정당화시키는지 말해 보라.

2. 힌두 신의 거룩성은 배제한 채 하위신들의 비윤리성만을 지적하는 기독교인의 전통적인 비교방식에 대해 힌두들의 반응이 어떠할 것인지 토의해 보라. 힌두 신들의 거룩성과 비윤리성에 대해 어떻게 하면 균형 잡힌 이해를 할 수 있을지에 대해서도 이야기 해보라.

소: 신이자 인도의 어머니

힌두교는 소를 섬기는 종교로 잘 알려져 있다. 소를 신으로 여기기 때문에 힌두들은 소고기를 먹지 않으며 소들이 뭄바이의 복잡한 도시 교통 속에 마음대로 활보하고 다녀도 내버려 둔다. 특별히 무슬림과 기독교인의 입장에서 보면 이는 피조물을 예배하고 섬기는 우상숭배와 다르지 않다. 힌두를 제외하면 소고기는 전 세계인이 즐기는 고기 중의 하나가 아닌가? 이렇게 가축이자 음식거리 밖에 안 되는 소를 신으로 숭배한다는 것은 말도 안 되는 '어리석은 짓'으로 보인다.

그런데 힌두들 가운데도 소를 신성시하는 것에 대해서는 두 가지 다른 견해가 있다. 먼저 일부 힌두들은 소를 신격화하는 것과 신성하게 여겨 존경하고 사랑하는 것 사이를 구별한다. 즉 소를 신으로 숭배하는 것이 아니라 단지 신성한 동물로 여기는 사람들이 있다. 비슈누파 힌두들에게 암소는 아바타 신인 크리슈나의 '친구'요 그의 사랑과 보호를 받는 동물이다. 크리슈나가 왕족으로 태어났지만 암소치기로 자라났으며 '고빈다'와 '고팔라'(암소의 친구이자 보호자)라 불리운 것을 보면 암소는 신과 가까우며 신으로부터 보호받는 특별한 동물인 것을 알 수 있다.

이에 비해 시바파 힌두들의 경우는 암소보다 숫소인 난디가 특별한 동물이다. 난디는 시바신의 거주지인 카일라사를 지키는 문지기 또는 시바의 발등상으로 알려져 있다. 그래서 거의 모든 시바

사원은 앉아 있는 난디의 모습을 돌로 조각하여 전시한다. 시단타 경전은 난디가 시바신의 여덟 군대 장관 중 하나라고도 말한다. 이 처럼 신의 '친구', 신을 지키는 '문지기'와 '군대장관', 그리고 신의 '발등상'인 소가 어찌 신성한 동물이 아니겠는가? 게다가 많은 힌 두들은 소가 인간 영혼의 환생이라고 믿기에 인간 영혼보다 신성한 존재로 여기는 경향이 있다.

이와 같은 배경으로 소는 존경받는 대상이 될 뿐 아니라 실제적, 정서적인 면에서도 인도인과 특별한 감정으로 맺어져 있다. 암소의 우유는 가난한 사람들에게 영양분 공급원이 되고, 인도 요리에 쓰이는 기(ghee)의 재료이며, 램프용 기름으로도 쓰인다. 가죽은 구두와 다른 가죽 제품을 만드는 데, 소의 굽은 아교를 만드는 데, 마른 소똥은 많은 가정의 연료로 요긴하게 쓰인다. 이와 같이 소는 살아 있을 때나 죽은 다음에나 자신의 모든 것을 인간을 위해 바치는 동물이다. 그래서 인도인은 암소를 인도의 어머니라고 부른다. 게다가 소의 성품은 얼마나 온순한가! 인도에서 열 마리의 소와 함께 있는 것이 두 마리의 개와 함께 있는 것보다 안전하고 편안하다. 그러기에 서구에서 애완용 개를 가족과 같이 아끼고 사랑하듯이 소를 아끼고 사랑하는 것이다.

그러나 다른 한편으로 소를 신으로 받들며 기도하며 섬기는 힌 두들도 있다. 그들은 성스러운 어머니 암소를 경배하는 명절 때 첫 음식을 암소에게 바친다. 어머니 암소에게 정기적으로 꼴을 먹이는데, 꼴을 먹인 뒤에는 축복의례를 행하고, 그 후에야 자신의 음식을 먹는다. 암소가 성스러운 존재이기 때문에 암소를 죽이는 것은 살인죄보다 더 크게 여기고 심지어는 암소를 발로 차는 것 또한 대죄로 여긴다. 많은 농부들 중에는 농경에 도움을 주는 암소에게 감사의 축제를 드리기도 한다. 암소에게 바치는 고파스타미와 마뚜퐁갈 같은 축제가 있는데 이때에는 암소에게 화환을 걸어주며 특별한 먹이를 준다. 무엇보다 암소를 앞에 두고 두 손을 합장하며 간절한 마음으로 기도하는 모습을 왕왕 보게 되는데 이러한 모습은 소를 신으로 모시는 행위로 보인다.

그러나 힌두가 암소를 숭배한다고 해서 서구인이나 기독교인들이 생각하는 것처럼 동물인 암소 자체를 신으로 여긴다든지, 암소가 초월적인 능력이 있어서 자신들의 기도를 듣고 응답해주는 것으로 여기는 것은 아니다. 그보다는 신이 지상에서 자신을 나타내는 거룩한 장소, 또는 신의 현현으로서 암소를 신성시하는 것으로 보인다. 예를 들어 바가바타 뿌라나에서는 지구를 상징하는 힌두 여신 부미(Bhoomi)가 보통 암소의 형태로 나타난다. 특별히 스깐다 뿌라나는 암소 몸의 각 부분이 각각의 신들과 연결되어 있다고 말한다.[10] 소똥에는 락쉬미가, 가슴 부분에는 스깐다가, 이마에는 시바가, 혀에는 사라스와띠가, 그의 음메 소리에는 간다르와, 아쁘사라스, 나가들이 거주하며, 소의 젖 가운데는 신성한 강가가 흐른다는 것이다. 사실 힌두교는 암소만이 아니라 코끼리, 원숭이, 코브라, 쥐도 신성시하는데 암소가 그중에서도 특별한 것은 스깐다 뿌라나에서 말한 대로 모든 신들이 암소 안에 존재한다고 보는 것이다.

암소와 관련된 신명으로는 수라비 또는 까마데누가 있는데 신성한 소란 뜻으로 여러 신들이 바다를 휘저어 모든 암소의 어머니 까

---

10 김경학, 이광수, 『인도의 두 어머니 암소와 갠지스』(부산: 산지니, 2006), 50.

마데누가 탄생했다고 한다. 물론 어떤 사원과 집에는 까마데누의 석상이나 그림이 있고 숭배를 받기는 한다. 그러나 크리슈나나 시바, 두르가 등의 신과는 달리 전 인도에 걸쳐 암소를 주신으로 섬기는 사원도 없고 종파도 없다. 인도학자 모니어-윌리암스가 말한 대로 암소는 예배와 섬김을 받는 신이라기보다는 '지속적인 사랑의 대상이 되는 살아있는 동물'이라고 보는 것이 더 가까울 수 있다.

인도에서 신의 성품과 능력은 신에 따라 그 수준이 다양하다. 까마데누가 비록 힌두 신들 중의 하나로 포함이 된다고 하나 비슈누, 시바 등과는 차이가 많이 나는 것으로 보인다. 까마데누를 주신으로 섬기는 사원이나, 종파, 신도들이 없다는 점 또한 코끼리 신 가네샤, 원숭이 신 하누만과는 많이 달라 보인다.

토의할 점

1. 인도인의 소에 대한 '숭배'와 '사랑'의 두 가지 태도에 대해 말해 보라.

2. 소에 대한 인도인의 이러한 특별한 태도를 고려한다면 기독교 인/선교사가 소고기를 먹는 것에 대해서는 힌두들이 어떻게 반응할 것이라고 보는지 토의해 보라.

2. 다면적인 힌두교의 세계관

죄의식이 없는 힌두, 죄에 예민한 힌두

힌두교에는 죄 개념이 없다, 또는 있더라도 매우 약하다는 말을 많이 한다. 대부분의 서양사람과 기독교인이 이렇게 말할 뿐 아니라 심지어 힌두들도 이렇게 말하는 것을 자주 본다. 힌두교의 핵심적인 교리에 의하면 인간의 자아(아트만)는 신의 일부이므로 죄와 같은 것에 영향을 받지 않는다는 것이다. 인간에게 문제가 되는 것은 오직 신과 내가 서로 다른 둘이 아니고 하나라는 것을 깨닫지 못하는 무지(아비디야)에서 오는 오류, 또는 실수일 뿐이라는 것이다. 이는 성선설과도 유사하며 인간은 태어나면서부터 죄악 되고 부패하다고 말하는 기독교와는 사뭇 거리가 먼 것으로 보인다.

이러한 입장을 대변하는 힌두의 성자 스와미 비베까난다는 이렇게 말했다: "누구든지 사람을 '연약한' 존재라거나 '비참한 죄인'이라고 부르는 것은 최대의 오류이자 범죄이다. 그것은 인간성에 대한 모독이다. 아, 신에게서 나온 신의 자녀, 그대 사자들이여. 스스로가 연약한 양이라는 미몽을 떨쳐버리고 일어나시오. 그대들은 영원히 자유로우며 축복받은 영혼들이오." 비베까난다가 인도에서 가장 저명한 힌두 성인 중 하나이니 이런 말에 기초하여 힌두에게는 죄에 대한 개념이 없다고 말하는 것은 전혀 놀랍지 않다.

그러나 비베까난다의 견해나 다수 기독교인의 힌두 죄 관념에 대한 이해에 있어서 한 가지 중대한 문제는 이러한 가르침이 베단타 학파에 국한된다는 것이다. 베단타 학파가 중요하기는 하지만 그와 함께 박띠 신앙의 죄에 대한 개념을 알아야 한다. 물론 힌두교에 기독교와 같은 원죄론은 없지만 기독교와 유사한 죄 개념이 있다는 것은 의심의 여지가 없다. 앞에도 이미 한 번 언급했지만 베다경의 기도문에는 힌두들의 죄 개념을 짐작할 수 있는 내용이 나온다. "당신의 은혜는 얼마나 넓고 얼마나 큰지요. 우리가 저지른 죄로부터 우리를 구원하소서. 순종과 희생의 제사를 드리오니 당신의 진노를 가라앉히시고 우리를 죄로부터 자유케 하소서(리그베다,1.24,9-10)." 여기서 기도자가 무슨 죄를 지었는가는 구체적으로 나오지 않지만, 그가 자신의 죄를 뉘우치고 순종과 희생의 제사를 드리겠다고 결단하는 것에 주목할 필요가 있다. 신에 대한 불순종을 회개하고, 신과의 잘못된 관계를 바로잡기 위해 그는 먼저 순종의 제사를 드리고자 하는 것이다. 그리고 제사를 통해 신으로부터 죄 사함의 은총을 간구하고 있다. 본문의 내용은 앞에서 비베까난다가 말한 내용과는 사뭇 다르며 도리어 신과의 관계, 순종이라는 면에서 기독교인의 입장과 매우 가까워 보인다.

박띠 문헌에 나오는 다음 시인의 고백을 한 번 들어보자. "나는 죄 가운데 태어나서 마음의 순결과는 거리가 멉니다. 나는 악하고 악하며 나의 모든 성품이 악하나이다. 내게는 죄악이 얼마나 많은지, 악은 심지어 내 선행 가운데도 있습니다. 내 마음은 참으로 악하고 어리석어서 거룩함을 피해 다닙니다. 짐승은 아닌데 어찌하여 나는 짐승과 같은 행위를 버리지 못하는가. 아! 가련한 나여, 나는 도대체 어떤 삶을 살고 있단 말인가?"[11] 이 시에는 인간의 본성으로 어찌할 수 없는 타고난 인간의 죄악된 본성에 대한 날카로운 성찰이 잘 나타난다. 심지어 선행 가운데에서도 악을 볼 정도로 죄에 대한 민감한 감수성이 인상적이다.

구자라뜨의 힌두 성자 다두다야이의 다음 기도도 죄에 대한 인도인의 민감성을 잘 보여준다. "주님 앞에 저의 죄는 모든 신경과 혈관 구석구석에 가득 차 있습니다. 순간순간 죄를 범하니, 주여 저를 용서하여 주옵소서! 단 하나도 선행을 한 것이 없으며, 내게는 아무런 덕도, 공적도 없습니다. 그리하올지라도 주여 당신의 죄 많은 자녀를 버리지 마옵소서. 주님이 아니면 어디로 피하겠나이까? 탐심과 자만과 분노와 거짓이 나면서부터 나를 이끌어왔나이다. 오 비참한 나여, 주님만이 나의 도움이십니다. 아버지여, 당신의 풍성한 사죄의 꿀물로 나를 씻어주소서, 그리고 상한 마음을 치료하여 주옵소서."[12]

힌두의 죄에 대한 민감도는 이렇게 경전과 기도문에만 있는 것이 아니라, 매일 아침 일어나 물로 몸을 씻는 관습과 신성한 갠지

---

11 Dayanand Bharati, *Understanding Hinduism* (New Delhi: Munshiram Manoharlal Publishers, 2005), 209.

12 A. J. Appasamy, *Temple Bells: Readings from Hindu Religious Literature* (Calcutta: Association Press, 1931), 62.

스 강으로 가서 몸을 씻는 의식을 치르는 데에 잘 나타나 있다. 많은 힌두 순례자들이 신성한 산과 사원 등을 정기적으로 찾아가는 이유 역시 동일하다. 그들의 내부에 꺼지지 않는 강렬한 갈망은 바로 자신들의 죄를 씻음받는 것이다. 뿐만 아니라 인도는 고대 베다 시대로부터 오늘날에 이르기까지 종파에 따라 다르긴 하지만 여전히 동물의 피를 흘리는 제사를 지낸다. 이러한 힌두의 관습 및 제도는 기독교의 구약 제사 전통과도 유사하게 보인다.

이처럼 힌두의 죄 개념은 기독교와 유사한 부분도 있지만, 인도만의 독특한 부분도 있는 것이 사실이다. 예를 들어 술과 고기를 먹기 위해 동식물을 해치는 행위가 한국이나 영국에서는 죄가 아닐지라도 인도에서는 살인보다 큰 죄가 될 수 있다.

토의할 점

1. 베단타의 죄 개념을 가진 힌두는 왜 죄의식이 약하며 반면에 박띠 신앙을 가진 자는 왜 죄의식에 대해 민감한지 말해 보라.

2. 박띠 신앙을 가진 힌두에게는 어떻게 그리스도의 복음을 전하는 것이 좋을지 토의해 보라.

자력 구원만이 아니라 타력 구원도 있는 종교

어느 기독신문에 실린 다음의 글은 힌두교가 행위 구원의 종교임을 다음과 같이 말한다. "힌두교의 구원은… 자아를 벗어나 브라만(절대자)과의 합일을 이루는 것이다… 이 구원은 [불교와 마찬가지로] 인간의 노력이 필요하다… 힌두교는 인격적인 창조주 하나님의 존재를 부인하며 우주 자체를 궁극적 존재라고 믿고 있다. 그런데 우주는 시작이 있고 끝이 있는 것이다. 우주가 죽으면 과연 누가 인간과 우주를 구원해 줄 수 있단 말인가? 이것이 범신론 신앙의 한계이다."[13] 이 글에서처럼 힌두교는 단지 인간의 노력을 통해 구원을 추구하는 자력 구원의 종교라고 이해하고 있는 경우가 많다.

물론 힌두교 교리 중에 행위를 통한 구원의 길을 말하는 내용이 있는 것은 사실이다. 그러나 행위(까르마)만이 아니라 지식(즈냐나), 그리고 믿음(박띠)이라고 하는 세 가지 구원의 길에 대한 제시가 동시에 있는 것이 힌두교라는 사실을 알아야 한다. 힌두교 안에는 행위를 통한 길, 그리고 신과 내가 둘이 아니고 하나라는 지식을 통한 구원의 길이 기본적으로 깔려 있기는 하다. 그러나 행위의 완벽함에 이르거나, 지식에 대한 깨달음을 얻기가 매우 어렵기 때문에 일반 힌두들이 선호하는 것은 믿음을 통한 구원의 길이다. 여기서

---

13 박명룡, "종교 다원주의와 구원," 『한국 성결신문』, 2016년 7월 22일.

믿음이란 죽음이 없는 영원한 신, 자연과 세계 밖에 있으며 인간에게 구원의 손길을 내미는 초자연적이고 인격적인 신에 대한 신앙을 말한다.

앞에서 언급했지만 다시 한번 베다경의 구절을 인용해 보자. "지혜로운 주재자, 우리 왕이시여. 우리의 죄를 사하여 주옵소서. 우리가 저지른 죄를 사할 힘은 바로 당신이 가지고 있나이다. 우리를 얽어매고 있는 모든 사슬로부터 우리를 풀어주시옵소서(리그베다, I.24.14)."[14] 베다가 말하는 인간은 죄로 인해 사슬에 매여 있는 존재인데, 인간 스스로는 이 사슬을 풀 수가 없다. 그러기에 그들은 자신들의 죄 문제를 해결할 힘을 가진 신의 도움과 은혜를 구하고 있는 것이다. 이는 초자연적인 존재로부터 오는 은혜만을 의지하는 태도가 아니고 무엇일까?

간디가 애독했던 경전, 인도인으로부터 가장 많은 사랑을 받는 경전인 바가바드 기타의 가르침에도 귀를 기울여 보자. "그대의 모든 존재, 모든 사랑으로 그분에게서만 피난처를 찾으라. 그리하면 그분의 은혜로써 영원한 생명을 얻으며 가장 깊은 평화를 얻으리라. 나의 말에 귀를 기울이라. 그리하면 내가 그대를 사랑하며 구원하리라. 내게로 돌이키며 나만을 피난처로 삼으라. 왜냐하면 내가 그대를 모든 악에서 구하기 때문이라(18.62-66)." 이처럼 바가바드 기타는 행위와 지식의 길도 말하지만 박띠 곧 신앙의 길에 대한 부분을 빠뜨릴 수 없다. 기타는 사람들이 '영원한 생명'과 '평화'를 얻고 '모든 악으로부터' '구원'받는 길을 찾고 있는데, 그것은 오직

---

14 R. C. Zaehner, tr. *Hindu Scriptures* (Calcutta: Rupa, 1967), 4.

'그분의 은혜로써,' '그분에게서만 피난처를 찾음으로써' 얻게 된다고 말한다. 그러기에 신자들은 그분만 사랑하고 그분만 의지하고 그분만 묵상하고 그분께만 예배하고 헌신해야 한다고 가르치는 것이 바로 바가바드 기타인 것이다. 초자연적인 신의 은혜, 인격적인 신에 대한 신앙을 가르치는 바가바드 기타는, 인간 행위의 완벽함에 도달할 수 없고 수준 높은 지식을 깨닫기 어려운 다수의 힌두들에게, 희망과 위로의 원천이 된다.

성육신 신들의 행적과 가르침을 다루는 경전인 여러 뿌라나에도 신의 은혜로 말미암는 구원의 길에 대한 수많은 가르침이 나온다. 그중에 바가바타 뿌라나는 인간의 행위를 통한 구원의 길을 강하게 부정하며 신의 은혜를 통한 구원의 길을 다음과 같이 강조한다. "요가로도 안 되고, 철학으로도 안 되며, 행위나 학문이나 금욕이나 세상에 초연함으로써도 결코 이룰 수 없으되, 오직 나에 대한 신앙(박띠)으로만 이룰 수 있나니."[15]

바가바타 뿌라나 34장에는 낮잠 자다가 뱀에게 먹힐 위기에 처한 현자 난다와 남의 외모를 조롱하다가 벌을 받아 뱀이 된 수달샤나라는 사람의 구원받은 이야기가 나온다. 절체절명의 위기 속에서 난다는 크리슈나 신의 도움을 요청했는데, 그 신은 단지 곤경에 처한 그를 구해주었을 뿐만 아니라 그에게 구하지도 않은 죄 사함의 은혜까지 준다. 이는 세상의 근본문제가 눈에 벌어지는 고통/질병의 문제가 아니라 죄 문제라는 것을 보여주는 예가 된다. 또한 이 죄 문제는 인간의 힘으로 해결할 수 없고 전적으로 신의 은혜로만

---

15 Prabhavananda, *Srimad Bhagavatam The Wisdom of God*, (Chennai: Sri Ramakrishna Math, Dates Unknown), 242.

된다는 것을 보여준다. 수달샤나는 그리하여 크리슈나의 은혜를 소리 높여 찬양했다. "나를 저주에서 풀어줄 뿐만 아니라 내 모든 죄를 사해주신 주의 은혜를 찬양합니다. 오, 죄를 없이해 주시는 주님이시여… 당신의 발에 닿기만 해도 모든 죄가 즉시로 사해지는 것을 감사하나이다."[16]

시바파 힌두교의 경전인 마하시바 뿌라나는 경전의 말씀을 듣는 것, 그럼으로써 시바신과의 인격적 관계를 맺는 것의 중요성을 말한다. 믿음으로 시바 뿌라나 경전의 말씀을 듣고 받아들이는 자는 모든 죄를 사함 받을 수 있을 뿐만 아니라 시바 신이 신자들의 마음에 거한다는 것이다. 이렇게 말씀을 들음과 회개함과 믿음으로 구원받고 새 사람 된 좋은 예가 찬출라이다. 찬출라는 신의 말씀을 저버리고 부도덕한 삶을 살다가 어느 날 사제로부터 시바 신의 말씀을 듣게 되었는데, 이를 통해서 자신이 얼마나 몹쓸 죄인인가 깨닫고 마음을 찢으며 회개한다. "아 나는 어찌해야 한단 말인가? 죄의 바다에 빠져 허우적거리는 나를 누가 구원해 줄 수 있단 말인가!" 사제는 절망에 빠진 여인의 통회하는 모습을 보고 말했다. "여인이여 두려워 말고 시바 신에게로 피하십시오. 그리하면 시바 신의 은혜로 당신의 모든 죄가 즉각 사해질 것입니다. 시바의 아름다운 말씀을 들으면 마음에 변화가 생겨 죄를 회개하게 됩니다. 죄를 씻음 받는 가장 좋은 방법은 회개하는 것입니다. 죄를 씻음 받아 정결하게 될 때 시바 신이 당신의 마음에 거하게 될 것입니다."[17] 시

---

16 G. V. Tagare, trans. *Ancient Indian Tradition and Mythology* (Delhi: Motilal Banarsidass, Year is unknown), 1466.

17 Shanti Lal Nagar, trans. *Shiva Mahapurana* (Delhi: Parimal Publications, 2007), 13,14.

바파 신앙에서는 이처럼 사람이 노예의 삶에서 벗어나는 길은 오직 시바 신의 말씀을 듣고 그 사죄의 은혜를 받아들이는 것임을 강조하고 있다.

'회개'와 '죄 사함', '구원'과 '은혜' 그리고 '거듭남'은 결코 기독교만의 전용 용어가 아니다. 힌두들의 상위 카스트는 흔히 재생(dvija) 카스트라고 일컬어진다.[18] 물론 힌두 경전이 모두 이런 내용들로만 가득 찬 것도 아니다. 막상 힌두 경전을 읽어보면 자력 구원과 관련된 까르마(업보), 지식에 관한 많은 부분과 마주치게 될 것이다. 그래서 힌두교에 대한 전반적인 지식이 없이 손에 잡히는 대로 경전을 읽는 사람들은 도리어 자력 구원에 관한 많은 자료를 접할지도 모른다. 그러나 라마누자 이후의 유신론 철학, 특히 4, 5세기 이후 오늘날 인도 대중들의 신앙에 큰 영향을 끼친 박띠 신앙운동에 관한 경전과 문헌들에서는 신의 은혜, 그리고 믿음을 강조하는 자료들이 지배적인 것을 어렵지 않게 발견할 수 있을 것이다. 힌두교는 자력 구원론도 있지만 초자연적 존재를 통한 타력 구원도 같이 말하고 있는 것이다.

---

18 재생 카스트란 육체적으로 한 번 태어난 사람이 베다경을 배우는 학생으로 입문함으로써 영적으로 두 번째 태어나게 된 카스트를 말한다. 브라만, 크샤트리야, 바이샤의 상층 카스트만이 여기에 해당된다.

1. 힌두교가 자력 구원의 종교라는 이해는 구원교리의 다양성에 대한 이해의 결여이다. 힌두교가 구원에 이르는 길로 제시한 세 가지 길에 대해 말해 보라.

2. 힌두교가 신앙을 통한 구원의 길로 제시하는 것과 기독교의 구원론을 비교해 보라. 힌두가 만일 신앙의 길에 익숙하다면 복음을 증거할 때 어떤 식으로 접근하면 좋을지 토론해 보라.

운명주의적이면서 운명을 극복하는 세계관

사람이 뿌린 대로 거둔다는 까르마(업보)론을 근거로 힌두교는 운명주의적 세계관을 갖고 있다고 종종 말해진다. 전생의 행동에 의해 현생의 모든 것이 결정된다면 사람이 자신의 운명에 대해 할 수 있는 일이 무엇일까? 운명은 주어지는 것이고 사람이 그것을 바꿀 수 없다면 어려운 환경에 태어난 사람은 참으로 슬프지 않은가? 까르마 교리를 따르는 힌두교는 결코 사람들을 운명주의에서 구원하지 못하고 희망의 종교가 되지 못한다고 말하는 사람들이 있다. 그러나 힌두들에 의하면 이것은 까르마 교리에 대한 절반의 이해에 불과하다. 왜냐하면 까르마 교리는 전생과 현생의 관계일 뿐만 아니라 현생과 다음 생에 대한 관계이기도 하기 때문이다.

물론 힌두들은 사람의 삶에 운명적인 요소를 인정한다. 인종, 피부색, 유전자, 카스트, 성품과 같이 태어날 때부터 주어진 부분이 있다는 것을 부정하지 않는다. 이것은 현생의 삶의 조건을 낳은 직접적인 책임이 있는 과거의 업보 곧 쁘라랍다(Prarabdha) 까르마를 말한다. 이 까르마는 결코 피할 수도 없고 바꿀 수도 없는 것이다. 비유적으로 하면 화살통으로부터 뽑아서 이미 궁수에 의해 쏘아진 화살, 그것은 되돌이킬 수가 없다는 것이다. 그러기에 힌두교에 운명주의적인 요소가 있다는 것이 전혀 틀린 말은 아니다.

그러나 동시에 힌두교는 인간이 자유의지를 갖고 있는 것을 인정하고 이 자유의지를 활용하여 현재에 올바른 행동을 하면 자신의 미래의 운명을 바꿀 수 있다고 말한다. 즉 화살통에 아직 쏘지 않은 화살이 남아 있는데, 지금 이것을 어떻게 쏘느냐에 따라 미래가 달라질 수 있다는 것이다. 미래를 위해 현재 만들어지고 있는 이 까르마를 끄리야마나(Kryamana) 또는 아가미(Agami) 까르마라고 한다. 많은 사람이 업보론을 말할 때 전생과 이생의 관계에 대해서는 많은 관심을 갖지만, 이생과 다음 생의 관계는 간과한다. 업보론은 윤회론과 연결되어 있으며 사람의 생은 한 번만 있는 것이 아니라 끊임없이 계속되는 것이기에 과거보다 중요한 것은 현재와 미래이다. 현재 의로운 행동, 다르마에 따른 올바른 행동을 하면 과거의 행동에 의해 정해진 운명은 바뀌고 새로운 미래가 펼쳐질 수 있다. 물론 이 미래는 반드시 다음 생만을 말하는 것이 아니라 이 생에서의 아직 남은 미래도 포함된다. 그러기에 까르마론은 운명적인 부분도 있으나 운명을 극복하는 세계관, 사람들에게 희망을 주는 세계관이라는 것이다.

물론 사람이 기나긴 생애를 보내면서 언제나 올바른 행동을 취하기는 쉬운 일이 아니다. 나의 과거 까르마에 영향을 주었던 욕망이나 이기심이 현재에도 지배적인 영향을 끼칠 수 있다. 그러기에 행위(까르마)를 통해 목샤(해방)에 이르고자 하는 까르마 요가에서는 욕망과 이기심을 버리는 니쉬까마(Nishkama) 까르마를 요청한다. 이는 어떤 대가나 결과를 바람이 없이 순전히 신을 기쁘게 하기 위한 행동, 신의 말씀이기 때문에 의무로서 수행하는 행동이다.

이러한 자기희생적인 까르마를 행하는 것이 어렵게 느껴지는 사람이 있다고 할지라도 반드시 걱정할 필요는 없다. 왜냐하면 비슈누파, 시바파와 같은 박띠 전통에서는 사람의 의지를 선하게 작동하도록 역사하는 신의 은혜와 능력을 믿기 때문이다. 사람은 무지와 탐욕, 이기심으로 잘못된 선택을 할 수 있지만 신의 섭리, 신의 은혜의 도움을 받아 니쉬까마 까르마를 행할 수 있게 된다는 것이다. 이렇게 열매나 보상을 기대하지 않고 신의 가르침을 따라 올바른 삶을 사는 자들은 현생에서도 목샤를 경험할 수가 있다고 한다. 목샤는 기독교의 구원 개념과 유사한 것이다. 물론 이렇게 대가 없이 헌신한 삶의 정도에 따라 이 세상에서는 목샤를 경험하기 어려울 수도 있지만 이 생에서 안 되면 다음 생애, 다음 생에서 안 되면 그 다음 생, 윤회를 거듭할수록 목샤의 희망은 궁극적으로 커져가는 것으로 보는 것이다.

토의할 점

1. 까르마론을 기초로 해서 힌두교 안에 운명적인 요소와 운명을 극복하는 요소에 어떤 것들이 있는지 말해 보라.

2. 힌두교가 운명을 극복하는 방식과 기독교가 극복하는 방식 사이에는 어떤 차이가 있는지 토의해 보라.

내세 지향이면서 현실 지향적

노벨상을 받은 알버트 슈바이쩌는 힌두교가 '세상을 멀리하는' 종교라고 말했다. 그의 말대로 다수의 힌두 외부자들은 힌두교가 내세 지향적이고 세상일에 대해서는 무관심하다고 말한다. 이렇게 말하는 데에는 분명히 근거가 있다. 먼저 베단타의 일원론 사상에 의하면 이 세상은 실재하는 것이 아니라 하나의 미몽 또는 신기루와 같은 것이다. 그러므로 이 헛된 세상 일에 관심 쏟을 일이 아니라 미몽을 좇느라 생긴 무거운 삶의 짐을 벗어버리고 다음 생에 있을 구원(목샤)을 얻기에 힘쓰게 된다는 것이다. 이런 말이 전혀 틀린 말은 아니다. 그러나 이것은 라마크리슈나 선교회나 베단타 학파에 속한 수도원(마타)의 수도승과 같은 일부 사람들의 입장이지 힌두 대다수의 견해와는 거리가 멀다고 봐야 한다.[19]

베단타 철학과는 달리 상키야 철학에서 이 세상(프라끄리띠)은 신과 함께 영원히 존재하는 실재이다. 특히 인도 대다수 사람들이 따르는 박띠 신앙의 관점으로 볼 때 이 세상은 신의 능력인 마야의 작용에 의해 나타난 실재이다. 신만이 궁극적으로 영원한 존재이고, 이 세상은 신의 뜻에 의해 창조되기도 하고 소멸되기도 하는 유한한 존재이다. 그럼에도 불구하고 한 가지 확실한 것은 그것이 미몽이 아니라 실재한다는 것이다. 그러므로 일반 힌두는 현실을 부정하기보다는 도리어 세상을 긍정한다. 내세와 구원에 대한 갈망이

---

19 Gunther Dietz Sontheimer ed., *Hinduism Reconsidered* (New Delhi: Manohar Publishers, 1997), 125.

없는 것은 아니지만 그에 대한 관심 못지않게 가족, 그리고 이 세상에서의 물질적 성공에도 큰 관심을 가진다.

힌두들에게는 네 가지 삶의 목표가 있다. 그중에 물론 가장 중요한 것은 윤회의 무거운 삶의 짐에서 벗어나는 목샤이다. 그러나 이생과 내세에서 목샤를 소망하며 산다고 할지라도 나머지 다른 세 가지 목표 곧 까마(kama, 쾌락), 아르타(artha, 부), 다르마(dharma, 의무)를 따라 사는 것이 죄가 되지는 않는다. 이 세 가지도 힌두의 인생의 목표로 허용이 되는 것이다.

까마는 즐거움으로서 몸과 마음의 원하는 바를 따라 즐겁게 사는 것이다. 누군가를 사랑하며 그 사랑하는 사람과 함께 행복하게 사는 것이 까마에 해당된다. 힌두 신들 가운데 사랑의 여신의 이름이 까마가 아니던가! 인도인들은 고대로부터 에로스적 사랑의 기술에 대한 안내서인 까마수트라(사랑에 관한 금언집)를 전수해 왔는데, 그 사랑의 기법은 인도인뿐만 아니라 오늘날 서구인들에게까지도 널리 알려져 있다. 이를 보면 힌두교가 결코 이 세상의 즐거움에 눈 감고 사는 것을 권장하는 것같이 보이지 않는다.

아르타는 부 또는 권력을 말한다. 돈은 자신과 가족의 생계의 수단이 될 뿐 아니라 인도 사회공동체의 질서를 세우는 데에도 필수적인 것이다. 그러기에 사회공동체의 일원으로 살아가는 인도인에게 권력을 추구하는 것은 지극히 정상적이고 합법적이라고 할 수 있다. 인도에서는 이러한 아르타를 구하는 것이 결코 세속적인 추구라고 비난받거나 경시되지 않는다. 도리어 돈을 벌어 가족을 부양하고 축제 때에 공동체의 종교행사를 지원하는 것은 당연한 의무이자, 자랑스럽고 영광스러운 인생의 목표가 된다.

인도인의 의식구조를 연구한 빠완 와마(Pavan K. Varma)는 흥미롭게도 인도 민주주의의 발달과 아르타를 추구하는 인도인의 의식과의 관계를 이렇게 말한 바 있다. "인도에서 민주주의가 살아남고 번성할 수 있었던 것은 그것이 개인의 신분 상승과 함께 권력과 부를 획득하는 가장 효과적인 수단이 됨을 재빨리 알아차렸기 때문이었다. 인도인들은 결코 내세 지향적이었던 적도 없었고, 앞으로도 그런 일은 없을 것이다."[20]

인도인의 네 가지 삶의 목표와 관련지어 추가적으로 언급할 것은 힌두의 네 가지 삶의 단계(아쉬라마)이다.[21] 이 삶의 단계는 일반적으로 나이를 기준으로 구분되는데, 24세에서 48세까지 결혼을 해서 자식을 낳고 돈을 버는 가장으로서의 시기가 생의 여정으로 볼 때나 사회적인 관점으로 볼 때 가장 중요하다. 결혼을 해서 자식을 낳고 교육시키는 행위가 없다면 인류와 사회 공동체가 존재할 수 없다. 또한 이 시기에 경제 활동을 해서 어린 자녀를 양육할 뿐만 아니라 은퇴해서 생의 마지막 기간을 보내는 부모를 돌보는 일을 해야 할 사람은 바로 가주기에 있는 사람이다. 그러기에 가주기는 전체 네 가지 삶의 단계를 지탱하는 기둥과 같은 시기라고 할 수 있다. 이 가주기의 미덕이 바로 까마와 아르타를 성실히 추구하는 데에 달려 있는데 어찌 힌두가 이 세상을 혐오하는 사람들이라고 말할 수 있겠는가!

---

20 Pavan K. Varma, *Being Indian: Inside the Real India* (New Delhi: Penguin Books India, 2004), 7.

21 베다를 배우는 학생기(Brahmacharya), 결혼해서 자식을 낳고 생업에 종사하는 가주기(Grihastha), 은퇴 해서 은둔수행에 들어가는 임서기(Vanaprastha), 수행에만 정진하여 목샤를 추구하는 방랑기(Sannyasa)의 4가지 단계.

1. 인도의 네 가지 삶의 단계와 네 가지 삶의 목표가 인도인이 내세를 준비하면서도 현실 지향적인 삶의 태도를 형성하는 데 어떤 영향을 끼치는지 말해 보라.

2. 단순하고 소박한 삶을 지향하는 수도승, 사냐시, 구루 그리고 부와 권력을 지향하는 일반 사람들에게 신뢰를 얻는 매력적인 삶을 살기 위해서 선교사/전도자는 어떤 삶을 지향하며 사는 것이 적절할지 토의해 보라.

순환사관과 직선사관의 혼재

　많은 학자들이 힌두는 역사를 중히 여기지 않으며 그들의 종교인 힌두교는 역사의식이 없다고 말한다. 이런 입장에 서 있는 옥스퍼드 대학의 고대 역사가 죠지 롤링슨(H. G. Rawlinson, 1812-1902)은 "힌두는 역사학을 언제나 완전히 무시해왔다."고 말했고, 같은 대학의 산스크리뜨 학자인 아더 맥도널(Arthur. A. Macdonell, 1854-1930) 역시 이렇게 말했다. "역사의식은 인도 문헌의 약점으로 사실상 존재하지 않는다. 역사의식의 완전한 부재는 매우 특징적이어서 전체 산스크리뜨 문헌의 과정은 이러한 약점에 의해 그림자가 드리워져 있다."

　무슬림과 영국인 사가들 중에는 이렇게 인도인들에게는 역사의식 자체가 없었기 때문에 외국인들이 들어와서야 비로소 그들의 힘을 빌려 인도의 역사를 기록하게 되었다고 주장한다. 예를 들어 런던대학의 인도학자 아더 바샴(A. L. Basham)은 이렇게 말했다. "기원전 1세기까지 인도에는 로마의 a.u.c.(anno urbis conditae, 로마 설립년도)나 유럽의 기독교 연대와 같이 어떤 사건의 명확한 연도를 기록하는 정규적인 시스템이 있었다는 증거가 거의 없다. 초기 기록은 있었다고 해도 왕의 통치 연도에 불과했다. 어떤 기준 연도부터 시작해서 오랜 기간에 걸쳐 연대를 기록한다는 개념은 오로지 북서쪽 침입자들이 들어옴으로써 인도에 확실히 도입될 수 있었다." 옥스퍼드 대학에서 수학한 인도 역사가 까왈람 빠니카(Kavalam M.

Panikkar) 역시 같은 입장에서 "힌두 역사관을 만들고 인도의 위대한 과거를 회복한 것은 유럽학자들의 가장 크고 근본적인 공헌이다." 라고 말한 바 있다.

이러한 힌두 역사의식의 부재는 대부분 힌두교 사상 또는 힌두 문화와 연관으로 설명하는 경향이 지배적이다. 예를 들어 힌두교를 '베다 다르마'라고 할 만큼 베다경이 갖는 위치가 중요한데, 힌두교 6파 중 하나인 미맘사학파는 이 베다의 영원성을 주장하기 위해 역사성이나 사실에 기초한 경험적 지식을 부정했다고 한다. 영원 이전에 신이 계시한 경전 베다는 인간과 세상이 창조되기 이전에 존재한 책이기 때문에 사람의 이름이나 지명, 역사적인 사건과 같은 것을 언급할 수가 없다는 것이다.

무엇보다 힌두교는 우주(세상)의 역사를 네 가지 시대로 구분하는데, 처음에는 진리가 지배하는 사띠야 시대로부터 시작해서 점차 그것을 상실하는 과정을 거쳐 마지막 깔리 시대에는 그것이 파괴되고 재창조된다는 순환사관을 갖고 있다. 시작과 끝이 있음으로 직선사관을 갖고 있는 기독교와 달리 힌두교는 과거와 현재가 순환, 또는 무한 반복되기 때문에 과거의 사건, 사실이 갖는 의미가 없고, 연대 기록, 역사의식, 역사 이론 같은 것이 발달될 여지가 없다는 것이다. 그러므로 힌디어에서 '어제'와 '내일'을 의미하는 단어가 같은 것은 이러한 힌두의 시간 개념을 반영하는 것이라고 간주된다.

그런데 힌두 또는 힌두교의 역사의식 문제에 대해서 위의 견해에 동의하지 않으며 전혀 다른 목소리를 내는 적지 않은 사람들이 있다. 미국의 산스크리트 학자 웬디 도니거는 힌두 역사에 대한 최근의 책에서 힌두의 역사의식에 대해 주목할 만한 발언을 했다. "힌두의 시간에 대한 의식은 강렬하다. 변화의 동인으로서 시간의 중요성과, 과거에 일어난 일들이 지금의 구체적인 순간에 이르기까지 영향을 끼친다는 의식이, 마하바라타라는 위대한 역사서에 가득하다. 물론 그 역사에 대한 인식은 우리 서구인과 다르다. 그러나 인도에서는 유럽과 마찬가지로 과거의 어느 시기에 역사를 기술했으며, 그 기술은 주석과 해석 등을 통해서 지속적으로 발전하고 변화되어 왔다."[22]

도니거는 역사의식을 약화시키는 것으로 알려진 힌두교의 윤회론이나 순환사관보다는 까르마 교리가 끼친 영향에 더 주목하는 것으로 보인다. 그녀는 과거 사건이 인과 관계를 통해 어떻게 현재에 영향을 미치는지에 대한 힌두의 인식이 인도인의 역사의식 강화에 도움이 된 것으로 보았다. 또한 그녀는 서구식과 다른 인도식의 역사 이해와 기술의 방식에 주의를 환기시킨다. 그녀에 따르면 역사의 기록, 역사에 대한 이해와 서술의 방법이 반드시 서구와 같을 필요는 없으며 인도인은 그들 나름대로 역사를 기록하는 방법이 있었다고 말하는 것이다.

도니거의 말대로 인도만의 독특한 역사서술의 형태는 예를 들어 산스크리뜨어 문헌 가운데 이티하사(ithihasa)라는 장르에서 발견된다. 이티하사는 '역사'라는 뜻으로 라마야나(기원전 7세기 – 기원후 3세기), 마하바라타(기원전 3세기 – 기원후 3세기) 같은 서사시가 이에 속한다. 이티하사는 이야기 식으로 과거의 사건, 특별히 종교적으로 중

---

22 Wendy Doniger, *The Hindus An Alternative History*, (New Delhi: Speaking Tiger Publishing, 2015), 19.

요한 사건에 대한 역사를 기술한 것이다. 이러한 이티하사의 역사에는 서구에서 관심 갖는 것처럼 국가나 왕가의 정치, 경제적 흥망성쇠에 대한 초점, 그리고 꼼꼼한 연대 기록 같은 것을 찾아보기 어려운 것은 사실이다. 거기에는 단지 힌두들이 지대한 관심을 갖는 다르마(질서)가 어떻게 무너졌으며 어떻게 세워져가는지에 관한 수많은 이야기들이 나온다. 서구적 관점과 기준으로는 이러한 역사의 초점과 서술방법이 독특할 수 있고 논쟁의 여지가 있기는 하다. 그럼에도 불구하고 한 가지 확실한 것은 인도는 인도의 방식으로 역사를 기록하고 비판적으로 평가하고 기술하는 그 나름의 방식을 가지고 있었다는 것이다.

인도 태생으로서 캐나다 맥길대학의 비교종교학 교수인 아윈드 샬마(Arvind Sharma)는 힌두교와 그 역사의식을 다룬 최근의 책에서 힌두교에 역사의식이 없다는 주장을 반박하는 힌두들의 여러 가지 반응을 소개하고 있는데, 이것을 크게 두 가지로 정리해 보면 다음과 같다. 첫째, 힌두들 역시 원래 연대기를 기록으로 남기는 전통이 있었으나 정치적 격변과 기후문제로 대부분의 문서가 파괴되고 소실되었다고 한다.[24] 예를 들어 악샤 파탈라라는 곳에서 기원전 4–2세기경 마우리야 제국시대의 행정 기록이 발견되었는데, 상세한 행정 및 연대 기록이 존재한 것을 보여준다. 파탈라 문서처럼 고대에 많은 역사 자료가 존재했었으나 불행히도 기원전 200년부터 기원후 300년 사이 북인도를 침입한 그리스, 스키타이, 파르티아, 쿠샨 등 외부인으로 말미암아 백성의 절반이 죽고 외국에 노예로

23 Arvind Sharma, *Hinduism and Its Sense of History* (New Delhi: Oxford University Press, 2003), 83, 102–104.

팔려갔으며 모든 문서가 파괴되었다. 뿐만 아니라 그 이후 천 년의 세월 동안 무슬림이 인도를 통치했는데 그들의 우상 및 성상에 대한 거부감으로 각종 성상과 사원이 파괴되었으며 그중에는 도서관도 포함되었다. 중세 인도의 이대(二大) 대학이었던 탁실리와 날란다의 대학 도서관 역시 12세기에 완전히 파괴된 바 있다. 이런 이유로 한 힌두 연대 기록자는 무슬림 술탄 시칸더와 알리(1389-1419)가 힌두의 역사 문헌을 완전히 불태우고 호수에 버린 사건을 언급하며 그들을 비난하는 기록을 남겼다.

이와 같은 정치적 격변기와 인위적인 문서파괴도 문제였지만 결정적인 것은 기후 문제였다. 필사본의 경우 풍부한 사료가 있었지만, 구자라트 라자스탄과 같은 사막 지대를 제외하고는 필사본에 치명적인 기후로 인해 500년 이상 살아남지 못했다. 그러나 이와는 달리 온화한 기후를 가지고 있고 무슬림의 침입이 전혀 없었던 네팔 힌두의 경우에는 오래된 사본이 잘 보관되어 있다.

둘째, 이처럼 오랜 세월에 걸쳐 지속적인 문서파괴에도 불구하고 힌두들의 역사의식을 여실히 보여주는 수많은 문헌적 증거들이 여전히 존재한다. 인도의 문화사가인 아쉬스 난디는 인도의 역사 기록 담당자로 세 그룹을 소개한다. 첫째 그룹은 음유시인으로서 이들은 과거의 역사적 사건이나 영웅의 행적을 시의 형태로 표현했다. 그들은 시와 노래를 통해서 침략자들이 파괴하거나 빼앗아 갈 수 없는 형태의 자료를 남긴 것이다. 두 번째는 유력 가문의 족보와 연대기를 쓴 브라만 사제들로서 이들은 감정이 배제된 순수한 세대별 자료를 공식 기록으로 남겼다. 셋째는 왕에게 고용된 궁정사가들이 있었다.

이러한 여러 유형의 사가들은 힌두들의 역사의식을 긍정적으로 평가할 수 있는 다양한 자료를 남겼다. 그중 루드라다만의 주나가드 비문(기원후 150)과 자무드라굽타의 알라하바드 기둥(기원후 350)이 유명하다. 고대 인도의 가장 초기 기록 중 하나인 주나가드 비문은 마우리야 시대에 바이샤 뿌쉬굽타의 명령으로 폭풍으로 망가진 수달샤나 호수의 댐을 수리하여 건설한 역사가 기록된 비문이다. 여기에는 마우리야 왕조의 왕들의 계승이 연대와 함께 정확히 기록되어 있으며, 모든 카스트의 사람들이 자신들을 보호해달라는 목적으로 자신을 왕으로 택하였다고 밝힌다. 이 비문은 고대 인도의 왕들이 다 세습으로 왕위를 이은 것이 아니라 선출로도 이루어진 것을 보여주는 사례이다.

알라하바드 기둥 비문은 사마드라굽타(기원후 335~375)가 알라하바드를 정복한 후 그 성 안에 자신의 정복에 관한 기록을 남긴 것이다. 이 비문은 하리세나라는 관리가 남긴 것으로 그는 사마드라굽타의 인품과 업적에 대한 상세한 기록을 남겼다. 이 비문에는 정복된 아홉 왕들의 이름과 왕의 공공 정책과 영토의 경계선이 적혀 있으며, 국경 주변의 이웃 나라들이 어떻게 조공과 세금과 딸들을 바쳐가며 왕의 은혜를 얻고자 했는지, 그리고 왕이 제국의 동전을 쓰도록 어떻게 허락했는지 등이 조목조목 기록되어 있다.

돌로 된 이와 같은 비문들은 인도 전국에 걸쳐 많은 숫자로 발견되고 있으며 이 기록들에 대한 비판적 연구를 통해서 힌두들이라고 해서 신화와 전설만을 이야기한 것이 아니라 서양과 다를 바 없는 역사의식을 발전시켜 온 것을 알 수 있다.

미국 하버드 대학의 산스크리프 학자 마이클 비츨(Michael Witzel)

도 힌두의 역사의식을 긍정하는 학자 중의 하나이다. 그는 베다나 산스크리뜨어의 영원성을 말하는 학파가 있기는 했었지만, 일부 제한적인 견해에 불과하며 이와 다른 견해를 지지하는 여러 그룹의 사람들이 있었다고 말한다. 그는 심지어 힌두 사상에 있어서 순환적인 것은 우주관이지 반드시 시간개념과 관계가 있는 것은 아니라고 한다. 인도에서 서구의 직선적 또는 순차적 역사관의 유무에 대한 비츨의 다음의 말은 매우 인상적이다. "순차적 개념의 역사는 [서구에서만이 아니라] 인도에서도 존재한다. 순환적 견해와 순차적 견해는 만일 [장구한 시대] 사이클의 한 부분만을 다룬다면 상호 배타적인 것이 아니다."[24] 우주적 관점에서 큰 그림으로 보면 힌두의 역사는 순환사관으로 볼 수 있지만 장구한 역사의 특정된 시기는 실제로는 순차적으로 진행된다는 것이다. 다시 말하면 오늘날 마지막 시대인 깔리 시대만 해도 그 기간이 43만 2천 년으로 알려져 있지만, 이 시대가 끝나면 새로운 시대가 시작된다고 하여도 깔리 시대 내에서 이뤄지고 있는 43만 2천 년간의 역사는 순차적으로 진행된다고 보는 것이다.

산스크리뜨 문헌 역시 전반적으로 인도인의 역사의식의 증거를 보여주는 예로 제시된다. 산스크리뜨어 문헌 중에 문법서가 있는데, 문법서라면 일반적으로 문법의 규칙과 원리에 대한 이야기가 나와야 할 것이다. 그런데 기원전 4세기의 유명한 문법학자 빠니니의 문법서를 보면 문법의 원리뿐 아니라 64명의 문법가들을 한 명한 명 언급하며, 그들의 기여로 인하여 과거 문법들이 어떻게 변화

---

24 Arvind Sharma, *Ibid.*, 96.

발전되어 왔는지 그 역사를 이야기하는 부분이 나온다. 문법서만이 아니라 기원전 5세기의 의학서인 차라카마시따의 아유르베다서를 보면 50명이 넘는 사람들이 과거 의학발전을 위해 어떤 일을 해왔는가를 다루고 있다. 이는 박띠 경전의 경우도 마찬가지이다. 경전에는 신의 행적과 가르침만 나오는 것이 아니라 박띠 신앙에 관한 종교적인 역사가 서술되어 나오는 것이 특징적이다.

이처럼 힌두의 역사의식에 관한 새로운 관점을 지지하는 사람 중에 인도 정부로부터 탁월한 인도학 연구자에게 수여하는 빠드마쉬리 상을 받은 독일 튀빙엔 대학의 비교종교학 교수 하인리히 쉬티텐크론(Heinrich von Stietencron)이 있다. 쉬티텐크론은 비슬과 함께 "심지어 예술적 작품에서조차도 힌두는 역사의식을 보여준다."고 말했다. 예를 들어 강가다라로서를 보면 천상의 강인 강가의 후손에 관한 이야기가 나온다. 바기라타는 하늘의 폭포가 떨어져 대혼란에 빠질 지구를 구하기 위해 강가신의 허락을 얻어 세상으로 내려온다. 이때 시바는 그 떨어지는 강을 강력한 머리로 받아달라는 요청을 받는데, 시바는 이에 동의하여 천상과 지상의 중보자로 세상을 대재앙으로부터 구원한다. 중세 남인도사는 바다미의 찰러키야 왕조와 티루치라빨리의 빨라바 왕조 사이의 경쟁 구도 속에 진행되는데, 쉬티텐크론에 의하면 이들 왕조에 대한 직접적 암시를 통해 실제 역사적 상황을 종교 예술을 통해서 효과적으로 표현했다고 한다. 그는 이를 정치사와 예술사 사이의 상호 작용의 좋은 예로 본다.

기독교인들 중에는 종종 힌두교가 신화나 전설에 불과하지만, 기독교는 역사적 사실에 기초하기 때문에 진리라고 기독교를 변증

한다. 특히 시대에 따라 반복적으로 출현하는 인도의 아바타와는 달리 기독교의 성육신은 역사상 단 한 번 있었던 사건임을 강조한다. 이렇게 이성과 함께 역사를 진리 판단의 기준으로 보는 것은 서구 계몽주의 전통인데, 그것이 서양인의 의식 구조를 가진 사람에게는 중요할지 몰라도 독자적인 역사의식을 갖고 있는 인도인에게 반드시 설득력 있는 근거로 받아들여지지는 않는다. 이런 이유로 인도의 저명한 복음 전도자인 폴 수다커(Paul Sudhakar)는 기독교인들이 힌두의 역사문제를 어떻게 다루는 것이 좋은지 이렇게 조언한다. "기독교 신앙은 역사적 계시에 근거하고 있다. 예수 그리스도는 역사 속에 있는 하나님 자신의 계시이다. 그러므로 역사에 대한 강조가 없이 복음을 전한다는 것은 불가능하다. 그럼에도 불구하고 이러한 역사적 계시에 대한 가르침을 힌두에게 전할 때에는 주의가 필요하다. 역사적 계시의 가치를 힌두에게 깨닫게 하는 것은 결코 쉽지 않은데, 그 이유는 힌두들이 역사에 대해 둔감하기 때문이다. 힌두들은 역사를 신화와 전설과 비유들과 똑같이 취급하는 경향이 있기 때문에 힌두 전도에는 많은 인내심이 필요한 것이다."[25]

수다커는 힌두들이 역사에 둔감하다고 말했지만 다른 한편으로 도리어 역사적 배경을 강조함으로 자신들의 신앙을 강화시키는 경우도 있다. 예를 들어 델리에서 147km 떨어진 마두라라는 곳에 신성한 힌두 순례지가 있는데, 이곳은 힌두의 대표적인 신인 크리슈나가 탄생한 역사적인 장소로 알려져 있다. 크리슈나는 마두라왕 우그라세나의 딸인 데바끼와 수라세나왕의 아들인 바수데바의 아

---

25 Paul Sudhakar, *Proclaiming Christ in India Today* (Madras: The Christian Literature Society, 1971), 34.

들로[26] 기원전 3228년 7월 21일 또는 3229년 6월 18일에 태어났다고 한다. 이 연대의 신빙성은 떨어지지만 크리슈나 탄생 이야기는 마하바라타, 바가바타 뿌라나, 비슈누 뿌라나 등에 등장하며 적어도 기원전 1000년의 문헌에 그 이름이 나타난다. 그러기에 기독교인이 예수님의 역사성을 이야기하면 힌두들 역시 그들의 신 크리슈나의 역사성을 이야기할 수 있다.

또한 흥미롭게도 힌두 경전 중에 그 역사성을 강조하는 특별한 경전이 있는데 그것은 시바 마하뿌라나이다. 이 책의 3장부터 5장까지는 브라민 아내 찬출라와 그의 남편 빈두가가 어떻게 죄에 빠졌다가 신의 말씀을 듣고 회개하고 믿음으로 죄 사함의 은혜를 받게 되었는지 자세한 과정을 기술하고 있다. 그리고 그 말미에 이르러 이런 말을 남기고 있다. "누구든지 이 뿌라나의 말씀을 믿음으로 듣고 빠리야나의 형태로 낭송을 하면 그는 이 세상의 모든 축복을 누린 뒤 궁극적으로 구원에 이를 것이니라. 이 역사적인 이야기는 네 모든 죄를 없이하기 위하여 네게 전해졌나니 그로 말미암아 거룩한 헌신과 축복을 누릴지어다."[27]

이상에서 인도인도 서양인 못지않게 역사의식이 있다는 것을 주로 인도인의 입장에서 소개해 보았다. 비문 및 여러 문헌에 나타난 기록을 보면 인도인 역시 일정한 정도의 역사의식이 있음을 부정할 수는 없어 보인다. 그러나 일관되게 직선적 사관을 갖고 있는 서양의 전통에 비해 인도는 순환형에 일부 직선형이 혼합된 형태로

---

26 Lavanya Vemsani, *Krishan in History, Thought and Culture*, (Santa Barbara: ABC CLIO, 2016), 79, 80.

27 Shanti Lal Nagar, tran. *Siva Mahapurana*, 23.

서 상대적으로 역사의식이 많이 떨어지는 것도 사실이다. 그리하여 일부 지식인 가운데 서양식 역사의식이 있을지라도 지배적인 순환사관의 영향으로 다수의 대중들은 신화와 역사적 사실의 가치에 차별을 두지 않는다. 이런 의식의 영향으로 역사적 사실에 기초를 둔 기독교 신앙의 가치를 인도인에게 납득시키기 어려운 점은 아쉬운 부분이다.

토의할 점

1. 인도인들도 연대 및 역사 기록의 전통이 있었다는 증거에 대해 말해 보라. 서구의 역사기록 방법과 인도의 방법의 공통점과 독특한 점에 대해 말해 보라.

2. 인도에 순환사관만이 아니라 직선사관도 같이 있다는 것을 설명해 보라. 인도인의 역사의 식 부재와 성육신의 역사성에 기초하여 진리됨을 주장하는 전통적인 접근 방식에 어떤 수정보완이 필요한지 토의해 보라.

자선과 박애 활동에 소극적인 면, 적극적인 면

서구인들, 특히 기독교 선교사들의 힌두교 비판에 빠지지 않고 등장하는 것 중의 하나가 힌두교는 박애주의 또는 자선활동에 매우 소극적이라는 것이다. 근대 인도에서 교육, 의료 및 박애주의 사업에 있어서 기독교의 공헌을 포함하여 일반인들도 인정하는 바인 것은 사실이다. 하층카스트와 시골과 도시의 빈민들을 주요 전도의 대상으로 삼는 기독교의 선교전략에 따라 그 대상자가 되는 사람들을 돌보다보니 복음만 전하게 되는 것이 아니라 자연스럽게 가난한 자들에 대한 인도적 지원이나 자선활동에 많은 힘을 쏟게 된다. 직접적으로 선교를 담당하는 단체나 개인뿐 아니라 서구에서 그 재정을 대는 비영리단체의 지원은 지금도 천문학적 규모이다. 외국인들도 이렇게 열심히 돕는데 정작 인도인들은 하층카스트와 빈민 돕기에 인색한 것으로 보일 때가 종종 있는데, 그 책임을 그들의 신앙인 힌두교에 묻게 되는 것이다.

힌두의 종교 관습 중에 '다나(daana, 자선 또는 기부)'가 있는데 이는 집집마다 찾아오는 수도승, 수녀, 그리고 브라만 사제들에게 일반인이 주는 자선의 관습을 말한다. 그런데 이 다나의 중요한 특징 중의 하나는 가난하고 곤경에 처한 자에게가 아니라 존경하는 자와 고귀한 가치를 가진 사람에게 베풀어진다는 것이다. 이는 일반 신도가 수도승과 브라만 사제에게 바치는 일방적 행위이기 때문에 어떠한 대가나 답례도 없으며, 감사의 말도 기대해서는 안 된다.

반면에, 가난하고 곤경에 처한 가련한 자들을 불쌍히 여겨 돕는 것은 칭찬할만한 행동으로 여기지 않는다. 이는 "어떤 행동에서 기인하는 선이나 악은 그것이 향해지는 대상의 가치에 비례한다는 원칙이 있기" 때문이다.[28] 힌두들 가운데 일부는 이런 입장에서 일반적으로 가난하고 곤경에 처한 사람, 특히 낮은 카스트를 돕는 것은 소금밭에 떨어진 씨앗과 깨어진 그릇에 담겨진 우유와 같이 열매가 없으며 무의미하다고 보는 사람들이 있다.

　그러나 이와 같이 고귀한 일을 하며 종교적으로 경건한 실천을 하는 성직자나 종교인에게 힌두들이 특별한 존경심을 표현하는 다나의 관습이 있다고 하여 가난한 자를 돕는 자선행위나 박애주의 활동이 없다고 말할 수는 없다. 힌두 최고의 경전인 베다는 가난한 자와 곤경에 빠진 자를 돕는 자선의 가치에 대해 이렇게 말한다. "부요한 자라도 죽음에 이르게 될 수 있으나 신은 배곯는 자는 도리어 죽지 않게 하신다. 관대한 자의 부는 사라지지 않으나, 남에게 나누어주지 않는 자는 아무에게도 위로를 받지 못하리라. 먹을 것을 쌓아두기만 하는 자는 먹을 것이 없어 구걸하는 때가 올 것이며, 거지에게 마음 문을 닫는 자는 나이 들어 아무런 위로를 얻지 못하리라. 배고픈 자와 연약한 자를 돕는 자는 부요에 처하게 될 것이며, 전쟁에서 승리를 얻게 될 것이라. 이런 자는 미래 역경의 때를 위하여 친구를 사귀어 두는 지혜로운 자니라(Rig Veda 10.117)."

　우빠니샤드는 세 가지 주요 힌두의 덕목 중에 자선을 꼽는다. "세 가지 큰 덕목 곧 절제와 자선과 모든 생명에 대한 긍휼의 마음을 배

---

28 Purushottama Bilimoria, Ed., *Indian Ethics* (Burlington: Ashgate Publishing Company, 2007), 198, 199.

우라(브리하다라니야카 우빠니샤드 5.2.3).” 마하바라타도 자선에 대해 다음과 같은 가르침을 준다. “부를 얻되 반드시 정한 수단을 취하라. 그런 다음 자선을 하라. 네게로 오는 사람들은 친절로 대접할 것이며 어떤 생명체에게도 고통을 주지 말며 먹을 것을 남과 나누어 먹도록 하라(마하바라타 91장).”

아누샤사나 빠르바(마하바라타의 13번째 책으로 도덕적 의무에 대한 교훈서) 58장은 자선의 대상을 짐승과 외국인으로까지 확대한다. “사람과 소를 위한 식수 탱크를 건설하고 어두운 공공장소를 밝힐 등불을 세우라. 외국인과 나그네를 위해 공공 과수원을 만들라.” 남인도 경전 티루꾸랄 23장과 101장은 앞에서 말한 다나와 달리 보답을 해줄 수 없는 사람, 가치가 낮은 자를 돕는 자선의 가치를 높이며 이렇게 말한다. “가난한 자에게 주는 것이 진정한 자선이며 모든 다른 것은 뭔가 보답받기를 기대하는 것이다. 어려운 이를 돕는 것은 그 자체로 큰 상급이다… 많은 재산이 있어도 사람들에게 나누어주지 않는 것은 저주가 될 수 있다.”

이상에 나오는 자선에 대한 가르침은 경전에만 남아 있는 이야기가 아니라 인도인의 주요 종교 의무로서 사회 관습과 제도와 생활 속에 실천으로 고대로부터 지켜 내려오는 것이다. 기본적으로 힌두 가장들은 경제 활동이 어려운 학생기의 사람들과 은퇴기 이후에 해당되는 사람들을 돕고 있다. 그뿐만이 아니라 적선으로 생계를 잇는 상당한 규모의 수도승들을 재정적으로 뒷받침하고 있다. 그들의 수고와 지원이 없었다면 인도의 전통 사회는 유지가 불가능했을 것이다.

역사적으로 고대 인도의 왕들 가운데는 가난한 자들을 돕는 것을 법률로 정하여 집행하기도 했다. 예를 들어 카누즈 왕 할사바다나(Harsavardhana, 기원전 647-606)는 5년에 한 번씩 세금 전액을 가난한 자와 필요한 자들에게 나누어 주었다고 한다. 서기 1017년 인도를 방문하여 16년간 살았던 페르시아 역사가 알비루니(Al-Biruni)의 기록에 의하면 "매일 가능한 한 많은 자선을 하는 것은 힌두의 의무이다. 수입 중 세금을 제외한 나머지 수입의 9분의 1, 또는 개인에 따라 4분의 1을 자선에 사용하였다."

인도인들의 이러한 자선 행위는 근대에 들어와 기독교의 영향으로 생겨난 새로운 현상이 아니라 오랜 세월 동안 힌두 문화와 전통 속에 각인된 것이라 말한다. 인도는 기본적으로 확대가족과 공동체를 돕는 데 헌신하는 전통이 있다. 다른 마을과 도시와 타국으로 직장과 학업 등의 목적으로 이주하는 일들이 많은데, 앞에 정착한 사람들은 뒤에 오는 친척과 친구와 이웃들을 물심양면으로 지원하고 돕는다. 중산층의 경우 집안일을 돕는 가정부를 두는 경우가 많은데, 주인과 가정부 사이는 계약 이상의 관계를 갖는 경우가 적지 않다. 월급 외에도 음식과 옷을 주고 자녀들의 학비, 가정에 긴급사태가 생길 때 돈도 융자해 주며 의료비용까지 돕는 일은 드물지 않다. 이는 어려운 사람들을 돕고 사는 긍휼과 자선의 발로로 보인다.

나는 인도에서 살 때 고등학교에 다니는 아이들을 위해 인도인 여선생님으로부터 수학 과외를 받게 한 적이 있었다. 그 과외비는 결코 적은 비용이 아니었는데 아이들이 쌍둥이였기 때문에 그 비용을 배로 지불해야 하는 상황이었다. 그런데 신기하게도 그 인도인 선생님은 형제가 둘인 경우 한 사람 비용만 받고 다른 아이 것은 받지 않았다. 나중에 알게 된 사실은 그 선생님은 자신이 매일 힘들게 번 돈을 자선기관에 기부한다고 한다. 생계는 남편이 번 돈으로 유지하고 자신은 일해서 어려운 사람을 돕는 보람에 사는 것이었다.

인도인들은 이처럼 자신들의 부가 수많은 다른 사람들의 기여 없이는 불가능하다는 생각으로 교육, 보건, 환경을 통해 되돌려 주는 전통이 있다. 그러기에 인도 자선기금(CAF)에 의하면 적어도 24퍼센트의 인도인들이 친구와 이웃들을 위해 정기적으로 기부한다고 한다.[29] 53프로의 기부자들은 만일 친척에게 돈을 빌려줬다 상황이 어려워 못 받게 되면 고소하기보다는 기부한 것으로 여기고 손을 턴다고 한다. 종교기관 특히 사원들은 근대 박애주의가 등장하기 전부터 가난한 자들과 공동체를 돕는 일을 해왔다. 예를 들어 남인도에서 가장 신성한 사원으로 알려진 티루말라 티루파띠 데바스타남 사원은 1876년 첫 학교를 세운 것으로부터 시작해서 아유르베다 대학과 직업훈련학교를 포함하여 22개의 대학과 병원을 세워 지역사회를 위해 봉사해왔다.

2012년 인도정부 중앙통계청의 보고에 의하면 자선 및 박애주의 사회봉사 활동을 하는 비영리단체 수입 72,792크롤(132억 달러) 중 70%인 50,914(93억 달러)가 개인 후원금으로 들어왔다고 한다. 기업인들의 기부 활동은 하나의 문화로 자리 잡혀 있는데, 한국의 삼성과 같은 인도의 대표적 재벌 기업인 타타그룹의 잠셋지 타타가 그 모델이며 많은 기업인들이 그 모델을 따른다. 레어 엔터프라이즈 설립자인 라케쉬 준주왈라는 주식 배당금의 5%를 자선기금으로

---

29 Mathieu Canteggreil, ed., *Revealing Indian Philanthropy* (London: Alliance Publishing Trust, 2013), 29.

내는 사람인데, 그는 자선에 대한 자신의 신념을 이렇게 말한다. "내게 부를 주신 분은 나의 신이기 때문에, 내게는 이 부를 나눌 의무가 있다. 카네기의 말대로 나는 부자로 죽는 것은 수치라고 믿는다." 따밀 시인 타루발루바의 말 역시 인상적이다. "나누지 않는 부와 지식은 의미가 없다."

토의할 점

1. 힌두가 자선에 소극적인 부분이 있다면 이는 어떤 사상의 영향이라 말할 수 있는가? 반면에 힌두가 자선에 적극적인 측면이 있음을 증명하는 사례들도 있는데 이에 대해 말해 보라.

2. 기독교가 인도에서 베푸는 자선과 박애활동에 대해 한편으로 감사하는 마음도 있지만, 개종 목적의 선교행위라는 인식을 갖고 회의적인 시각을 갖는 경우도 많이 있다. 인도문화를 고려해 볼 때 어떤 방식으로 자선과 박애활동을 하는 것이 좋을지 토의해 보라.

차별과 학대는 부정, 카스트 제도는 지지

많은 사람들이 인도의 카스트 제도는 힌두교와 직접 관련이 있으며 힌두교의 산물, 또는 그 결과라고 본다. 힌두교는 카스트를 신적 제도로 가르치고 지지하며 힌두교가 없이는 카스트도 없다는 것이다. 그래서 어떤 유럽 출신 기독교 선교사는 "힌두교가 카스트 제도이고, 카스트 제도가 힌두교"[30]라고 했으며, 1858년 남인도 선교사 수양회의 결의문은 "힌두의 카스트 제도는 이론상으로나 실제로나 단지 사회적 구별로서만이 아니라 틀림없는 종교적 제도이며 인도의 사악한 괴물이다."[31]라고 말했다. 그런데 이렇게 외부인들만이 아니라 인도인들 중에 카스트 제도의 피해자에 속하는 하층 카스트 배경의 사람들도 동일한 주장을 한다. 예를 들어 불가촉천민 출신으로서 인도의 제헌헌법을 기초한 초대법무부 장관 빔라오 암베드까(Bhimrao R. Ambedkar, 1891-1956)는 이렇게 말한 바 있다. "힌두들이 카스트를 지키는 것은 그들이 매우 종교적이기 때문이다. 나쁜 것은 사람이 아니라 카스트 개념을 주입하는 종교이다. 우리의 원수는 카스트를 지키는 사람들이 아니라 카스트 종교를 가르치는 경전이다. 카스트 차별에 대한 진짜 해결책은 경전의 신성

---

30 World Missionary Conference, *World Missionary Conference 1910 Report of Commission IV: The Missionary Message in Relation to Non-Christian Religions* (Edinburgh: Oliphant, Anderson and Ferrier, 1910),164.

31 *Proceeding of the South Indian Missionary Conference* (Madras: The Society for Promoting Christian Knowledge, 1858), 294.

함에 대한 이러한 신앙을 무너뜨리는 것이다."[32]

　이처럼 힌두교를 비판하기 원하는 자들은 거의 언제나 인도의 사회 불평등을 정당화시키는 힌두교의 종교적 가르침을 지적한다. 그러나 다수의 주류 카스트 힌두들은 그것은 오해이며 힌두교는 세습적, 차별적 개념의 카스트 제도를 사상적으로 승인하지 않는다고 말한다. 그 이유로 먼저 말해야 할 것은 힌두 경전이 가르치는 바 개인은 육체의 옷을 입고 있지만 본질적으로 신성하고 불멸의 존재인 아트만(참 자아, 또는 우주적 자아)이라는 것이다. 그러므로 출생에 의해 갖게 된 사회적 지위나 세상 교육, 권력과 같은 것은 개개의 사람을 다른 이에 비해 더 우월하거나 더 열등하게 만들 수 없다고 본다. 스와미 비베까난드가 말한 대로 신의 형상을 가진 각 사람은 카스트나 피부색, 신앙에 관계없이 그 자체로 존귀한 것이다. 이런 이유로 마하트마 간디는 불가촉천민이라 불리는 사람들에 대해 신의 자녀라는 뜻으로 '하리잔'이라 불렀던 것이다.

　다음으로 힌두들의 카스트 이해에서 중요한 것은 브라민과 크샤트리야, 바이샤, 그리고 수드라의 네 가지로 계층을 구분한 리그베다 본문의 본래 문맥상의 의미이다. 베다가 사회를 네 가지 바르나[33]로 구분한 것은 오늘날의 카스트 제도와 같이 세습적으로 그 신분이 유지되는 사회의 계층질서로 이해되어서는 안 된다. 원래는 개인의 성품과 능력에 따른 노동의 분화로서 사회공동체를 효과적으

---

32 Ghanshyam Shah, ed., *Caste and Democratic Politics in India* (Delhi: Permanent Black, 2002), 102.

33 바르나(varna)는 '덮다, 감싸다'라는 뜻에서 '색깔, 특성, 성품'을 의미하는데, 이는 직업공동체를 의미하는 자띠(jati)와 구분된다. 오늘날의 카스트 제도는 내혼제도에 의해 세대를 이어 세습되는 것으로서 이는 개인의 특성을 강조하는 바르나보다는 자띠에 해당한다.

로 경영하고자 하는 의도로 네 개의 바르나를 구분했다는 것이다. 바르나는 교사·군인·상인·노동자와 같이 각 개인의 자연적 성향과 훈련과 교육과 행동에 기초해 구분된 것이다. 그러기에 베다에는 네 가지 각기 다른 바르나가 때때로 같은 가족 내에 모두 다 존재하는 부분이 나온다. 아버지는 교사, 아들은 상인, 손자는 군인으로 각기 다른 바르나가 가능했던 것이다. 이런 이유에서 반시 빤딧(Bansi Pandit)은 "세습적인 카스트 제도는 힌두 종교사상의 요소는 아니다. 그러므로 이러한 의미에서의 카스트 제도는 힌두교의 기본 신조를 위반하는 것이다. 인종, 카스트, 피부색, 신조, 성별에 따라 차별하는 어떤 행위도 힌두 사상의 내적 정신에 역행하는 것이다."[34]라고 했다.

인도 최고의 법전이자 인도인의 사회 질서에 전통적으로 큰 영향을 끼쳐왔던 다르마샤스뜨라 역시 세습적 카스트 지위나 불가촉성을 인정하지 않는다. 오늘날 관습적으로 행해지고 있는 카스트 제도에서는 여전히 정결과 오염개념의 영향이 크며, 이러한 개념이 있기 때문에 오염원으로 여기는 불가촉천민에 대한 차별과 학대가 사라지지 않고 있다. 그러나 미국의 산스크리뜨학자인 패트릭 올리벨리(Patrick Olivelle)에 의하면 이러한 오염개념이 힌두 경전, 특히 다르마샤스뜨라의 지지를 받지 못한다는 것을 다음과 같이 말한다. "고대와 중세의 인도 문헌들은 바르나 시스템의 기초로서 의식적 오염, 정결과 오염 같은 생각을 지지하지 않는다… 중요한 것은 다르마 문헌이 사회계층의 토대로서 상대적 정결 개념 이론을

---

34 Bansi Pandit, *Explore Hinduism* (Wymeswold: Heart of Albion Press, 2005), 107.

지지하지 않는다는 것이다.”[35]

서사시로서 인도인의 철학·신앙·문화에 지대한 영향을 끼친 마하바라타 역시 집단의 고착적 지위로서 카스트 제도보다는 개인의 성향과 자질에 따른 바르나의 의무를 가르친다. “브라만과 크샤트리야와 바이샤와 수드라의 의무는 [세습적 지위가 아니라] 각자 태어난 성품과 행동에 따라 부여된다. 정신과 의식의 통제, 금욕, 순결, 인내, 정의, 지식, 깨달음, 내세에 대한 신앙, 이것이 브라만의 성품을 갖고 태어난 자의 의무이다. 용기, 담대함, 손 기술, 관대함, 통치력, 이것은 이런 본성을 갖고 태어난 크샤트리야의 의무이다. 농사짓고 가축을 기르며 무역을 하는 것은 역시 그와 같은 성품을 갖고 태어난 바이샤의 의무이다. 동일하게 봉사와 행동은 이와 같은 성향을 갖고 태어난 수드라의 의무인 것이다(마하바라타 12.181).”

미국의 종교 학자 알프레드 힐테바이텔(Alfred J. Hiltebeitel)은 마하바라타의 카스트 개념에 대해 이렇게 설명한다. “마하바라타에 바르나 구분은 없다. 온 우주가 브라만이다. 우주는 브라마에 의해 창조되었으며 그것은 행동에 의해 구분되어진다. 네 가지 바르나는 계승되는 것이 아니라 사람의 성품에 대한 구분일 뿐이다.”[36]

인도인들로부터 가장 사랑받는 경전인 바가바드 기타는 크리슈나의 말을 인용하면서 “네 가지 바르나는 적성과 일의 구분에 따라 창조된 것”이라고 말한다. 바르나는 피부 색깔이 아니라 성품의 색

---

35 Patrick Olivelle, “Caste and Purity: A Study in the Language of Dharma Literature,” *Contributions to Indian Sociology* (NS) 32 (1986): 240, 210.

36 Alf Hiltebeitel, *Dharma: Its Early History in Law, Religion, and Narrative* (New York: Oxford University Press, 2011), 531.

깔로서 성품과 일의 종류가 어떤 사람의 카스트를 결정하게 된다는 것이다. 마누 역시 그 경전에서 사람의 카스트가 출생에 의해 정해지는 것이 아니라 본인의 행동과 교육에 의해 얼마든지 바뀔 수 있음을 말한다. "베다를 공부하지 않고 다른 분야에서 일하는 자는 누구든지 수드라가 된다. 수드라가 브라만이 되고 브라만이 수드라가 될 수 있는 것이다" 바가바타 뿌라나도 같은 맥락에서 말한다. "사람은 자신의 가족이나 출생에 의해서가 아니라 행동으로 브라만이 된다. 심지어 천민인 찬달라도 브라만이 될 수 있다. 만일 그가 순결한 성품을 가진 사람이라면."

찬도기야 우빠니샤드에는 흥미 있는 기록이 나온다. 싸티야까마라는 한 젊은 청년이 있었는데 유명한 선생님의 문하생이 되어 베다를 배우고 싶었다. 그가 선생님께 가기 전에 어머니에게 자신의 족보를 알아야 한다고 말했다. 그랬더니 어머니는 말했다. "아들아 나는 네가 어떤 고트라[37]인지 모른다. 젊은 시절 너를 잉태했을 때 나는 하녀로 일하고 다녔단다. 내 이름은 자발라, 네 이름은 사티야까마. 그러므로 너는 스스로를 사티야까마 자발라로 불러라." 그러자 그 소년은 선생님인 가우타마에게 가서 자신의 어머니가 하녀 출신임을 솔직하게 사실대로 대답했다. 그러자 선생은 그의 대답을 기뻐하며 그가 진실을 말하는 것을 보니 브라만임에 틀림이 없다고 말했다. 이 이야기에서 사티야까마의 경우가 말해주는 대로 카스트를 결정짓는 것은 성품이지 태생이 아닌 것이다.

이상에서 보듯이 인도의 경전에 정통한 많은 경건한 힌두들은 차

---

37 고트라(gotra)는 동일 조상을 의미하는 것으로 성씨에 해당될 수 있다. 인도에서는 남녀 사이에 고트라가 같으면 관습상 결혼을 할 수 없다.

별적 신분계승으로서 카스트 제도 특히, 하리잔을 불가촉천민이라고 하는 것은 힌두교에서 허용하지 않는다고 믿는다. 이를 대변하는 사람이 마하트마 간디인데 그는 이렇게 말한 바 있다. "나는 자연법칙이라는 점에서 힌두들의 네 가지 카스트 구분에 대해서는 인정하지만, 불가촉성은 인간성에 대한 극악한 범죄로 본다. 힌두교가 존경할만하고 고상한 종교로 인정받으려면 무엇보다 우월감과 교만을 하루 속히 정화시킬 필요가 있다. 또한 죄악된 제도를 지지하기 위해 의심스러운 성격의 경전의 권위를 끌어들이는 일 같은 것은 주저함 없이 거부해야 한다."[38]

출생이 아니라 성품과 행동이 사람의 직업과 계층을 결정한다는 힌두 경전의 가르침은 역사상 인도의 많은 성자들이 상층에서만이 아니라 하층에서 나온 것을 통해서도 알 수 있다.[39] 비슈누 뿌라나를 쓴 성자 빠라샤라는 미천한 어부 출신이었으며 서사시 라마야나를 쓴 성자 발미키는 성자 나라다에 의해 변화된 강도였다. 신앙과 도덕에 대한 따밀어 최고의 권위서인 티루쿠랄을 쓴 남인도의 유명한 성자 티루왈루아 역시 하층인 직조공이었던 것이다. 17세기 마하라슈트라의 위대한 박띠 시인이었던 힌두 성자 투카람은 수드라 카스트 배경으로 알려져 있는데, 그는 힌두의 평등정신에 대해 이렇게 노래했다. "미몽의 질곡으로부터 우리는 자유할 것이다. 모든 이가 강하고 번성하게 될 것이다. 브라만, 크샤트리야, 바이샤, 수드라와 찬달라[40]는 모두 같은 권리를 갖으리. 여자와 아이들,

---

38 T. M. P. Mahadevan, *Outlines of Hinduism* (Mumbai: Chetana Pvt. Ltd., 2009), 72.

39 Viswanathan Ed., *Am I a Hindu? The Hinduism Primer*, (San Francisco: Rupa & Co., 1999), 252.

40 시체를 처리하는 불가촉천민 카스트.

남자와 여자 심지어 창녀들도!"[41]

　이상에서 인도 경전이 말하는 카스트 제도를 살펴보았다. 확실히 인도 경전은 인간을 피부색이나 인종, 출신 성분으로 사람을 차별하거나 학대할 의도가 없다는 것을 알 수 있다. 그럼에도 불구하고 역사적으로 과거의 인도나 현재의 인도에서 일부 예외적인 경우를 제외하고 카스트는 경전의 주장과는 달리 대부분 특정 계층에 대한 차별과 학대를 사회적으로 구조화시켰다. 간디와 같이 경전에 충실하고자 하는 이상주의자는 차별 없는 평등사회를 구현하기 위해 노력했지만 대부분의 상층 카스트 힌두들은 도리어 경전의 권위를 이용하여 차별과 신분의 세습화를 정당화시켰다. 카스트의 불평등주의를 없애고자 인도 헌법에 의거하여 카스트 제도를 폐지시키기까지 했지만 카스트 제도는 지금도 결혼제도를 통해 흔들림 없이 소수의 특권적 지위를 이어가고 있다. 그러기에 이 모든 차별의 뿌리가 되는 힌두교를 파괴하는 것이 유일한 해결책이라고 주장하는 암베드까르의 주장은 매우 근본적이고 본질에 접근한 주장일 수 있다.

　다만 여기서 우리가 한 가지 기억할 것은 힌두 사상과 경전은 차별과 학대를 반대한다는 사실이다. 이 점에서 힌두교가 주장하는 바와 기독교의 가르침은 크게 다르지 않다. 그러므로 카스트 힌두들에게 카스트를 주제로 이야기할 때 기독교의 가르침을 직접적으로 말하기보다는 힌두교의 가르침을 언급하는 것이 지혜롭다. 힌두 경전의 근거를 대거나 간디의 말, 또는 카스트 철폐 운동을 벌

---

41 Gail Omvedt, "Caste and Hinduism" *Economic and Political Weekly* Nov. 22, 2003, 5004. Vol.38, No.47.

였던 힌두 부흥운동 단체 아리야 사마즈를 인용하는 것이 힌두에게 더 큰 영향을 끼칠 수 있다.

토의할 점

1. 기독교 선교사들이 카스트 제도를 반대하는 이유는 무엇인가? 그럼에도 불구하고 힌두들이 카스트 제도를 긍정적으로 보는 이유는 무엇인지 말해 보라.

2. "'행동, 성품, 적성'에 따라 사람이 하는 일을 구분한다면 카스트 제도는 인도에만 있는 것이 아니라 미국과 한국에도 있다."라고 주장하며 카스트 제도를 옹호하는 힌두에게 어떻게 반응할 것인지 각자 이야기 해보라.

카스트 제도의 역기능과 순기능

전적으로 차별적, 착취적, 불평등의 관점에서만 카스트 제도를 보는 사람은 이를 반드시 파괴시켜야 할 사악한 제도로 본다. 영국 선교사 윌리암 캐리는 카스트 제도가 "인간의 영혼을 노예로 삼기 위해 마귀가 만든 가장 저주받은 엔진 중의 하나"[42]라고 규정했다. 20세기 초 남인도의 유럽 선교사들 역시 카스트는 선교사가 "금지하고 억제해야 할 커다란 악"으로 취급하기를 권고하며, 모든 인도 기독교인들에게 "비기독교적인 이 제도를 근절하는 데 모든 합법적 수단을 다 사용하기를" 강력히 요청했다. 이는 유럽인들뿐만이 아니라 억압받는 불가촉천민의 입장에 공감하는 많은 인도인들 역시 같은 목소리를 내었는데, 간디의 다음 말은 완곡하지만 이를 인상적으로 잘 대변한다. "나는 다시 태어나기를 원치 않지만 만일 다시 태어나야 한다면 나는 불가촉천민으로 태어나고 싶다. 그래서 그들의 슬픔, 고통과 모욕을 체휼하고 내 자신과 그들을 비참한 상태에서 해방시키는 일을 위해 힘쓰고 싶다."[43]

카스트제도에 대한 위의 주장이나 불가촉천민에 대한 위와 같은 관심은 카스트 제도의 실상을 아는 사람이라면 마땅히 동의할 것이다. 그럼에도 불구하고 선교사들이 카스트 제도의 해악을 지적

---

42 A. Smith, *The Serampore Mission Enterprise* (Bangalore: Center for Contemporary Christianity, 2006), 148.

43 Viswanathan Ed., *Am I a Hindu? The Hinduism Primer*, 249, 250.

하고 학대받는 하층민의 해방에만 초점을 맞추는 것은 두 가지 점에서 조심스런 접근이 필요하다고 보여진다. 첫째, 영적인 문제보다 사회 경제적 문제에 초점을 두는 경향이다. 사회 경제 정치적으로 볼 때 하층 카스트는 피해자이며 학대받는 사람이다. 그러므로 이들에 대한 관심과 기도와 사랑이 필요하며 총체적 선교의 입장에서 불평등한 사회구조 개선에 일정한 노력을 기울이는 것은 마땅한 일이다. 그러나 일반 사회운동가와 달리 기독교 선교사가 사람과 사회문제를 보는 관점은 성경적, 신앙적, 영적이어야 한다고 믿는다. 이런 점에서 하층과 상층을 막론하고 인도인/인도사회의 근본문제는 하나님과 분리된 죄의 문제, 영적인 문제이다. 그러기에 선교사들은 하층민이 겪는 사회적 억압, 경제적 어려움에 관심 가지는 만큼, 아니 그 이상으로 죄와 마귀로 인한 인도인의 눌림과 고통에 대해서도 관심을 기울여야 한다. 그러나 상층 카스트에 대해 피해자 의식을 갖는 하층 배경의 인도 기독교인은 대부분 상층 카스트를 위해서는 기도하지 않고 전도하지 않는다. 선교사들 역시 하층민에 대해서는 상한 심정을 갖고 물질적 영적 도움을 아끼지 않지만 상층에 대한 관심과 기도와 전도는 많이 부족하다. 카스트 힌두 또는 상층 클래스(Forward Class)를 대상으로 복음의 씨를 뿌리는 사람이 극히 드문 데 몇 가지 이유가 있지만 그중에 중요한 이유가 바로 이 때문이라고 본다. 그러나 영적으로 볼 때 하층이나 상층이나 다 같은 죄인이며 다 같이 그리스도의 복음을 필요로 한다.

둘째, 선교사가 인도인의 진영 싸움에 끼어든다면 복음/선교 운동이 정치운동으로 변질될 우려가 생긴다. 카스트 제도는 자타가 인정하는 문제 있는 제도이다. 하지만 선교사가 하층민 입장에서만 카스트 해방운동을 격려하고 참여한다면, 인도에서는 이를 정치 운동 또는 인도 고유의 문화를 파괴시키는 반사회적 행동으로 이해하는 경향이 있다. 인도에서의 개종 및 교회설립 운동이 흔히 반대와 저항과 핍박에 부딪히는 것은 신앙 문제 때문이 아니라 카스트 제도를 무너뜨리려는 선교사의 태도와 깊은 관련이 있다. 카스트는 무너뜨려야 할 제도이지만 그것은 외국인 선교사에 의해서가 아니라 현지인의 손으로 이루어질 수 있는 문제이다. 그러나 어느 기득권자가 그럴만한 이유 없이 순순히 자신의 특권을 내려놓겠는가? 그러기에 카스트 문제는 정치·경제·사회적 이권과 이해관계가 걸린 인도 내부의 진영 싸움이다. 기득권자는 자신들의 특별한 지위를 빼앗기지 않기 위해, 그리고 하층은 자신들의 권리를 되찾기 위해 투쟁하고 있다. 이 싸움은 쉽게 끝날 수 있는 싸움이 아니다. 이 싸움에 참여하는 것이 의미 있는 일이기는 하지만 선교사의 일차적인 목적은 영혼을 구원하고 교회를 세우는 일이 되어야 하지 않을까? 유럽의 식민주의 시대에는 카스트 파괴에 적극 참여하는 것이 선교에 도움이 된다고 생각했지만 500년의 선교역사는 그것에 심각한 의문을 제기하고 있다. 카스트 파괴는 인도인 중에 하층민만을 대상으로 선교하고 나머지 사람은 버리고자 결심한 선교사가 취할 수 있는 방침이다. 그러나 이는 필연적으로 인도의 주류층(카스트 힌두)의 기독교에 대한 반감만 확대하고 기독교의 게토화, 소수 종교화의 결과만을 낳을 뿐이다.

만일 선교사들이 복음의 장벽을 무너뜨리고 인도의 주류층에게 복음을 전하는 일에 조금이라도 관심이 있다면 먼저 카스트 제도에 무조건 부정적인 반응만 보일 것이 아니라 그들이 카스트에 대해 어떤 이해를 갖고 있는지 이해할 필요가 있다. 카스트 제도의 순기능을 말하는 아래의 이야기들은 하층 카스트 선교를 하고 있는 선교사의 입장에서는 말도 안 되는 이야기일 수 있다. 그러나 만일 상층 힌두를 대상으로 복음을 전하려고 하는 선교사라면 카스트 제도를 자손 대대로 지키기를 바라는 상층 힌두들의 논리를 알아보는 것도 나쁘지 않다.

첫째, 카스트 제도는 상향이동이 불가능한 고정된 위계질서 체계가 아니다. 카스트 제도를 비난하는 주 이유는 기회의 평등이 주어지지 않고 출생으로 계층적인 신분이 고착되는 제도라고 보기 때문이다. 그런데 실제로 인도인이 경험하는 카스트는 외부인이 보는 것처럼 그렇게 고착적이거나 위계적이지 않고 도리어 융통성이 있어서 상층으로의 신분 이동이 가능하다고 말하는 경우도 있다. 예를 들어 17세기에서 19세기 초까지 많은 하층 집단들이 군사적 무력이나 정치적 힘을 바탕으로 자신들의 지위를 크샤트리야 또는 다른 높은 지위로 바꾸는 일이 일어났다. 델리대 사회학 교수인 아윈드 샤(Arvind M. Shah)에 따르면 19세기초 구자르트의 농민 카스트였던 파티달(Patidar)은 그동안 축적되어 온 자신들의 경제적 힘을 통하여 수 개의 촌락들을 장악한 후 자신들의 지위를 크샤트리야로 주장하여 오늘날에 이르게 되었다고 한다.[44] 구자르(Gurjar) 카스트의 경우는 브라만보다 낮은 카스트일지라도 사제들에게 의례적 선물을 증여하여 정결의 중심을 확보하는 방식으로 브라만보다 우위의 지위를 누렸다. 또한 대부분의 주에서 불가촉천민에 속하는 나이(Nai)가 마드야프라데쉬 주에서는 마을의 의례를 수행하는 전

---

44 김경학, 『인도문화와 카스트 구조』 (광주: 전남대학교 출판부, 2001), 30.

통으로 말미암아 브라만에서 크샤트리야, 그리고 수드라까지 다양한 카스트 지위를 갖고 있다.

심지어 기독교 선교사 와이저(Wiser)는 1936년 한 인도 촌락에 관한 연구에서 이 마을 내 모든 카스트는 촌락 공동체의 평등이라는 이상의 실현을 목표로 운영된다고 했다. 카스트별로 연중 마을에 필요한 서비스를 서로 주고받았는데, 이 관계는 상호 평등한 위치에서 이뤄졌다는 것이다. 여기에서 서비스를 받는 자를 자즈만, 서비스 제공자는 일하는 자(캄 카르네 왈라)라 명명하였는데, 이 양자의 지위는 "고정적이 아니라 역행 가능하다"[45]고 말했다. 위의 예들은 물론 일반적으로 일어나는 일은 아니지만 카스트 간의 이동이 절대 불가능하지 않다는 단적인 예라고 볼 수 있다.

오늘날의 인도정부는 하층카스트의 불평등을 해소하는 일환으로, 하층카스트를 위해 대학의 정원과 정부의 공무원 일자리를 최대 49.5%까지 확보해 주는 쿼터제를 실행하고 있다. 국립대학인 수도 델리대학교를 가려면 상층 카스트들은 97%가 넘는 성적을 얻어야 들어갈 기회를 얻을 수 있지만, 하층카스트들은 그들끼리만 경쟁하기 때문에 그보다 낮은 점수로도 비교적 수월하게 입학할 수 있다. 한국도 그렇지만 인도에서도 공무원은 최고의 일자리 중의 하나인데, 이 직업군에도 하층민들은 그들에게 할당된 자리가 있기 때문에 상층민들에 비해 쉽사리 들어갈 수 있다. 그러기 때문에 학교와 일자리에서 밀려난 상층민 배경의 학생들과 집단들이 도리어 분신자살을 하거나 각종 시위를 통해 정부가 하층민에게 배정된 일자리를 자신들에게도 달라고 주장하는 해프닝이 벌어지기도 한다.

---

45 김경학, 89.

이 모두가 하층민이 겪는 불평등을 교정하려는 나름의 시도이다. 지정 카스트(불가촉천민) 중에 코체릴 나라야난(K. R. Narayanan)이 대통령이 되었고, 코나쿠파카틸 발라끄리슈난(Konakuppakatil G. Balakrishnan)이 인도 대법원장이 되었으며, 수드라 출신으로 현재 인도 수상이 된 나렌드라 모디(Narendra Modi)의 예는 가장 극적이다. 하층민으로서 이렇게 고위직에 올라간 경우가 숫자는 많지 않을지라도 전통적 하층 계급의 사람들이 사회 경제적으로 상승 가능하다는 증거는 될 수 있다. 물론 시골이나 사적인 영역에서는 여전히 하층민이 상층민과 어울릴 수 없는 것은 사실이지만 적어도 사회적 지위와 권력, 경제적인 면에서 개인의 노력과 교육에 의해서 신분 상승의 기회가 열려 있는 것도 사실이다.

둘째, 카스트 제도는 인도 농촌의 자즈마니 경제체제에서 서비스 또는 기능의 분화를 통해 상호 의존과 협력을 가능하게 하는 이상적인 사회 제도이다. 자즈마니(Jajmani) 체제란 하층 카스트인 카민(Kamin)이 상층 카스트인 자즈만(Jajman)에게 여러 가지 기능을 제공해주고 그 대가로 곡물과 기타 물건을 받는 경제체제를 말한다. 여기에서 상층과 하층의 관계는 주인과 종의 상하관계라기보다는 후원자와 피후원자 관계로 말하기도 하고, 미국의 인류학자로서 인도 전문가인 해롤드 굴드(Harold A. Gould)가 말한 대로 아버지와 아들의 관계이기도 하다.

굴드에 의하면 자즈만과 카민은 본질적으로 아버지와 아들 사이에서 나오는 온정주의에 의해 그 관계가 맺어져 있다고 한다.[46] 자

---

46 Harold Gould, "The Hindu Jajmani System: A Case of Economic Particularism," *Journal of Anthropological Research*, 1986, 42(3), 269–278.

즈만은 아버지의 마음을 갖고 서비스를 제공하는 사람들이 어려움에 처하지 않도록 돌봐주고, 카민은 아들과 같이 존경과 복종심을 갖고 기쁘게 자신의 서비스를 제공한다는 것이다. 예를 들어 엡스타인(T. S. Epstein)의 카르나타까 촌락의 비교 연구에 의하면 흉년 때에 자즈만은 카민과 생산물을 균등히 분배함으로써 하층민의 최저생계비를 보장해 주었다고 보고했다. 이는 계약대로 정해진 임금만 받고 흉년 때는 일자리를 잃는 일반 체계와는 다르다. 어려운 흉작 때에도 일자리가 확보되며 의료보험, 학자금 대출 등 전반적인 사회 안전망의 기능을 해주는 좋은 제도라는 것이다.

셋째, 카스트 제도는 확대 가족 또는 친척과 같은 연대감과 안전감을 제공하는 사회제도이다. 카스트 제도를 비판하는 사람은 상·하위 카스트 사이의 착취, 학대와 갈등, 그리고 불평등한 요소에 초점을 맞추는 경향이 있다. 그러나 이들이 간과하는 것은 동일 카스트 멤버들 사이의 사회관계이다. 인도의 가장 저명한 사회학자인 스리니와스(M. N. Srinivas)와 메이어(A. C. Mayer)는 촌락 내부의 사회적 관계에는 상이한 카스트간의 위계질서가 중요할 수 있지만, 광역 범주에서는 촌락은 달라도 카스트가 같을 경우 상호간 깊은 유대 관계를 나눈다고 했다. 이러한 동일 카스트간의 관계를 가야 트리빠티(Gaya C. Tripathi)는 '가족 관계'로 규정했다.

"카스트가 서로 다른 집단의 장벽을 넘어 존재하는 일종의 '강한' 가족 관계를 갖고 있다는 사실은 잘 알려지지 않았다. 그것은 각기 다른 계층에 속한 사람들이 있는 촌락 사회에서 형제, 자매, 이모와 삼촌 등등으로 개인의 행동과 사회 상호 작용 속에 강하게 유지

되고 있다."[47] 가족과 친족으로서의 연대감을 갖고 있기 때문에 그들은 같은 카스트 멤버가 곤경에 처한 것을 봤을 때 발 벗고 나서서 돕는다. 동일 카스트가 그 멤버 구성원들에게 보여주는 지원과 지지는 개인적으로나 이종 카스트 사이의 갈등과 긴장 속에서나 말할 수 없는 위로와 힘이 될 수 있는 것이다.

넷째, 카스트 제도는 심리적, 문화적, 사회적, 종교적, 도덕적 정체성을 제공해 준다. 정체성은 소속감과 자존감, 그리고 내가 누구인지, 무엇을 하는 사람인가와 관계가 된다. 이런 점에서 카스트 제도는 인도인들의 포괄적 사회 정체성 형성에 매우 중요한 영향을 끼친다. 그래서 델리대학교의 사회학자 디판카 굽타(Dipankar Gupta)는 "카스트 제도가 이념적으로는 거의 죽었지만, 인도인의 정체성의 핵심이라는 점에서는 여전히 그 존재가치가 있을 뿐만 아니라 더욱 더 그 중요성이 커지고 있다."[48]고 말했다.

사회학자 뿌자 몬달에 의하면 카스트는 개인에게 정신적 안정감을 제공하며, 직업과 결혼 배우자의 선택, 그리고 죽음에 대한 의례를 지도해 준다고 한다. 개인에게 문화와 전통, 사회의 가치와 규범을 가르침으로 사회화 과정에 결정적 역할을 한다. 매일매일 개인의 행동을 지도하며 의복, 음식, 의식 준수, 생의 주기에 따라 의례, 그리고 도덕적인 생활에서 따라야 할 기준을 제시한다. 공동체에 적절한 기술, 지식, 행동, 습관, 신앙이 한 세대에서 다른 세대로 변함없이 전해지게 함으로써 문화적 안전감을 준다. 관습과 문

---

47 *Hinduism Reconsidered, Ibid.*, 123.

48 Dipankar Gupta, ed., *Caste in Question: Identity or Hierarchy?* (New Delhi: Sage Publications, 2004), 189.

화와 종교를 외래문화와 침입으로부터 지켜주고 계속성을 유지시켜준다. 인도에 수많은 부족, 인종, 종교, 계층 사이에 각기 다른 철학과 갈등이 있지만 카스트 제도에 의해 이 모든 것이 하나로 통합되고 연합되는 큰 장점이 있다. 그러기에 카스트 제도는 여러 가지 부작용도 있지만 그럼에도 불구하고 인도의 사회·정치적 안정에 기여하는 부분이 크다고 주장하는 것이다.

몬달의 주장은 철저히 카스트 위계질서의 상층부에 속하는 사람들의 기득권을 유지 강화시키는 이론이다. 노예의 희생을 통해 사회, 경제, 정치적 혜택을 누리는 주인들이 노예 앞에서 노예제의 정당성과 그것의 순기능을 이야기하는 것이 말도 안 되는 것처럼, 21세기 민주주의 사회에서 카스트 제도의 순기능을 이야기하는 것 역시 말도 안 되는 논리이다. 그러나 현실적으로 다수의 상층 힌두들은 이런 의식을 여전히 가지고 있는 것으로 보인다.

토의할 점

1. 선교사들이 복음 전도의 장애물로 여기는 카스트 제도의 역기능에 대해 말해 보라. 반면에 순기능도 살펴본 후 그것이 인도인 입장에서는 왜 중요할지에 대해 말해 보라.

2. 카스트 제도는 단순히 파괴해야 할 사악한 제도인가, 아니면 복음 전도의 수단, 또는 기회로 만들 수 있는 기회는 없는지 토의해 보라.

3. 힌두교를 보는 우리의 태도

힌두의 예배 의식

힌두에게 예배와 종교의식이 신앙생활에 있어서 결정적으로 중요한 것은 아니다. 기독교처럼 매주 특정한 날에 정기적인 예배를 드리는 것도 아니고, 사원이라는 특정한 장소에서 드리는 예배가 필수적인 것도 아니기 때문이다. 또한 힌두의 예배와 종교의식은 종파와 카스트에 따라, 그리고 도시 생활의 환경 등의 요인으로 인해 매우 다양한 모습을 띠고 있다. 심지어 도시의 경우 과거 전통적인 형태 그대로 의식을 준수하는 것은 점점 보기 어려워지고 있는 형편이다. 그럼에도 불구하고 대부분의 시골 지역과 도시의 많은 가정에서 여전히 큰 틀에서 기존의 예배와 종교의식을 준수하고 있는 것으로 보인다. 우리가 이러한 힌두의 예배에 대해 알아둘 필요가 있는 것은 선교사들의 전도의 대상이 되는 힌두들의 신앙생활의 실제를 파악할 수 있기 때문이다. 또한 신에 대한 예배라는 점에서 힌두교와 기독교 사이에 어떤 유사점을 발견할 수도 있고, 기독교와 전혀 다른 여러 가지 차이점도 발견하게 된다.

힌두 예배에서 먼저 주목이 가는 점은 정기적인 예배의 장소가 사원이 아니라 집이라는 것이다. 힌두들은 집집마다 신상을 두고 매일 신에게 예배를 드린다. 신의 이미지나 신상을 모셔둔 곳이 성소인데 이곳에서 가정 예배로 드리는 것이다. 기독교는 일반적으로 가정보다는 교회가 신앙생활의 중심이 되는 경향이 있다. 교회에서 예배를 드리고, 주일학교 교육, 전도교육과 양육을 받은 후 세상으로 나가는 구조이다. 그런데 인도는 그 중심 장소가 사원이 아니라 가정이다. 그들은 일주일에 하루, 이틀만이 아니라 매일 아침 정기적으로 예배를 드린다.

힌두들의 예배는 새벽 동트기 전부터 시작한다. 그들은 아침에 침대에서 일어나면 제일 먼저 오른발로 바닥을 밟는다. 다음에는 입을 세 번 헹구고 신성한 실(거듭난 재생 카스트임을 상징하는 실)을 목과 오른쪽 귀에 건다. 화장실을 다녀온 후 신성한 실을 목에 건 상태에서 비로소 말을 하는 것이 허용된다. 이를 닦고 입을 헹군 후에는 태양을 바라보며 절을 한다. 다음에는 아침 목욕을 하는데 이왕이면 강으로 가서 하는 것을 권장하며, 마지막에는 신과 현자와 조상들에게 기도하는 것으로 끝맺는다. 이러한 아침 기도는 해가 뜨기 전 마쳐야 한다.

예배의 과정을 조금 더 상술해 보자. 예배자는 왼쪽 어깨에 신성한 실을 매단 채 바닥에 앉아 동쪽을 바라보며 물을 몇 모금 마시고 재를 가져와 이마, 팔, 늑골, 무릎에 바른다. 그리고 한쪽 코를 막고 숨을 들이쉬며 다른 쪽 코를 막고 숨을 내쉰다. 그러면서 유명한 가야트리 만트라(영적인 능력이 있는 것으로 믿어지는 베다경의 말씀)를 낭송한다. "이 우주를 지으신 신의 영광을 묵상하오니, 우리의 마음에 빛을 비춰주옵소서." 이런 만트라를 양쪽 코를 막고 머리를 구부린 후 네 번 반복한다. 이 모든 과정을 처음부터 다시 세 번 반복한다. 그런 다음 자신의 죄를 정화시킨다. 해가 뜨면서 마귀로부터 해방된 것을 상징하는 의미로 물을 몇 번 뿌린 후 기도한다. 묵주의 알을 짚으며 가야트리 만트라를 108번 반복한다.

아침 예배 중 기(ghee, 천연 정제 버터)와 커드와 쌀을 신에게 바친다. 가야트리를 낭송하며 신들의 보호를 받는 의미로 오른손을 입, 눈, 귀, 코, 입술, 머리 위, 턱, 팔, 배꼽, 등에다 연속적으로 갖다 댄다. 그런 후 경전을 읽는다. 다음에는 속죄의 시간이다. 물을 한 번 삼킨 후 예배자는 동쪽을 향해 앉고 신성한 실은 왼쪽 어깨 위로 늘어뜨린다. 그리고 손가락을 편 상태로 물을 붓는다. 이것은 데와 타파나라고 해서 신들에게 빚진 죄를 속죄하는 의식이다. 그런 후 이번에는 서쪽을 바라보고 신성한 실을 목에다 건다. 그리고 손을 컵 모양으로 바쳐서 물을 손가락 사이로 붓는다. 이것은 리시 타파나라고 하며 현자의 빚을 위한 속죄이다. 그런 후 신성한 실을 오른쪽 어깨에 걸치고 남쪽을 향해 앉는다. 물을 오른손의 엄지와 검지 사이로 붓는다. 이것이 삐트르 타파나, 조상들에게 빚진 것을 갚는 의식이다.

가정마다 섬기는 가족신 또는 주신은 각자 선호하는 신(이쉬타 데바타)을 택하여 그 신의 그림 또는 상을 세워둔다. 주신과 함께 축복받기를 원하는 하위 신들의 그림도 걸어둘 수 있다. 이러한 예배를 위해서 종, 구리 그릇, 숟가락, 백단 가루, 향, 소라고둥 등이 사용된다.

예배(뿌자)에 쓰는 물은 반드시 축복을 받은 후에 사용된다. 물의 축복은 다음과 같이 이뤄진다. 예배자는 구리로 된 물그릇을 오른손으로 잡고 앞 손가락을 구부린 상태로 위대한 순례와 신성한 강들의 이름을 부르며 손을 위아래로 흔든다. 그런 후 물 위에 암소의 젖통 형태로 손을 잡는데, 이는 넥타(nectar)가 밑으로 떨어지는 것을 상징한다. 이렇게 축복받은 물을 예배자의 도구들 위로 뿌린다. 예배는 보통 죄 사함을 간구하는 기도로 마친다.

이것이 경건한 브라민의 아침 기도인데 다양한 카스트와 종파와 가족의 전통에 따라 이 모든 과정을 다 하지는 않고 약식으로 할 수도 있다. 많은 힌두들이 긴 아침 의식을 포기한 매일 간단히 가야트리 낭송만 하기도 한다. 이러한 예배는 사람에 따라 아침뿐 아니라 정오와 저녁에도 한다. 모든 가족이 다 이 의식에 참여해야 하는 것은 아니고, 보통 가장만 전 가족을 대표하여 예배를 드린다.

가정 또는 사원에서 드리는 뿌자에는 여러 종류가 있다. 먼저 마하루드라 뿌자는 산 사람이든지 죽은 사람이든지 간에 그 제사(예배)를 드리는 사람의 죄를 씻을 수 있다고 믿는 예배이다. 11명의 브라만이 예배를 집전하는데, 의식을 집전하는 3명의 주 제사장이 있고, 올바른 만트라 낭송과 발음을 체크하는 제사장과 전반적인 진행의 감독자, 그리고 문에서 마귀를 쫓는 제사장으로 역할이 나누어져 있다. 시작할 때 램프의 불이 밝혀지게 되는데 제사가 진행되는 5일 또는 11일간 계속 등불을 밝혀야 한다. 예배가 진행되는 동안 매일 저녁마다 아라띠(램프 흔들기)를 한다.

다음으로 가야뜨리 푸라사라나 뿌자가 있다. 일반적으로 힌두의 가장은 일생 동안 가야트리 만트라를 240만 번 반복해야 한다. 생의 마지막에 만일 그 의무를 다 이행하지 못했다고 생각하면 가야트리 푸라사라나 예배를 드린다. 이때 여러 브라민이 초청받아 그동안 부족한 분량만큼의 가야트리를 낭송하는 것이다.

다음에는 찬디 뿌자가 있는데, 이는 시바신의 배우자를 달래기 위한 것이다. 브라민이 고용되어 찬디 빠르타(마칸데야 뿌라나의 구절로 700개의 연으로 구성됨)를 낭송함으로 여신을 기린다. 가장 단순한 형태는 700개의 연 전체를 100번 반복하는 것이다. 이보다 더 일반적인 형태는 마칸데야 뿌라나를 1000번 반복하는 것이다. 세 번째이자 최상의 형태는 10만 번 반복하는 것이다. 어떤 부유한 사람의 경우 500명의 제사장이 105일간 낭송하는 경우도 있었다.

끝으로 아라띠 뿌자가 있는데 이는 모든 예배의 필수적인 부분이다. 때때로 독립적인 예배로 행해지기도 한다. 기나 장뇌로 젖은 심지에 불을 켜고, 손잡이가 달린 작은 금속 램프를 신 앞에서 흔들어 올리는 예배이다. 이것은 자연의 다섯 가지 요소 모두를 신에게 바치는 상징이다. 신상 앞에 램프의 불이 예배드리는 각 사람에게 돌려지는데 사람들은 거기에 손을 가져다 댄 후 손가락 끝으로 눈꺼풀이나 머리를 만진다. 신도들은 이렇게 불꽃에 접촉함으로써 신의 거룩함으로 영혼을 정화하고 고양시킨다. 이 아라띠 뿌자와 함께 힌두 예배의 정점은 신상의 눈을 바라보는 다르샨('본다'는 뜻)의 순간이다. 이 다르샨을 통해 신과 예배자는 하나로 연합되는 체험을 하기 때문이다. 아라띠 뿌자에 이어 신도들에게 물을 흩뿌리는 의식을 하는데 이 역시 신과 연합되는 의미이다.

다음으로 사원에서의 예배에 대해 말하면 먼저 사원은 신이 거주하는 성소이지 공적 예배의 장소는 아니라는 점을 알아야 한다. 그러기에 일반 회중들을 위한 예배 의식도 없고 힌두들이 생애 주기 동안 하게 되는 성례 역시 사원에서 집행되지 않는다. 많은 신자들이 사원에 몰려들기는 하지만 일반인의 참여 없이 제사장만이 의식을 집전한다. 순례객을 위해 넓은 마당과 건물이 있지만, 그 안에서 이뤄지는 여러 가지 종교의식들은 사적이고 개인적인 성격을 띤다. 어떤 이들은 경전을 읽고 어떤 이들은 묵주를 돌리며 낭송을 한다. 신도들은 뿌자가 진행되고 의례가 준비되는 동안 신에 대한 기도와 찬가인 바잔 노래를 계속한다. 이렇게 신을 찬양하는 목소리나 악기의 소리를 통해 이를 듣는 사람들이 신을 만날 수 있게 해 준다고 믿는다. 유명 구루가 초청되어 신앙에 대한 강좌를 진행하기도 한다.

사원의 가장 깊숙한 곳에는 비슈누와 여러 아바타 신들의 이미지나 상이 세워져 있다. 매일 그들을 기리는 의식을 행하는데 흥미로운 점은 힌두 사제들이 우상 신을 살아있는 사람으로 대한다는 것이다. 우상은 나무나 돌로 되어 있기 때문에 보지도 듣지도 냄새 맡지도 못하고 음식을 먹을 수도 없고 말도 못한다. 그런데 제사장은 동트기 전 아름다운 음악과 등불을 켜 신상 주위로 흔들어 우상을 잠에서 깨운다. 그런 다음 그 신상을 인간처럼 목욕을 시키고 신상에게 도티, 숄, 사리, 치마, 겉옷 등 성과 지위에 걸맞는 옷을 입힌다. 옷뿐 아니라 장식 고리, 목걸이, 코걸이, 왕관 등 신도들이 수년간 선물로 바친 패물들로 단장되고 마지막에는 꽃으로 장식한다. 신상은 제대로 의복을 갖추고 장식되었을 때에만 다른 사람에게 선보일 수 있다. 이렇게 성장을 한 신들은 그날의 활동을 위해

가벼운 아침 식사를 제공받는다. 신도들은 뿌자 의식이 진행되는 동안 신이 상징적으로 그 음식을 먹는다고 생각한다. 신의 신성한 기운이 남은 음식에 서서히 스며들어 그것들을 신적 능력으로 변화시킨다고 믿는다. 정오에는 쉬다가 해 지기 전 다시 식사로 공양을 하고 해가 진 후에는 램프를 흔드는 아라띠 의식을 한다. 밤에는 신의 옷으로 갈아입힌 후 신이 휴식을 취하도록 준비한다.

비슈누파의 경우 동물 제사는 허용되지 않으나 시바파의 경우는 종종 제물이 바쳐진다. 특별히 시바 신의 배우자인 깔리나 두르가의 경우에는 피의 제사가 필수적이다. 사원의 마당에 브이(V)자 형태의 쇠로 된 포크가 바닥에 놓여진다. 예배자들이 숫염소와 물소를 제물로 가지고 오면 보조하는 제사장이 동물의 머리를 포크 위에 갖다 댄다. 그러면 제사장이 제사용 칼을 휘둘러 동물의 목을 벤다. 이때 제사장은 칼을 휘둘러 단번에 그 머리를 바닥에 떨어뜨려야 한다. 한 번에 이것을 행하지 못하면 그 제사는 상서롭지 못한 것으로 여기게 된다. 동물의 잘려져 나간 몸에서 피가 흐를 때 예배자는 그것을 찍어 자신의 이마에 바른다. 깔리 여신을 섬기는 신도들은 깔리가 저주와 축복의 능력을 가졌기 때문에 반드시 달래야 한다고 믿는다.

제사장이 의식을 집전하는 사이사이에 예배자는 제물을 제사장에게 드리며 신상 앞에 절을 한다. 그리고 사원 주위를 도는데 예배의 끝에는 제물로 바쳤던 것 중 일부를 돌려받게 되는데, 이것을 쁘라사다('신의 선물'이란 뜻)라 한다. 의식을 도와 준 사제들에 대한 보답으로 일부 남긴 것을 제외하고 신도들에게 배분된 쁘라사드는 가족들이 모두 나누어 먹는다. 이로써 힌두교도들도 신의 에너지로 가득해지고 신과의 온전한 연합을 체험한다.

1. 힌두교 예배의 핵심인 아르띠와 다르샨을 통해 힌두들이 갈망하는 바가 무엇인지 말해 보라. 예배 전 목욕, 예배 중 성수 뿌리기, 그리고 마지막으로 사죄의 기도를 통해 힌두의 죄에 대한 인식, 죄 사함에 대한 갈망에 대해 말해 보라.

2. 인도에서 건물로서의 교회를 세워 개척하기보다 초대교회처럼 가정교회를 통한 전도와 개척이 인도문화에 어떤 점에서 적절한지 토의해 보라. 끊임없이 경전을 낭송하고 읽는 예배를 통해서 힌두들에게 경전을 통한 접근이 어떻게 전도에 유용할지 토의해 보라.

시골의 힌두 신앙

시골 지역의 힌두교는 경전에 나오는 고전적이며 전통적인 힌두
교와는 다른 양상을 띤다. 시골은 농경민인 드라비다 원주민의 신
앙과 문화가 유목민 배경의 지배자 계층에 영향을 주고받으면서 두
가지 문화가 혼재된 모습으로 나타난다. 여전히 시골이 도시보다
많고 시골 마을 사람들이 학업과 일자리를 찾아 도시로 이주하는
현상을 고려할 때, 시골 사역뿐 아니라 도시사역을 함에 있어서도
시골의 힌두 신앙에 대한 이해가 필요하다고 본다.[49]

힌두 마을은 종교·문화적으로 베다 시대 아리안 이주민의 유목
민 전통과 토박이 원주민의 농경민 전통의 두 가지 전통이 공존한
다. 예를 들어 불의 신 아그니를 모시는 유목민들은 죽은 자를 처
리할 때 화장(火葬)을 했었다. 반면 농경민인 원주민들의 신은 아슈
라였으며 죽은 자를 매장하는 관습을 갖고 있었다. 화장은 정결한
상위 3개 카스트를 위한 것이고, 땅에 매장하는 것은 부정한 자 곧
하층 카스트를 위한 것이었다. 그러나 상층 카스트라도 우빠나야
남(베다와 제사를 배우는 학생으로서 받아들여지는 입문식)을 받지 못하고
죽은 어린아이들은 땅에 매장을 해야 한다. 화장하는 것이 상층 카
스트의 관습이다 보니 점진적으로 모든 힌두들이 화장을 하게 되
어 이제는 진정한 힌두라면 화장을 하는 것이 관례가 되어 있다.

---

49 John B. Carman의 *Village Christians and Hindu Culture* (Delhi: ISPCK, 2009) 3–5장
을 참조하라.

농경민에게 있어서 죽은 자는 다른 곳으로 떠나는 것이 아니라 유령의 형태로 계속 마을에 존재하는 것으로 믿는다. 죽은 자들이 거주하는 곳은 마을 주변의 땅 밑인데, 이곳은 농부들의 미래의 수확물이 씨의 형태로 머물러 있는 곳이다. 농부는 농작의 성공에 관심을 갖기 때문에 죽은 자에게 제물을 드려 잘 대접함으로써 풍작을 기원한다. 죽은 자에 대한 이러한 이해는 까르마에 대한 업보로 지옥에서 대가를 치르며 윤회의 과정을 통과하게 된다는 유목민 출신 상층 카스트의 이해와는 많이 다르다. 그러나 죽은 자를 위한 축제, 싸르와뻬트르에 농부 카스트인 수드라뿐 아니라 상층을 포함한 온 마을 사람이 모임으로써 수드라의 문화는 상층 카스트의 문화에도 영향을 끼치게 되었다.

하지만 모든 유령들이 마을 사람들에게 자비로운 것은 아니다. 태중에 있다가 죽은 여아들, 자살한 사람, 살해된 사람, 전염병으로 죽은 자, 호랑이와 같은 짐승에 물려 죽은 자들과 같이 고통과 좌절 속에 죽은 자들도 있다. 특히 가족에게 큰 영향을 끼치는 죽음은 약혼했다가 결혼하지 못하고 죽은 어린 소녀의 죽음이다. 이런 죽음을 겪은 유령, 부타(Bhuta)는 자신의 죽음에 마을이 책임이 있는 것으로 여겨 마을 사람들에게 미움과 분노와 원한을 갖고 있는 것으로 이해한다. 마을 사람들은 원한을 가진 부타(유령)들이 마을에 돌아다니는 것을 막기 위해 그들을 어떤 고정된 장소에 묶어둘 필요가 있다고 생각한다. 그러기 위해 붉은 칠을 한 신성한 돌을 설치한다. 그리고 염소나 수탉을 잡아 그 피를 돌에 뿌린다. 이 걸로도 부타를 완전히 제어할 수는 없기 때문에 마을 사람들은 죽은 자들의 왕국의 왕인 마하라쉬트라, 웨딸라, 마소바, 바히로바

신들에게 보호를 요청해야 한다고 믿는다.

부타의 해악으로부터 보호해줄 또 다른 보호자 중에는 특별한 상황에서 죽음으로 특별한 능력을 얻은 선한 유령들이 있다. 그들은 전쟁 영웅이거나, 소도둑과 싸우다가 소를 위해 죽은 사람, 죽은 남편을 따라 스스로 불 속에 뛰어든 과부, 제자들에게 삶과 가르침으로 감화를 준 성자(사두)와 같은 사람들이다. 이들은 종종 마을 수호자의 지위에 이른다.

원주민들의 부타에 대한 이러한 의식은 이주민 배경의 마을 지배자 그룹의 의식을 바꾸는 데 큰 영향을 주었다. 반면에 정글을 배회하는 세력에 대한 상층 카스트의 의식은 다수의 원주민 수드라 카스트 사람들의 태도에 영향을 주었다. 마을 사람들에게 있어서 정글 세계는 외국은 아니래도 위험한 곳이다. 그들은 혼자 거기로 들어가는 것을 두려워한다. 만일 밤에 꼭 그곳을 가야 할 일이 생기면 보름달이 환히 밤을 밝힐 때를 택한다. 유목민 배경을 갖고 평지에서 살던 사람들은 언덕에 사는 정글 사람들을 위험한 영을 가진 채 배회하는 무리로 본다. 정글의 신인 호랑이 신(바지스와, 바고바), 물소 신(마소바, 마스코바) 밑에서 일하는 부타 같은 존재로 인식한다. 과거에 호랑이 신과 물소 신은 사냥꾼의 신이었는데, 아리안 배경의 상층 카스트들은 그것을 마귀 왕으로 본다. 그래서 마을 사람들은 정글 신들의 침입을 막고 마을을 보호하기 위해 마을과 정글 사이의 경계선에 표식이 되는 돌을 설치한다. 그리고 볍씨를 논에다가 옮겨 심는 시기가 되면 정글의 침입이 두려워 돌 위에다 수탉을 잡아 피의 제사를 올린다.

힌두 마을의 신전은 아무와·남만·아우왈·말라와·아이·마따와 같은 여신들에게 주로 바쳐진다. 접미사가 의미하는 바란 분명히 여신이지만 이들은 사실 어머니 여신이 아니다. 모성성의 표현으로서 어머니 여신은 부미데비라는 이름 밑에 존재할 뿐이다. 신전에서 마을 사람들의 숭배를 받는 여신들의 이름에 붙는 접미사는 여성성이라기보다는 존경의 의미로 붙인 것이다. 그래서 예를 들어 '마리아이'의 정확한 의미는 '어머니 마리'가 아니라 '존경하는 마리님', '존경하는 콜레라님'이다. 힌두 마을에서 여신들은 각각 하나씩의 질병을 전담하는데, 마을이 작으면 하나의 여신이 사람과 짐승의 복지 전반을 관장한다.

물소 제사는 마을 전체가 참여하여 질병을 관장하는 여신들을 달래는 제사인데 광대한 지역에서 실행된다. 심지어 마라타인들은 국가 명절로 만들어 다사라 축제 때 왕이 몸소 백성들 앞에서 제물을 잡는다. 이는 마을의 공동체 축제인데 카스트의 위계적 질서에 따라 각기 자신의 역할을 맡는다. 이 제사의식을 주관하는 사람은 하층카스트인 토기장이이다. 피를 바치는 동물 제사는 토기장이가 하지만 예외적으로 곡물 제사를 드릴 때는 브라민이 의식을 집전한다. 희생제물이 되는 동물을 도살하는 것은 가장 급이 낮은 불가촉천민이 맡는다. 세탁부 사칼리는 사원을 희게 칠하는 일을 하며, 이발사 망갈리는 세탁부와 함께 수탉과 숫염소를 잡는다. 목수인 와들라는 대장장이가 만든 쇠봉을 준비하고 직조공 살레는 양복쟁이 다르지가 만든 천으로 깃발을 만든다. 즙을 모으는 가온들라는 야자 나무로 알콜 음료를 만들고 목자 골라는 양과 숫염소를 가져온다. 불가촉천민 마디가는 음악을 연주하고 농부들은 돈을 가져오며, 브라만과 바이샤 같은 상층 카스트는 다소 마지못해 의식에 참석해 준다. 마을의 일상생활도 그렇지만 축제는 모든 카스트의 협업을 필요로 한다.

이렇게 매년 벌어지는 축제는 기존 사회질서를 새롭게 확인하며 모든 이들에게 자신의 적절한 지위를 상기시킨다. 그러므로 축제 기간 동안 마을 사람들은 보편적이고 변하지 않는 카스트 제도의 성격을 경험한다. 마을을 지배하는 이 시스템은 전 세계가 구조화되어 있는 우주적 법칙을 적용하는 것으로 느낀다. 이 카스트 제도는 사람들에게만 아니라 신들도 카스트 위계질서로 조직된다. 또한 각기 다른 전통의 다른 의식들이 축제를 통해 서로 통합된다. 퐁갈(따밀의 추수축제)이나 오남(께랄라의 추수 축제) 축제의식이 진행되면서 여신에게 바친 삶은 쌀 위로 동물 제물을 잡는다. 그런 후 마을의 모든 교차로에 그것들을 뿌린다. 축제는 여러 날 동안 계속 되는데 첫째 날에는 동물을 잡고 다음에는 퐁갈 밥을 먹으며 교제하고 마지막으로 황소 경주를 한다. 이 의식들을 하면서 신들은 둘씩 또는 셋씩 그룹으로 조직이 된다. 여러 영들은 여신의 장관이나 시종이나 하인들이 되고 여신은 남신과 함께 파트너 관계를 형성한다.

곤드 지역에는 어머니 여신 부미데비가 있다. 이 여신은 사원에서 제사를 올리지도 않고 특정 모습을 가진 신도 아니지만 파종과 경작 그리고 수확을 관장한다. 이 얼굴 없는 여신을 기리는 의식은 전형적으로 애니미즘적 의인화를 하여 진행된다. 그 초점은 물그릇인데 여기에 물, 우유, 주스 또는 술을 채웠다가 그것을 비운 다음 거꾸로 하여 흔든다. 이 축제는 안드라에서는 우가디라 불리우며 따밀 나두에서는 퐁갈이라 불리운다. 안드라의 보남축제에는 우유와 쌀을 채운 단지가 핵심의식으로 사용된다. 또 다른 축제인

고칼 아쉬타미는 토기 그릇에 소고기와 커드를 채운 후 밧줄로 매달아 몇 야드 높이의 나무에 걸어 둔다. 그리고 마을의 젊은이와 아이들이 망치로 그것을 깨뜨린다. 그 깨진 단지가 부어질 때 단지에 가득 있던 기가 아이들 머리로 떨어진다고 믿는다.

케랄라의 오남 축제 의식들은 지하세계의 왕 마하발리에게 바치는 것인데, 새로운 수확물에 대한 감사를 의미한다. 시골마을에서 농경적 신들은 채식주의자인 젊은 남성 신으로 여신 옆에서 같이 통치한다. 이 신은 천상적 권위의 지역 대표로서 단지 특정 마을의 범위를 넘어 온 지역을 다스린다. 그는 데바에게 봉사하는 막강한 군대를 이끌고 지역 영들과의 싸움에서 이긴다. 수많은 나트와 이쉬와라(빤다리나트, 마하발레쉬와르)는 이 범주에 속한다. 마하발리는 시바 신의 아들로서 지역 군벌인 이쉬와라, 나트, 아이야나르, 수브라마냐, 스딴다, 칸도바이다. 그는 빠와티에게서 나지 않은 시바의 아들이며, 일곱 여신들은 그의 양어머니거나 부인들이거나 누이들이다. 마하발리는 전통적인 신화에서의 시바는 아니지만, 마을의 관점에서 보면 또 하나의 시바이다.

마을의 신으로서 마하발리는 부족장이고 사냥꾼의 화신이지만 크샤트리야의 칼로 무장한 군대에 의해 둘러싸여 있다. 그는 군대를 위해 말이 필요하고 땅을 순찰하기 위해 개가 필요하다. 여신들이 전염병으로부터 사람과 짐승을 보호하는 기능을 한다면 마하발리는 땅 특히 강과 물탱크를 적으로부터 보호하는 역할을 수행한다. 왜냐하면 그는 땅의 보호자이기 때문이다. 그는 또한 카스트 사회질서의 수호자이다. 힌두 문화의 중요한 부분인 아힘사, 비폭력을 지지한다. 종교세계의 정상에 있는 존재는 힌두 마을에서 채식주의 신이다.

6개의 카민 카스트(브라만, 이발사, 세탁부, 청소부, 목수, 대장장이)는 지주인 구자르로부터 두 번의 추수기에 봉사한 정도에 따라 일정 부분 자기 몫을 받는다. 이와는 별도로 '단'이라는 것이 있는데, 이 는 제물을 바치는 사람인 자즈만이 제사장과 다수의 다른 사람들 에게 선물을 주는 것이다. 이 선물을 주는 이유는 사람의 마음 또 는 마을에 들어오는 모든 악의 원인이 되는 '쿠수브'(Kusubh, 불길함) 를 제거하기 위해서이다. 아들을 낳는 데 실패한다든가, 가족이 번 성하지 못하는 이유, 그리고 각종 질병, 광기, 가족 불화, 적은 수 확, 때 이른 죽음, 기타 모든 불행의 원인이 되는 것이 바로 쿠수브 때문이라고 믿기 때문이다. 개개의 쿠수브의 원인에 대한 명확한 진단은 보통 브라만 점성술사의 과제이다. 이들이 문제의 원인에 맞게 특정 의식을 거행하고 단을 선물함으로써 불행을 옮길 수 있 다고 믿는다.

자즈만은 다양한 종류의 단(밀가루, 콩, 옷 등)을 임신, 탄생, 결혼, 죽음, 추수, 연간 축제 의식의 말미에 제공한다. 단은 쁘라사드와 다르다. 쁘라사드는 돌려받는 제물로서 상서로운 능력이 가득한 신이 제사를 드린 모든 이에게 똑같이 나눠주는 것이다. 이와 달리 단은 특정 개인에게 줌으로써 자즈만의 쿠수브를 옮기는 것을 의 미한다. 쿠수브가 즉각적인 악한 영향을 끼치지 못하게 하려면 고 행의 열기로 없애야 한다. 그래서 브라민과 기타 단을 받는 자들은 매일 아침 만트라 낭송과 기타 방법으로 고행을 쌓아 두어야 한다.

1. 부타와 단을 통해 시골 마을 사람들은 세상의 고통과 불행의 원인에 대해 어떻게 생각하고 있는지 말해 보라.

2. 세상의 고통과 불행을 없애고 복을 가져오게 하는 방법으로 시골 마을 사람들이 사용하는 방법이 무엇인지 말해 보라. 시골 마을 사람들의 신앙과 문화에서 복음을 전할 접촉점이 무엇인지, 어떻게 복음을 전하면 좋을지 토의해 보라.

힌두는 적인가, 형제인가?

　인도 선교사는 인도 사람을 사랑한다. 사랑하는 인도 사람에게 그리스도의 복음을 전하기 위해 멀고 먼 이방에 와서 날씨, 언어, 문화의 어려움에도 불구하고 땀 흘리며 수고한다. 이렇게 사람들을 사랑하지만 그들의 신앙인 힌두교 문제에 부딪히면 이야기가 달라진다. 물론 힌두교에 사로잡힌 사람들을 돕기 위한 마음이지만 힌두교에 대해서는 자연스럽게 분노와 미움의 감정을 갖고 정죄와 비난을 하며 공격적인 태도를 갖는 경우가 적지 않다. 인도에서는 종종 한인 단기 선교사들이나 드물게 장기 선교사들 중에 공항이나 시장과 같은 공공장소에서 힌두 신을 거짓 신과 마귀라고 외치며 전도하는 경우를 볼 수 있다. 그러다가 출동된 경찰에 체포되어 감옥에 수감되는 일들이 종종 일어난다. 선교사뿐만 아니라 인도 기독교인 중에도 사원의 힌두 신상을 파괴하는 사람들이 있다.

　이에 대한 힌두들의 반응은 어떨까? 존 파커라는 영국 선교사는 이런 글을 쓴 적이 있다. "교육받은 힌두 중 적어도 95%는 인도에서 기독교회를 세우려는 선교운동에 적대감을 갖고 있다. 왜냐하면 선교사들은 인도인이 아끼는 전통 신앙과 문화를 파괴하는 외래세력이라고 보기 때문이다."[50] 간디도 예수님과 성경에 대해서는 긍정적으로 받아들이고 추천했으나 힌두가 기독교인으로 개종을

---

50 J. H. Farquhar, "Hinduism and Christianity in India A Reply", *Hibbert Journal* 27, Oct—July 1928—29, 111, 122.

한 뒤에 이름과 복장과 관습을 바꾸고 전통문화와 공동체를 떠나는 행위를 적극 반대한 바 있다. 선교사들이 인도주의적인 여러 단체를 만들어 인도인을 위해 봉사하는 것에 대해서는 고맙게 여길지라도, 뒤에서는 개종 사역을 하고 그 결과로 인도 문화 파괴, 공동체 이탈의 결과를 낳는 것에 대한 반감이 매우 크다. 한센병 환자들을 위해 봉사하던 호주 선교사 그래함 스테인즈(Graham Staines)와 그의 두 아들이 1999년 산 채로 불에 태워 죽임당한 일도 이런 배경에서 볼 수 있다. 인도의 우익 단체인 R.S.S.(Rashitriya Swayam-sevak Sangh)의 회장은 공개적으로 기독교인에 대한 살해 명령을 내리기도 한다.

우리는 개종 활동을 하는 기독교인을 원수같이 여겨 박해를 가하는 힌두를 어떻게 보아야 하나? 무엇보다 그 배경이 되는 힌두 신앙을 우리는 어떻게 보아야 하나? 힌두는 적인가, 형제인가? 적지 않은 선교사와 기독교인들이 불행히도 힌두와 힌두교를 적과 원수로 본다. 그래서 웨슬레 감리교 잡지는 힌두교의 우상들을 미워하고 그것을 파괴시켜야 함을 이렇게 역설한 바 있다. "모든 우상에서 우리는 하나님의 대적자들의 모습을 본다. 모든 우상숭배는 하나님께 대한 반역이며 불의이다."[51] 선교사들의 설교에서 힌두교는 '어리석은 우상숭배, 혐오스러운 범죄'로 정의되며 비난과 경멸의 대상이 된다. 힌두교는 본질적으로 거짓 종교이기 때문에 하나님이 아니라 마귀가 역사하는 것으로 지적된다. 미국에서 파송된 인도 선교사 존 스커더는 "힌두 신들은 거짓과 간음, 그리고 마귀

---

51 Jacob Dharmaraj, *Colonialism and Christian Mission: Postcolonial Reflections* (Delhi: ISPCK, 1993), 63.

를 그 기원으로 하기 때문에 반드시 파괴시켜야 한다."고 말했다.

힌두교에 대한 기독교의 이와 같은 전통적인 견해는 교리적으로 옳다. 그리스도 외에 구원을 주는 다른 이름은 결코 없으며, 그리스도 외에는 길도 진리도 신도 없다는 것은 명확하다. 그러나 타종교인(힌두교인)을 제자 삼는 일은 이러한 교리적 확신, 그리고 자신의 확신을 일방적으로 전달하는 것과는 매우 다르다는 것을 고려할 필요가 있다. 인도에서 힌두에게 복음을 전하는 것은 기독교인들끼리 모인 교회와 신학교 교실에서 타종교에 대한 판결문을 낭독하는 것과는 매우 다르다. 힌두의 문화를 존중, 이해, 공감하고 그들과 신뢰의 관계를 맺지 않고서 복음을 전하고 제자 삼을 수 있는 길은 전혀 없다. 상대방을 적과 원수로 간주하고서 상대방에게 복음을 전달할 수 있는 길은 전혀 가능하지가 않은 것이다.

요한복음 10장의 선한 목자의 관점에서 본다면 힌두들이 우리 밖에는 나가 있을지라도 그들 역시 예수님이 인도하기를 원하시는 예수님의 양들임에 분명하다. 잃은 양, 우리 밖에 있는 양, 다른 음성을 듣고 있는 말썽꾸러기 양들이기는 하지만, 그럼에도 불구하고 예수님은 말씀하셨다. "또 이 우리에 들지 아니한 다른 양들이 내게 있어 내가 인도하여야 할 터이니 그들도 내 음성을 듣고 한 무리가 되어 한 목자에게 있으리라(10:16)" 누가복음 15장을 기초로 이해한다면 힌두들은 비록 아버지를 등지고 집 떠나 허랑방탕한 삶은 살고 있을지라도 언젠가 죄를 깨닫고 아버지께로 되돌아올 가능성이 여전히 남아 있다. 가능성이 전혀 없어 보이는 수많은 날들에도 아버지는 동구 밖에서 잃어버린 아들이 돌아오기를 오매불망 기다리고 있는 것이다. 만일 하나님을 이런 분으로 이해한다면 힌두는 분명히 적과 원수가 아닐 것이다. 주님이 인도하기를 원하시는 잃은 양, 잃은 아들, 그리하여 반드시 찾아야 할 양과 아들인 것이다.

인간관계 전문가인 게리 채프먼이 말하는 '5가지 사랑의 언어'라는 것이 있다. 그에 의하면 사랑이 있다고 해서 사랑의 마음이 다 상대방에게 전달되지 못한다고 한다. 왜냐하면 사람마다 사랑의 언어가 다 다르기 때문에 나의 언어가 아니라 상대방이 사랑으로 느끼는 언어, 상대방이 사랑을 느끼는 방식을 사용해야 한다는 것이다. 선교사들은 구원의 복음을 위해 조국과 부모, 때로는 자식도 희생하며 인도를 사랑하는 마음으로 먼 나라까지 와서 수고하는 자들이다. 그러나 힌두들은 전혀 그 사랑을 느끼지 못하고 도리어 반감과 분노를 가지고 무려 500년간 선교사들이 전하는 복음을 거절하고 있다.

전 인구의 98%에 해당하는 인도인이 가장 중요하게 여기는 제1의 사랑의 언어는 가족 그리고 그들의 문화(삶의 방식)이다. 인도의 문화가 모두 마귀 사탄의 문화, 우상숭배의 문화라고 해서 문화 자체, 문화 전부를 적으로 돌리는 방식으로는 결코 그들의 사랑을 얻을 수 없는 이유가 바로 이것이다. 너의 모든 것은 틀리고 내 것만이 옳기 때문에 너는 나의 옳은 것을 받아들이라는 꼰대 식의 가르침에 돌아올 잃은 아들과 잃은 양은 아무 곳에도 없다. 내 사랑의 언어를 받아들이라고 요구하는 식의 선교가 아니라 상대방의 사랑의 언어를 이해하고 그 언어를 사용하는 사랑의 선교를 해야 할 이유가 여기에 있는 것이다.

이혼 및 인간관계 분야의 세계적 전문가인 존 가트만 박사는 부부간/사람 사이의 사랑의 관계를 파괴하는 주범으로 '비판,' '경멸,' '방어,' '벽 쌓기'를 말한다. 비판과 경멸은 적대감과 분리의 감정을 가져올 뿐 그 어떤 긍정적인 관계도 세우지 못한다. 그러나 선교사들이 힌두권으로 들어오면서 기본적으로 갖는 태도가 바로 이러한 비판과 경멸, 그리고 벽 쌓는 행위가 아닌가? 비판과 경멸은 상대방의 마음 문을 닫게 하지만 공감과 이해 그리고 존중의 태도는 닫힌 문을 열고 사랑의 마음을 전달하게 한다. 상대방이 내게 하는 것보다 내가 상대방에게 5배나 더 많은 사랑과 신뢰를 주는 행동을 할 때, 선교사가 전하는 복음의 말씀도 사랑으로 받을 가능성이 생기는 것이다. 비판과 경멸과 벽 쌓기가 아니라 이해와 존중으로 선교의 새 시대를 열어 보자.

토의할 점

1. 힌두의 신과 교리 그리고 문화를 비판, 정죄, 무시, 거부하는 태도가 선교현장에 어떤 문제를 가져오는지 말해 보라. 채프먼의 5가지 사랑의 언어를 힌두 선교에 적용하면 어떻게 될 것인지 토의해 보라.

2. 힌두 신앙과 문화 속에 잘못된 부분에 대해서는 타협하지 않으면서도 어떻게 하면 힌두와 그들의 문화를 적이 아니라 친구와 형제를 삼아 복음을 전할 수 있는지 토의해 보라.

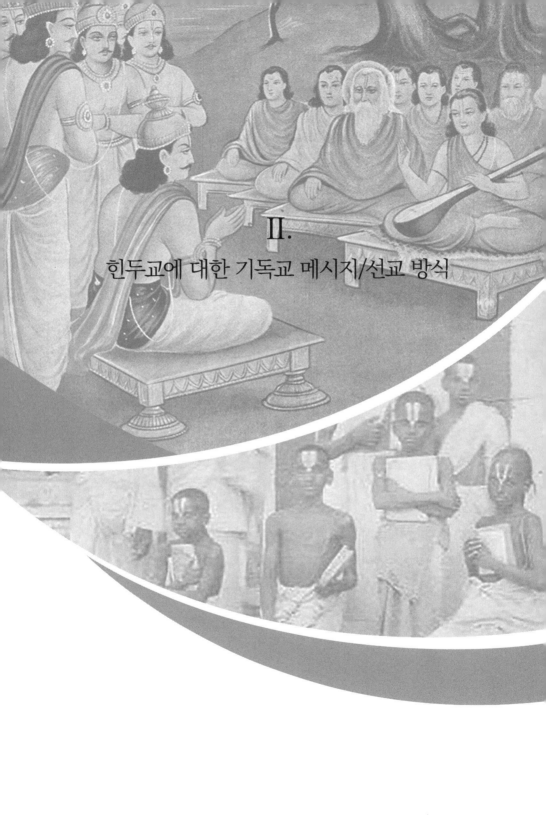

II.
힌두교에 대한 기독교 메시지/선교 방식

앞에서는 힌두권 선교를 하는 사람을 위해 힌두교가 어떤 것인지 소개했다. 힌두교는 단일한 종교가 아니기 때문에 여러 가지 모습, 여러 가지 교리를 가지고 있다. 그런데 이제까지 힌두교는 기독교인이라는 외부자의 관점, 또는 선교 변증에서 우위를 확보하려는 목적으로 힌두교의 전체 모습 중 일부에만 초점을 맞춰온 경향이 있다. 앞에서의 논의를 통해 이런 점들에 대해 어느 정도 문제의식을 가졌으리라고 본다.

그러면 힌두교에 대한 이상의 이해를 기초로 할 때 선교사는 어떤 기독교 메시지를 전해야 하는가? 그리고 전도 및 선교의 방식은 어떻게 달라져야 할까? 이 문제를 다룰 때 전통적으로는 힌두교, 힌두 문화가 기독교 메시지를 담을 거룩한/적절한 그릇으로 보지 않았다. 또한 힌두 문화의 관점, 힌두들의 피드백을 고려하여 기존 선교 방식을 재평가하는 과정 같은 것은 없었다.

오늘날에는 어떤 물건을 팔든 그 물건에 대한 소비자의 평가 또는 리뷰에 민감하다. 물건을 써 본 사람의 불편함이나 반감을 무시하고 내 물건 좋다고만 하는 식으로는 물건이 잘 팔릴 이유가 없다. 그런데 많은 경우 기독교 복음을 전하는 전도자/선교사들은 선교의 대상이 되는 현지인들의 반응, 평가에 민감하지 못하다. 복음이 얼마나 좋은가에 대한 확신은 좋으나 그 좋은 복음에 대한 반응이 왜 그렇게 나쁜지 현지인의 관점에 대해 이해하고, 현지인으로부터 피드백을 받는 데에는 관심이 적다.

여기 Ⅱ부에서는 선교사 자신과 기독교 복음 그리고 선교사의 선교 방식을 가능하면 힌두의 관점에서 보고자 한다. 힌두의 눈으로 볼 때 불편하고 혐오감을 느끼게 하는 것이 무엇이며 이해 안 되는 점이 무엇인지 찾아보고자 한다. 그리고 반대로 힌두의 눈에 매력 있게 보이고 힌두의 입장에서 이해될 수 있는 메시지와 선교 방식이 무엇인가 제시해 보고자 한다. 기독교 복음의 독특성을 훼손하지 않고 지키면서도 현지인들이 이해하고 받아들일 수 있는 복음 메시지와 전도·선교 방식은 과연 무엇일까? 성공을 보장하는 한 가지 방식만이 있다고 보지는 않는다. 어딘가 부족할 수 있고, 당장 마법과 같은 성공을 가져다주지 않을 수는 있지만, 힌두들이 이해하고 받아들일 수 있는 기독교 메시지와 선교 방식을 찾는 노력은 모든 전도자/선교사의 공통된 임무이자 과제라고 본다. 아래의 제안과 논의가 그런 과제를 함께 풀어가는 과정 중의 하나가 되기를 소망한다.

1. 힌두교에 적절한 기독교 메시지

발신자로서 선교사의 한계

데이빗 벌로의 SMCR(Sender−Message−Channel−Receiver) 커뮤니케이션 모델의 4요소인 발신자, 메시지, 매체, 수신자 중에서 발신자에 해당되는 선교사의 중요성은 아무리 강조해도 지나침이 없다. 선교사의 성품과 의식, 수신자에 대한 이해도 그리고 현지 매체의 효과적 사용 여부에 따라 메시지 전달이 성공할 수도 있고 실패할 수도 있기 때문이다. 그런데 선교사는 근본적으로 외부자로서 타문화, 타종교에 온전히 동일시 할 수 없다는 점에서 내부 발신자에 비해 근본적인 한계를 갖고 있다. 이런 점에서 선교사가 발신자인 자기 자신에 대한 올바른 이해를 갖는 것이 중요하다. 선교사가 타문화권에 들어갈 때에는 외부자의 문화, 종교, 경제적 배경을 갖고서 수신자 나라의 특정 역사와 문화, 종교, 사회적 관계 속으로 들어가는 것이다. 이로 인해 갖게 되는 한계들 가운데 몇 가지를 이야기해 보면 다음과 같다.

첫째, 배우는 선교사, 배우지 않는 선교사. 선교사는 힌두 가정에 태어나 힌두 신앙을 따라 힌두 문화권 속에 살아 온 사람이 아니다. 그러므로 힌두 선교를 하려면 직접적인 경험을 쌓든지 간접적으로 공부를 하든지 어떤 모양으로든 배워야 할 필요가 있다. 얼마나 배우고 공부하기를 힘쓰는가에 따라 기독교 메시지의 정확도와 선교의 결실이 달라진다. 물론 모든 선교사는 타문화권 사역을 하려면 새로운 언어를 배우고 그 지역의 문화와 신앙을 공부해야 한다는 것을 잘 알고 있다. 그러나 언어공부의 진척은 느리고 고된 작업이다. 매일 일정 시간을 공부해도 그리 빠른 시간 내에 늘지 않는다. 그나마 언어공부에 집중할 수 있는 여건이 되는 선교사도 많지 않다. 현지에 도착한 지 얼마 안 되어 바로 사역에 투입되는 경우가 많기 때문이다.

무엇보다 비자 상태를 합법적으로 유지하려면 학업이든, 비즈니스든 정기적인 출석과 과제물, 시험, 그리고 일정 수준 이상 사업의 결과물을 내어놓아야 한다. 이렇게 해야 할 일이 많은 상황 속에 놓이게 되면 현지의 종교, 문화, 사회에 대한 연구가 절실하지만 사실상 현실적으로 가능하지 않은 경우가 많다. 그래서 선교사는 원치 않게 '배우지 않는' 선교사가 되는 경향이 있다. 현장 사역을 통해서도 현지인들의 문화를 배울 수 있지만, 이 또한 배우고자 하는 마음이 없으면 배우지 못한다. 만일 선교사들이 외부자로서 근본적인 제약을 가지고 있는 상황에서 배우는 것까지 하지 않는다면 선교활동에서 좋은 수확을 기대하기는 어렵다. 배워서 내부자처럼 될 수는 없을지라도 적어도 무엇이 잘못되었는지, 어떻게 하면 그들과 원만한 의사소통을 할 수 있는지 방향을 잡을 수 있게 된다.

둘째, 선교 준비 여부에 따른 사역의 제한. 많은 선교 후보생들이 현지 문화에 대한 이해 결여로 말미암아 사역에 대한 구체적 준비가 부족한 가운데 선교지로 오게 된다. 지금 현재 인도 선교를 하는 거의 대부분의 선교 자원은 하층 카스트, 도시와 시골의 빈민층, 저학력자에 집중되어 있다. 복음은 가난한 자와 하층민에게도 전해져야 한다. 그러나 복음이 중산층과 상층 카스트 그리고 대학 교육 이상의 고등 교육을 받은 자들에게 거의 닫혀 있는 것은 심각한 문제이다. 복음이 거부당해서 닫은 것이 아니라 씨를 뿌리는 선교사가 없기 때문에 닫힌 것이 더 큰 문제이다. 이런 현상이 생기는 근본 이유는 중산층, 상층 카스트, 고학력자에 대한 접근 방식과 기독교 메시지가, 하층민과 저학력자를 대상으로 할 때와는 전혀 달라야 하는데 그것에 따른 준비가 거의 없기 때문이다.

중산층은 도시 슬럼가나 시골 빈민을 대상으로 할 때와 달리 먹을 것과 구제 활동으로 접근할 수가 없다. 그들은 대학 교육 이상을 받았을 뿐 아니라 일반적으로 힌두 신앙과 문화에 깊이 뿌리를 내리고 전통 유산에 자부심을 갖고 있는 사람들이다. 그러므로 힌두교에 대한 균형 잡힌 시각과 올바른 접근 방법을 가지고 있어야 한다. 무엇보다 이들을 대상으로 사역할 때의 언어는 마리따나 힌디어, 따밀어 등 지역어보다는 영어가 사역 언어로 유리하다. 인도 선교는 여타 나라에서의 미전도 종족 개념으로 접근해서는 안 된다. 인도는 지역에 따라 자력 전도 능력을 가진 자생 공동체가 많이 있다. 그러나 그 전도하는 공동체는 거의 대부분 시골과 하층 카스트, 그리고 부족민에 집중된다. 그러기에 인도의 미전도 종족은 사회 계층적으로 상층 카스트, 경제적으로는 중상층, 종교적으로는 독실한 정통 힌두들이다. 그리고 지역적으로는 도시민이다. 이들 도시의 미전도 종족을 대상으로 사역할 이들은 영어 구사 능력이 필요하며, 힌두교 공부에 힘쓰며, 중상층과의 사귐과 교류에 초점을 두어야 한다.

셋째, 고용주-피고용인, 후원자-피후원자 관계. 많은 선교사들이 교회 개척 사역을 하든, 신학교를 운영하든 기아대책을 통해 구제 활동을 하든 선교사와 인도 현지인 사역자와의 관계는 고용주-피고용인, 후원자-피후원자, 사장-사원의 관계를 맺는 경우가 많다. 이는 사도바울과 현지인 사역자들의 관계가 아버지-아들, 스승-제자, 그리고 동역자 관계인 것과 많이 다르다. 이런 차이를 가져오는 주된 요인은 현지인 사역자가 한인 선교사들의 전도를 통해서 얻게 된 자녀와 제자가 아니기 때문이다. 그들은 그들 스스로 하나님의 부르심을 받아 자발적으로 사역에 헌신하게 된 것이 아니고 돈을 받기 때문에 일하는 사람들이다. 언어와 문화적인 문제로 어려움이 있는 선교사들이 유능한 현지인 조력자를 얻는 것은 사역에 필수적인 것으로 보인다. 그런데 인도인 사역자가 자립하는 구조가 아니라 선교사가 사역자에게 월급을 주는 경우에는 심각한 하나의 문제가 생기게 된다. 그것은 전도와 선교, 교회를 개척하는 일이 현지인의 일이 아니라 '선교사의 일'이라는 메시지를 주게 된다는 것이다.

이런 경우 선교사와 동역하는, 상당수 인도인 사역자들은 단지 피고용자의 마음만을 갖게 되어, 월급 받는 일과 선교사 고용주들을 기쁘게 하는 데에 대부분의 신경을 쓰는 경향이 있다. 겉으로 사역을 열심히 하는 것으로 보일지라도 실제로는 월급과 후에 본인이 차지할 수 있는 부동산 등에 대한 기대 때문에 충성할 수가 있다. 외국인 선교사에 고용되어 일하는 그들은 하나님 역사, 인도 복음화의 '주인'과 '리더'가 아니라 시키는 일만 하는 '일군'이자 '손님'이 되는 것이다. 그래서 스테판 닐은 "인도 복음화의 주인과 지도자는 안타깝게도 인도인이 아니라 서양인이며, 이런 상태는 아주 오래, 어쩌면 영원히 그렇게 갈지 모르겠다."고 말했다.

　선교사가 모교회의 지원을 받아 돈을 쏟아 부어서 교회와 학교와 인도인 사역자를 후원하면 당장 큰 역사가 보이는 것 같다. 그러나 이렇게 해서 얻은 사람들은 외국 재정에 의존적이며 손님의식을 가지기 쉽다. 그래서 선교사가 떠나고 재정이 끊기면 사역도 중단되는 일이 부지기수이다. 윌리암 캐리 선교사의 세람포르 선교가 그 좋은 예이다. 그는 여러 선교기지를 개척하고 유지하기 위해 많은 재정을 투자하여 인도인 사역자의 생활비와 사역비를 지원했다. 그런데 그가 죽고 재정 후원이 끊기자 그의 사역은 중단되고 사람들은 사라지고 말았다. 선교가 선교사의 일이 아니라 인도인 기독교인의 일이라는 주인 정신을 가진 사람, 자립할 수 있는 지도자를 세우지 못했기 때문이다. 이 문제를 극복하려면 사람을 고용하여 일하는 방식을 버리고 사람을 길러서 자립정신을 가진 주인을 세우는 선교를 할 필요가 있다. 이를 위해서는 많은 숫자, 큰 규모를 가진 사역을 세우기보다는 한 사람이라도 주인 정신과 자립정신이 있는 사람 세우는 것을 선교의 목표로 삼을 필요가 있다. 후원하는 한국 교회도 이에 대한 깊은 관심을 기울여야 선교사도 흔들림 없이 사람 세우는 일을 해 나갈 수 있다.

넷째, '거룩한' 사람과 '부정한' 사람. 인도 선교는 전통적으로 기지선교 또는 분리주의선교를 선교정책으로 채택해 왔다. 개종자들을 사회와 완전히 분리하여 따로 별도의 선교기지 또는 기독교 마을에서 살게 한 것이다. 그 이유는 개종자들이 살아야 할 전통 인도 사회는 힌두 신앙으로 말미암아 부정하다고 보기 때문이다. 힌두교가 거짓되고 마귀적이기 때문에 그 힌두 신앙이 지배적인 힌두 공동체는 부정하고 위험한 곳이 되는 것이다. 힌두들의 모든 문화가 다 부정하기 때문에 힌두들도 부정하게 보인다. 이 말은 다른 말로 하면 기독교인과 선교사와 교회만이 거룩한 공동체라는 인식이다. 이와 같이 선교사의 자기 이해 또는 수신자 이해는 철저하게 발신자 중심, 선교사 중심이다.

그러나 발신자는 이렇게 스스로를 거룩하게 보고 있지만, 수신자인 현지인은 정반대로 발신자를 이해하고 있다는 것을 알아야 한다. 수신자인 힌두들의 입장에서 볼 때, 소고기를 먹고 죽은 동물의 가죽으로 된 성경책을 만지는 선교사/기독교인은 부정한 존재이다. 마땅히 거룩한 성소여야 할 교회에 가죽으로 된 신발을 신고 들어가 의자에 앉는 선교사/기독교인은 부정하고 불경한 사람들이다. 선교사는 외국인으로서 플레차(Mleccha)라는 불가촉천민의 범주에 소속된다. 그러기 때문에 이렇게 부정한 방식대로 살아가는 선교사의 메시지를 의미 있게/진지하게 받아들일 독실한 힌두는 많지 않다. 선교사가 전하는 기독교 메시지가 아무리 설득력이 있어도 선교사의 부정한 삶의 방식은 그 모든 설득을 무위에 그치게 하는 가장 큰 문제요 선교사의 한계가 된다. 그러기에 선교사는 현지인의 관점으로 볼 때 얼마나 '부정한 자'인지 자기 인식을 제대로 할 필요가 있다.

외국인으로서 선교사가 플레차의 범주에 포함되는 것은 어찌할 수 없다 하더라도 삶의 방식과 행동으로 이런 고정관념과 편견을 어느 정도 바꾸는 것이 필요하다. 로버트 드 노빌리 같은 선교사는 제자 삼기를 원하는 상층 카스트 힌두의 삶의 방식을 채택하여 오직 채식만 먹고 힌두들과 같은 거룩한 삶을 살았다. 힌두들이 외국인을 보는 관점을 알기 때문에 나의 한 친구 선교사는 밖에서 외식을 할 때는 닭고기를 먹기도 하지만 집에서는 반드시 채식만 한다. 힌두들이 사는 동네에 어울려 살고 힌두들을 집에 초대하고 교류를 하려면 집에서 고기 굽는 냄새를 풍겨서는 절대 안 되기 때문이다. 한국에서 고기 먹는 것에 익숙한 우리가 어떻게 고기를 먹지 않으며 선교를 할 수 있겠는가? 이것이 인간으로서 우리의 한계이지만 그리스도에 대한 사랑과 영혼 구원의 사랑을 가진 자는 이 한계에 도전할 필요가 있다. 먹는 것으로 형제를 실족하게 하고 하나님 나라를 무너뜨릴 수 없기 때문이다.

1. "신앙이 훌륭한 선교사는 현지 문화/언어를 배우고 공부할 필요가 없다, 기도를 많이 하고 성령의 능력을 받기만 하면 얼마든지 선교 잘할 수 있다."고 믿으며 배우지 않는 선교사, 준비하지 않는 선교사가 있다면 어떻게 말할 것인지 토의해 보라.

2. 돈으로 현지인을 돕는 선교는 어떤 점에서 선교를 어렵게 하는 결정적인 요인이 되는지 말해 보라. 현지인의 입장에서 '부정한 자'로서 자기 이해를 갖는 것이 왜 중요한지 말해 보고, 어떻게 이러한 한계를 극복할 수 있는지 토의해 보라.

벤자민 로빈슨 선교사의 자기 성찰

영국 웨슬리 감리교 선교회의 선교사로서 남인도 마이소르(My-sore)에서 사역했던 벤자민 로빈슨(Benjamin Robinson, 1852−1913)이라는 선교사가 있었다. 이 선교사가 '마이소르 사역의 기록'이라는 글을 남겼는데, 그중에서 선교사로서 자신의 삶과 사역을 성찰하는 다음의 내용이 참으로 인상적이다. 먼저 그의 이야기를 들어 보자.

한 링가야트(Lingayat: 시바파 힌두교 중 하나) 사제와 내 서재에서 종교에 대한 대화를 나누게 되었다. 그가 대화 중 "당신의 신성한 경전을 좀 봐도 되겠습니까?"라고 말하길래, 그에게 성경을 건네주었다. 그런데 그는 갑자기 기겁을 하며 뒤로 몸을 움츠렸는데, 그런 모습은 이전에 결코 본 적이 없었다. 그는 숨을 크게 들이쉬며, '차마(charma, 가죽)군요'라고 말했다. 아무 생각도 없이 나는 그에게 가죽으로 제본된 성경책을 건네주었던 것이다! 그에게 있어서 죽은 동물의 가죽에 손을 대는 것은 결코 상상도 할 수 없는 부정하고 혐오스러운 행동이었다. 나는 너무 미안하고 부끄러워 땅바닥으로 꺼지고 싶은 심정이었다. 나는 그에게 "잘 몰라서 그랬다. 당신을 더럽힐 의도를 갖고 한 것은 아니었다."고 진심으로 사과했다.

그때 내 마음에 갑자기 한 가지 질문이 파고 들어왔다. "링가야트 힌두들에게 가죽이 그토록 혐오스러운 것처럼, 혹시 내가 진리를 가르치고 돕기를 그토록 바라는 사람들에게 나 자신과 나의 삶의 방식이 그렇게 혐오스러운 것은 아닐까?" 나는 그에게 하나님의 말씀(성경)을 전해주기를 원하였으나, 그것은 그가 도저히 접근할 수 없는 혐오스러운 것에 둘러싸여 있는 것으로 보였다. 나의 고통스러운 대답은, "그렇다. 어디 그뿐이랴, 고기, 특히 소고기를 먹는 것은 그와 비교도 안 되는 혐오스러운 행위가 아닌가!"

또 한번은 축제 때 가마 탄 신상을 보며 열광하는 군중들과 함께 있었다. 그런데 우리 앞에 앉아 있던 한 사람이 나에게 말을 걸어 왔다. 그는 우리가 성경 말씀을 전할 때 듣고 있었던 사람이었다. "당신은 당신 자신의 경전의 가르침을 따르지 않으면서 당신의 가르침이 이 백성들에게는 어떤 영향을 끼치기를 기대하시는 겁니까?" "무슨 말씀이시지요?" 내가 물었다. "당신의 경전은 '네가 선 곳은 거룩한 땅이니 네 발에서 신발을 벗으라.'고 했는데 당신은 성전에 들어갈 때마다 신발을 신고 들어가더군요." 나는 다시 깜짝 놀랐다. 그의 질문은 정말 날카로웠다. 나는 다시 나 자신에게 질문하지 않을 수 없었다. "인도인들이 보기에 내 삶은 얼마나 많이 그리스도의 말씀을 더럽히고 있는 것일까?"

로빈슨 선교사가 던졌던 두 가지 질문은 참으로 가슴 아픈 질문이다. 많은 선교사들이 얼마나 간절히 인도인을 도와 그들의 영혼을 구원하기를 바라는가? 그러나 선교사들이 전하고자 하는 그 보화와 같은 말씀이 성경책의 가죽커버, 소고기, 가죽 신발 같은 것에 둘러싸여 있다니! 도저히 접근할 수 없는 이러한 혐오물 때문에 인도 선교가 막혀 있다니! 그리스도의 말씀을 높이고 그 말씀을 널리 전파하고자 인도 땅까지 왔는데, 나도 모르는 사이 내가 그리스도의 말씀을 더럽히고 있었다니! 나의 부정한 삶 때문에 인도사람이 도저히 그리스도께로 나올 수 없다니!

내가 로빈슨 선교사에게 감동받는 것은 기독교인과 선교사로서 자신의 삶을 변명하거나 정당화하지 않고 인도인의 반응, 혐오감, 부정한 느낌을 그대로 수용하는 것이다. 그리고 그것에 비추어 나의 삶의 방식, 선교 방식을 돌아보는 것이다. 기독교인으로서 우리는 우리 자신의 관습과 행동을 변명할 얼마나 많은 이론을 가지고 있는가! 나를 변호할 뿐만 아니라 도리어 상대방의 잘못을 지적하고 고쳐주며 가르쳐주고 싶은 이야기들이 얼마나 많이 있는가! 그들에게 가르쳐 줄 것이 너무 많아서 우리는 그들이 우리에 대해 두려워하고 혐오하고 예민하게 느끼는 것을 공감하지 못하고 쉽사리 무시한다. 그리고 내가 중요하게 여기는 것만을 열심히 말한다. 이것이 우리가 상층 카스트와 교육받은 힌두들 중에서 복음에 대한 긍정적 반응을 거의 끌어내지 못하고 아무런 열매를 맺지 못하는 이유가 아닐까?

인도 선교는 힌두교가 마귀종교래서 혹은 인도인의 마음이 극도로 완악해서 어려운 것이 아니다. 인도인이 그렇게 혐오하고 더럽게 느끼는 우리의 삶의 방식을 고집하며, 그들의 감정과 반응과 문화 같은 것을 쉽사리 거절하기 때문이다. 내가 삶을 살아가는 방식은 편하고 중요한 것이기는 해도 진리는 아니다. 성경은 반드시 가죽에 싸지 않아도 된다. 소고기는 인도에서 사역할 때는 안 먹어도 되지 않을까? 교회에 들어갈 때는 좀 불편하기는 해도 신발 벗고 바닥에 앉아도 된다. 진리 때문에, 인도인에 대한 사랑 때문에 인도에 왔는데, 진리를 위해, 인도 영혼 구원을 위해 그런 것쯤 못할까! 그러나 솔직한 현실은, 나의 삶의 방식을 진리보다 앞세우고 인도인의 반응 같은 것에는 크게 개의치 않을 때가 많아 보인다.

선교사만이 아니다. 거의 대부분의 인도 기독교인이 그러하다. 모든 인도 기독교 신학교는 식사 때 고기를 먹는다. 없어서 못 먹고 자주 못 먹을 뿐, 있으면 거의 모두 먹는다. 신학교 때부터 훈련되었으니 교회 현장으로 가면 교인들과 함께 다수의 인도인이 혐오하는 것을 거리낌 없이 행한다. 그리고서 말한다. 이것이 기독교인의 삶의 방식이고, 소고기 안 먹는 것은 그들[힌두]의 삶의 방식이라고. 그러나 세상 어느 곳에 가든지 똑같이 적용해야 할 '고정된' 기독교인의 삶의 방식이라는 것이 과연 있기는 한 것인가? 신앙 면에서는 그들과 우리 사이에 분명한 구분이 있어야 하지만, 삶의 방식을 가지고서 그들과 우리 사이에 경계선을 정한다면 이것은 장벽을 세우는 행위가 아닌가?

도리어 우리는 인도인에 대한 그리스도의 사랑으로 '그들'과 '우리' 사이의 장벽을 허물어야 하지 않을까? 우리는 좀 힘들지라도 우리의 삶의 방식과 습관의 장벽을 낮춰 그들이 우리에게 오기 쉽도록 만드는 것을 하나님은 더 기뻐하지 않으실까? 우리가 그토록 전하기를 원하는 진리의 말씀을 더 이상 극혐의 가죽으로 고개 돌리게 하지 말고, 삶의 방식으로 담쌓는 일을 그침으로 많은 생명의 열매를 추수할 수 있게 되기를 바라는 마음이다.

1. 기독교인·선교사의 삶의 방식 중에 힌두가 혐오하며 부정하게
   여기는 것들을 열거해 보고 왜 그러는지 말해 보라. 선교사의 삶
   의 방식과 선교 열매의 상관관계에 대해 토의해 보라.

2. 로빈슨 선교사의 자기 성찰을 통해 배운 점을 말해 보라. 전도자
   요 선교사로서 내 자신의 삶의 방식 중에 돌아보아야 할 점이 있
   는지 나누어 보라.

인도인이 이해할 수 있는 기독교 메시지

선교사는 타문화권, 타종교인을 대상으로 기독교 메시지를 전달하는 사람이다. 하나님의 말씀은 능력이 있기 때문에 사람들의 마음에 제대로 심어지면 구원의 열매, 성령의 열매를 맺게 된다. 그런데 말씀이 아무리 능력이 있을지라도 누군가 전달자가 있어서 전달을 해야 그 능력이 나타나게 된다. 그러므로 전도자는 폭탄을 투척하듯 말씀을 던지기(선포하기)에만 신경 쓸 것이 아니라 듣는 이가 말씀을 잘 이해했는지 살펴봐야 한다. 말씀을 전해도 상대방이 이해를 못하고 있다면 그것은 제대로 전달한 것이 아니기 때문이다. 전달된 것이 아니면 말씀이 마음 밭에 떨어진 것이 아니다. 말씀의 씨가 떨어지지도 않으면 결코 열매를 맺을 수는 없다.

뭄바이에 사는 힌두에게 한국어로 "하나님이 세상을 이처럼 사랑하사 당신을 위해 독생자를 보내셨으니 그를 믿으면 멸망치 않고 영생을 얻을 수 있다"라고 복음을 전한다면 전달이 될 수 있을까? 당연히 한마디도 이해를 못하고 아무런 열매도 얻지 못할 것이다. 그 사람이 알아들을 수 있게 하려면 지역어인 마라띠어로 이야기해야 한다. 그런데 마라띠어로 이야기한다고 다 알아 듣는 것은 아니다. 왜냐하면 먼저 전도자가 어떤 단어를 선택하는가에 따라 듣는 이가 복음 메시지를 오해할 수 있기 때문이다. 예를 들어 인도 신명이 영어처럼 하나만 있으면 좋겠는데, 이쉬와라, 바그완, 브라만, 브라마, 데바, 데비, 마하샥띠 등과 같이 여러 가지가 있다. 이 중에서 절대적이고 보편적인 신 개념으로는 브라만이 좋은데, 브라만은 인격성이 결여된 인상을 준다. 그래서 이쉬와라(또는 빠라메쉬와라)를 택할 수 있는데, 이쉬와라는 브라만보다 열등한 신이고 마야의 작용에 영향을 받는 제한적인 신이다. 인격적인 유일신 개념으로는 바그완이 좋은데, 바그완은 성육신 개념과는 거리가 먼 신이다. 이처럼 특정 용어가 인도의 종교와 문화 가운데 어떤 의미를 가지고 있는지 알지 못하면 그리스도를 올바로 전달하지 못하며 기독교에 대한 오해나 혼합을 피하지 못하게 된다.

용어만이 문제가 아니라 그 배후에 있는 사상과 개념이 달라 전달에 어려움이 생긴다. 예를 들어 죽을 수밖에 없는 인간이 그리스도를 통해 '영생'을 얻을 수 있다는 것은 일반적으로 사람들에게는 희망의 복음이 된다. 그런데 인도 사람에게는 다른 의미가 된다. 힌두는 환생을 믿기 때문에 영혼 불멸과 영생에 대해서는 의심이 없다. 문제는, 영원히 되풀이 되는 윤회의 삶을 도리어 무거운 짐과 저주로 여기고 있다는 것이다. 그들은 영생을 원하는 것이 아니라 윤회로 말미암아 끊임없이 지속되는 생의 저주에서 벗어나는 목샤(해방)를 열망한다. 그러기 때문에 인도인에게도 그리스도가 주는 영생이 소망이 되려면 인도인의 관점에서 그 의미를 설명해 주어야 한다.

여기에서 우리는 복음을 전할 때 상대방이 그 의미와 필요성을 느끼게 만드는 작업이 필요하고, 그를 위해서는 적절한 인도 용어를 채택해야 하며, 인도인이 이해할 수 있는 사상·개념으로 복음을 제시해야 하는 것을 알 수 있다. 그런데 여기에서 의문이 생긴다. 힌두 신앙과 철학에서 나오는 용어와 개념들은 기독교 메시지를 전달하기에 적합한 그릇인가? 그런 것과 관련하여 말씀을 전하면 복음이 변색되지는 않을까? 왜 꼭 인도의 사상과 문화의 그릇에 담아 기독교를 전달해야 하는가? 그런 위험한 작업은 그만두고 그냥 말씀만 전하면 안 될까?

이러한 질문에 대한 답은 성경에서 찾아야 할 것이다. 이 점에서 무엇보다 숙고해야 할 것은 타문화 선교에 있어서 우리 주님께서 본을 보여주신 성육신의 원리이다. 예수님은 2천 년 전 팔레스타인에서 한 유대인 남자로 태어나셨다. 하나님의 아들이 이 땅에 오신 이 성육신 사건은 유대인이 사용하는 언어를 쓰고 유대인의 사고방식과 신앙의 방식으로 하나님의 메시지를 전한 선교적 행위였다. 하나님께서 하늘에 계셔 하늘의 언어만 쓰시고 초월적인 방식으로만 하나님의 사랑과 구원의 메시지를 말씀하셨다면 아무도 알아듣지 못하고 아무 일도 일어나지 않았을 것이다. 그러나 구체적으로 유대인의 문화의 그릇에 담아 복음을 전해주셨기 때문에 그것을 알아들은 사람들에 의해 오늘날도 구원의 역사가 온 세계로 퍼지게 된 것이다.

예수님이 보여주신 성육신 원리의 좋은 예는 그의 제자들이 만든 메시지에서 볼 수 있다. 예를 들면 요한복음 1장에서 사도 요한은 그리스인들에게 기독교 메시지를 전할 때 이방인의 철학 용어이자 신명인 '로고스'를 채택하여 그리스도를 증거했다. 또한 사도행전 11: 20절을 보면 스테반의 일로 흩어진 성도 가운데 사이프러스, 쿠레네 출신 기독교인 중 일부가 안디옥에 가서 그리스인들에게 복음을 전할 때, 예수님을 그들의 신명으로 '퀴리오스'라고 불렀다. 또 다른 예로 사도행전 17: 28절을 보면 사도 바울이 아테네 사람들에게 복음을 전할 때 그리스 시인의 글(그리스 경전)을 인용했다. 그들이 왜 이런 시도를 했을까? 헬라인들의 입장에서 그들이 이해할 수 있고 익숙한 언어와 경전을 사용할 때 효과적으로 복음을 전달할 수 있기 때문이다. 이 원리는 성육신의 원리이며 이 원리가 오늘날 현대 선교학적 용어로 '상황화'(또는 현지화)라는 작업을 해야 하는 이유가 된다. 그런데 안타깝게도 2천 년 전 성경에 의해서, 예수 그리스도와 그의 제자들이 한 일이 교회 및 선교 역사에서는 거의 멈춰져 있었다. 알렉산드리아 교부들과 그리스 신학 전통에서는 가까스로 이어져 내려왔지만, 라틴 신학의 전통에서는 그들의 문화우월주의로 인하여 안타깝게도 멈춰지고 말았다. 그러기에 이 성육신의 원리를 되살려 이방인들이 이해할 수 있는 복음을 전해야 할 역사적 책임이 오늘날 우리 어깨 위에 있다.

기독교 메시지를 현지인들이 이해할 수 있는 문화로 번역한다고 하여 기독교의 근본 메시지를 훼손해서는 안 된다는 것은 당연하고도 명백하다. 영국의 선교학자 안드류 월즈가 말한 대로 복음을 현지 문화에 편안하게 만드는 '현지화'의 원리는 성경적인 기원에서 나온 것이다. 그러나 동시에 지역과 시대를 넘어서서 어디에나 보편적인 기독교 메시지를 유지하는 '순례자'의 원리 역시 성경이 말하는 바이다. 이 두 가지 원리 중 어느 하나만 취하고 다른 하나는 버려서는 안 된다. 어렵고 힘들어도 둘 다 붙들어야 한다. 기독교의 독특한 가치를 지키면서도 그것을 편안하게 수용할 수 있게 만드는 작업은 힘들지만, 선교사와 전도자가 갈고 닦아야 할 일이다.

그런데 안타깝게도 대부분의 선교현장은 기독교의 독특한 가치에 초점을 둔 순례자의 원리만 강조하고 있다. 선교사는 다른 종교가 말하는 것과는 다른 독특한 기독교 메시지를 전하기 위해서 현장에 간 사람이니까 충분히 이해된다. 선교사가 아니면 누가 순례자의 삶을 살며 독특한 기독교 메시지를 옳게 전달하는 데 신경을 쓰겠는가? 그러나 그럼에도 불구하고 선교사의 궁극적 목적은 그 복음의 가치를 많은 사람이 깨닫고 구원에 이르게 하는 것이 아닌가? 그런데 인도에서 이 복음진리를 깨닫고 교회에 나오는 사람들은 얼마나 적은가! 인도 13억 영혼 가운데 98%의 영혼이 복음 앞에 나서지 않는 이유가, 혹시 선교사들이 긴 부리를 가진 황새(인도인)에게 수프 형태의 복음을 넓은 접시에 담아주기 때문은 아닐까? 황새가 음식을 먹을 수 있게 하려면 반드시 지역 문화의 그릇에 담겨 표현될 필요가 있다.

특별히 인도의 그릇에 담아 기독교 메시지를 전하고자 할 때 최대의 장벽은 인도의 그릇, 곧 힌두교와 인도문화는 모두 거짓/비진리라는 생각이다. 어떻게 진리를 비진리에 담아 표현할 수 있는가? 그러면 진리가 왜곡되고 잘못된 복음을 전할 우려가 생긴다. 우리는 이 점에서 성경적인 관점을 정리할 필요가 있다. 성경적으로 볼 때 타종교/타문화의 많은 부분이 부패되어 있는 것은 사실이지만 그렇다고 하여 그것의 전부가 잘못된 것은 아니다. 비기독교 세계의 모든 것을 다 거짓이라고 보는 관점은 일반계시의 영역을 부정하는 것으로서 성경적인 관점이 전혀 아니다. 일반계시를 다 모아도 사람을 구원에 이르게 하는 특별한 계시 곧 예수 그리스도의 계시가 없는 것은 사실이다. 그럼에도 불구하고 이 세상은 하나님이 제정하신 질서와 법칙이 존재한다. 자연과학은 하나님이 제정하신 진리를 탐구하는 학문이다.

하나님의 진리가 자연에만 있는 것이 아니라 많이 부패되기는 하였지만 인간의 문화와 신앙 속에도 있다. 힌두교 속에도 부분적이긴 하지만 기독교와 공통되는 진리들이 있다. 예를 들어 힌두의 아바타(성육신) 신앙은 기독교의 성육신과 공통되는 점이 있다. 인도의 아바타 신앙에는 물론 십자가가 없고 부활이 없다. 아바타는 한 번만 있는 역사적 사건이 아니라 시대를 따라 반복적으로 이뤄진다. 또한 아바타는 기독교에서처럼 죄인을 구원하기 위한 성육신이 아니라 도리어 죄악을 심판하고 파괴된 정의를 세우기 위한 성육신이라는 점에서 매우 다르다. 그럼에도 불구하고 중요한 것 한 가지가 있는데 그것은 '신이 인간이 되었다'는 개념이다. 이슬람교는 이런 성육신을 인정하지 않기 때문에 같은 아브라함 종교이면서도 예수 그리스도의 신성, 중보자 되심과 구주되심을 부정한다. 그러나 힌두들은 신이 육신을 갖고 세상에 왔다는 아바타 신앙이 있기에 그리스도의 성육신 신앙을 증거함에 아무런 장애가 없다.

또 삼위일체는 어떤가? 힌두들은 브라마, 비슈누, 시바가 각기 다른 신이지만 하나의 신이라는 트리무르띠 신관이 있다. 신의 이름은 틀리지만 기본적으로 삼위일체 개념이 있기에 이슬람과 달리 기독교의 삼위일체를 소개함에 어려움이 없다.

또한 힌두교의 쁘라자빠티라는 신은 본래 창조주였으나 인간이 된 신으로서 인류를 위한 희생제물이 된 신이다. 물론 이 신의 성육신은 역사적 근거가 없으며 인류의 죄를 위한 죽음이었다는 분명한 기록도 없다. 그럼에도 불구하고 인류를 위한 희생제물이 된 이 신은 인류의 죄를 대속하기 위해 하나님의 어린양으로 오신 그리스도를 소개하기에 얼마나 좋은 준비/접촉점/징검다리인가? 그러기에 크리슈나 바너지 같은 인도 기독교인은 베다경의 쁘라쟈빠티 신으로 표출된 인도인의 갈망이 바로 "예수 그리스도 안에서 성취되었다, 예수님이야말로 인도인이 꿈꾸어왔던 바로 그 쁘라쟈빠티"라고 그리스도를 소개하고 있는 것이다.

인도네시아의 섬 이리얀자야에서 선교를 했던 캐나다 선교사 돈 리차드슨은 『평화의 아이』라는 저서에서 각 나라 문화마다 그리스도 복음 메시지를 소개하고 적용할 수 있는 어떤 이야기나, 의식, 전통 곧, '구속적 유추(유비)'가 있다고 말한 바 있다. '평화의 아이'도 좋은 구속적 유추이지만 힌두교 안에는 그보다 더욱 좋고 중요한 '성육신,' '삼위일체,' '희생제사,' 그리고 '신앙으로 말미암는 하나님의 구원'이라는 구속적 유추들을 풍부하게 발견할 수 있다. 슬레이터 선교사가 비유한 대로 힌두교는 전반적으로 거대한 쓰레기 더미라 할 수 있지만, 그 쓰레기 속을 잘 찾아보면 여러 가지 보석들을 발견할 수 있다. 이러한 구속적 유비들은 어디서 왔을까? 마귀가 심어준 것일까, 하나님으로부터 온 것일까? 만일 마귀가 심은 것이라면 마귀는 그리스도의 복음을 받아들이기에 매우 유리하며, 자신에게는 매우 불리한 이런 문젯거리를 왜 넣어둔 것일까? 어거스틴은 헬라의 이교도 철학인 플라톤 철학을 이용하여 복음을 전하면서 '애굽의 금도 금이다'라는 말을 한 것을 기억할 필요가 있다. 애굽의 금도 금, 인도의 금도 금이다. 금은 애굽에 있든지, 인도에 있든지 금이다. 진리는 어디에 있든지 진리이며, 진리는 원천적으로 마귀로부터 나오지 않는다.

만일 우리가 힌두교 속에 거짓되고 부패한 요소도 분명히 있지만 동시에 적기는 해도 하나님으로부터 기원된 진리의 요소가 있다는 것을 인정한다면, 인도의 그릇으로 기독교 메시지를 표현하고 전달할 충분한 이유가 있다고 본다. 부패한 인간의 언어와 사상과 문화이지만 이것을 통해서 구원의 메시지를 전달하는 것이 바로 하나님의 사랑의 신비이다. 그 하나님의 사랑이 열매를 맺기 위해서는 전도자와 선교사의 역할이 중요하다. 선교사는 힌두의 신앙과 문화 가운데 무엇이 부패한 것이고 무엇이 바른 것인가를 분별해주고 가르쳐야 한다. 무엇이 기독교 복음을 소개하기에 적절한 최상의 그릇인지 현지인과 함께 찾아내야 한다. 그 그릇 속에 포함되어 있는 비성경적인 요소를 어떻게 제거하고 보완 설명함으로써 성경적이면서도 인도인이 이해할 수 있는 방식으로 기독교 메시지를 만들 것인가, 이것이 선교사가 할 일이다.

역사상 인도의 그릇에 기독교 메시지를 담아보려고 시도한 많은 시도가 있었는데 그중에 대표적인 몇 가지 예를 들어보자. 먼저 인도의 대다수가 가지고 있는 대중적인 신앙인 박띠(믿음)라는 것이 있는데 이를 가지고 기독교 메시지를 표현한 시도들이 있다. 먼저 박띠 신앙이란 루돌프 오토의 정의에 의하면 "영원하신 하나님과 그분과의 교제를 통해 구원에 이르는 신앙"이다. 이 정의를 보면 알 수 있지만 박띠 신앙은 살아있는 인격적인 신을 믿으며 성육신에 대한 신앙을 가지고 있다. 박띠의 신은 거룩한 신이다. 그러기에 그 신자들은 악을 미워하고 죄를 회개하며 성결한 삶을 살아야 한다. 회개는 죄 사함의 필수조건이며 악을 행하는 자에게는 지옥의 영벌이 기다리고 있다. 반대로 그분의 말씀을 들으며 그분께 대한 신앙과 사랑과 경배를 드리는 자는 구원을 받으며 영원히 그분을 모시고 사는 축복을 받게 된다.

이상에서 알 수 있듯이 박띠 신앙은 기독교와 많은 유사점을 가지고 있다. 그러기에 남인도 지역의 대표적인 기독교 학자이자 교회 지도자였던 A. J. 아빠사미(1891~1975)는 박띠 전통과 그 토대가 되는 라마누자의 철학적 표현이야말로 인도에서 기독교적 메시지를 선포하고 설명하는 데 가장 적합한 도구라고 보고 인도인에게 익숙한 박띠의 틀을 사용하여 기독교 신학을 만드는 시도를 하였다. 첫째로, 그는 『박띠의 방법으로서 기독교』(1928)라는 책에서 인생의 목적은 '내 안에 거하라'고 말씀하신 그리스도 안에서 믿음과 사랑 안에서 인격적으로 연합하는 것이라고 말했다. 이는 그의 신학을 관통하는 주제로서 샹까라(8세기 인도철학자)의 '비인격적인 흡수'로서 형이상학적 연합을 거부하며, 인격적인 순종을 통해 신앙적·도덕적 연합을 강조했다.

둘째로, 그는 『목샤란 무엇인가』 하는 책에서 구원이란 샹까라의 말하는 바와 같이 무지를 제거함으로 얻어지는 지식이 아니라 믿음과 사랑을 통해 그리스도 안에서 누리는 영생이라고 말했다. 셋째로, 아빠사미는 힌두 신앙에서 '안타리야민'(내재자)이라는 용어를 도입하여 성육신하기 이전부터 세상에 내재하는 로고스의 존재를 지칭하였다. 그에 의하면 안타리야민으로서 하나님은 이미 모든 사람 안에 계신다. 그러나 사람들이 이를 온전히 깨닫지 못하고 있기 때문에 하나님의 자기 계시의 좀 더 효과적인 수단으로서 그리스도께서 성육신하셨다는 것이다. 넷째로, 아빠사미는 기존의 아바타 신앙의 도케티즘(가현설)적·반복적·신화적 성육신과 대조적으로 육체로 오신 그리스도, 단회적이고 유일한 성육신, 역사적인 성육신 개념을 제시했다. 또한 악인을 심판하러 오는 크리슈나와 대비해 죄인을 구원하러 오신 그리스도를 강조했다.

아빠사미의 유일한 성육신 개념에 대해서 또 다른 박띠 신학자인 남인도의 V. 차카라이(1880-1958)는 인도 기독교의 성육신 이해는 아바타와 같이 반복적 성격을 가지는 것으로 제시되어야 한다고 주장했다. 차카라이의 새로운 성육신에 의하면 그리스도는 십자가에서 죽으심으로 끝난 것이 아니고 "세상 끝날까지 항상 함께 계시리라"(마20:28)는 말씀대로 성령으로 반복적으로 성육신하여 "내 속에 언제나 함께 거하신다"(갈2:20)는 것이다. 그에 의하면 성육신에는 3단계가 있는데, 첫째 예수 그리스도 안의 역사적 성육신 단계가 있고, 둘째 그리스도의 부활하신 몸의 단계가 있고, 셋째 부활하신 그리스도께서 성령을 통해 인간의 마음 가운데 찾아오시는 오순절 후 성육신 단계가 있다고 한다.

차카라이의 성육신론은 성령을 예수님과 동일시하며, 서구의 전통적인 삼위일체 신앙을 약화시키는 약점이 있다. 그럼에도 불구하고 그는 성령을 예수님께 종속시킴으로써 성령의 역할을 축소시키는 서구신학을 비판하면서, 논리보다 경험을 중시하는 인도인의 관점에서 성령의 성육신적 역할을 강조했다. 경험의 관점에서 볼 때 반복적으로 오지만 일시적으로 왔다가 사라져버리는 힌두교의 아바타와는 달리, 기독교의 성육신은 역사적으로는 한 번 왔지만 성령으로 매일 같이 우리의 마음과 삶에 찾아와서 늘 성육신의 은혜를 체험케 한다는 것이다. 이러한 반복적 성육신 개념은, 인도인에게는 의미 없고 이질적인 성육신의 역사성에 대한 강조나 논리보다, 종교적 경험을 중시하여 매일매일의 삶 속에 함께 하시는 하나님의 은혜를 체험하기를 원하는 인도인들에게 적합하고도 매력적인 인도의 자신학(self theology)이 될 수 있다.

박띠 신앙과 함께 인도의 대표적인 사상으로 우리가 흔히 범신론으로 알고 있는 아드바이따 베단따 사상이 있다. 베단따란 신의 계시된 말씀인 베다의 '목적'이란 뜻으로, 베다의 결론 부분에 해당되는 우빠니샤드를 가리킨다. 샹까라라고 하는 인도의 현자는 이 우빠니샤드가 가르치는 핵심이 아드바이따라고 말했는데, D. S. 샬마에 따르면 샹까라의 가르침의 핵심은 첫째, 브라만이라 불리는 영원하고 비인격적인 절대자만이 유일한 궁극적 실재이며 둘째, 사람 속에 내재하는 영은 절대자의 영과 하나인데 셋째, 이러한 하나 됨을 깨닫지 못함으로 세상에 모든 죄와 고통이 존재하는 것이다. 넷째, 어떤 행위나 신앙으로서가 아니라 신인이 하나임을 깨달음으로써 얻어지는 지식이 모든 업보와 윤회의 짐으로부터 사람을 해방시킨다는 것이다.

이러한 아드바이따 사상의 범신론적 신 이해는, 만물 속에 있지만 만물 위에 계시며 인격적인 신인 기독교의 신관과는 거리가 매우 멀다. 또한 만물 속에서 신을 봄으로써 다신과 미신을 촉진하며, 비인격적인 신성으로 말미암아 인간의 윤리적 삶에 도움이 안 된다. 또한 죄와 구원의 개념이 전혀 달라서 기독교 복음 전달의 도구가 되기보다는 인도 선교의 가장 큰 장애물로 여기는 것이 많은 선교사들과 선교 변증가들의 견해이다. 그럼에도 불구하고 많은 인도 기독교인들이 아드바이따 사상을 가지고 기독교의 복음을 표현한 것은 흥미로운 일이다. 그들은 어떻게 아드바이따 사상을 이용해 기독교 메시지를 만들었는가?

인도신학의 아버지라 불리는 브라만 개종자 브라마반다브 우빠디아이(1861-1907)는 첫째, 유일신론적 신관의 근거로서 베다 경전은 한 분 하나님을 예배하는 유일신 신앙을 가르친다고 주장했다. 둘째, 브라마 사마즈 운동의 지도자 K. C. 센(1838-1884)의 입장을 받아들여 기독교의 삼위일체에 해당되는 인도 기독교의 용어로 삿싯아난다(Sat-Chit-Ananda)를 제안했다. 만물의 원인이 되는 영원한 존재 빠라브라만이 삿(존재)·지성·로고스로서 삽다브라만이 싯(의식), 그리고 본질상 영원한 복이 끊임없이 발출되는 브라만이 바로 아난다(복)라고 말하며 이 세 가지 양상이 한 하나님 브라만의 세 가지 측면과 성품이라고 표현했다. 그는 기독교의 삼위일체 교리는 삿싯아난다로서 베단따의 브라만 개념과 정확히 같은 것이라고 주장했다.

셋째, 우빠디아이는 기독교의 창조 교리를 가장 잘 설명할 수 있는 개념으로 '마야'를 제시했다. 브라만이 신성의 자유로 릴라(놀이)에 의해 세상을 창조하였는데, 마야는 다양하고 의존적이고 유한한 것들을 만들어내는 하나님의 능력을 나타낸다고 했다. 흔히들 마야에 의해 창조된 세상은 미몽으로 알고 있지만, 브라만은 자신이 누군가에 대한 지식을 가지고 있기 때문에 미몽을 낳을 수가 없고, 그러므로 우리가 살고 있는 세상은 미몽이 아니라 실재하는 것이라고 주장했다. 그는 이러한 마야의 개념이 기존에 존재하는 서구의 어떤 기독교 개념보다도 창조의 교리를 더 잘 증거한다고 하였다.

벨기에 예수회 선교사인 리처드 드 스멧(1946-1997) 역시 인도의 기독교는 샹까라의 아드바이따로 표현해야 한다고 주장한 사람으로서, 특히 그는 브라만의 인격성을 강조함으로 아드바이따 사상을 기독교 신학으로 만드는 데 큰 장애물 중 한 가지를 제거하고자 시도했다. 드 스멧에 따르면 일반적으로 브라만을 비인격적인 신으로 잘못 알고 있지만, 인간과 관계하는 사구나 브라만(형태 또는 속성을 가진 브라만)만이 아니라 닐구나 브라만(형태나 속성이 없는 브라만) 역시 인격성을 가진 신이라고 주장했다. 만일 '인격'을 실재하는 존재, 다른 것과 구별되며 완전하고 지성을 가진 존재로 본다면, 샹까라의 닐구나 브라만이야말로 '가장 인격적인 존재'라고 말했다. 왜냐하면 브라만은 실재하는 존재이며, 진리와 아름다움과 지성과 사랑과 축복과 능력을 가진 존재이기 때문에 완벽하게 인격적인 존재라는 것이다.

최근에 은퇴한 비숍대학 종교학 교수 K. P. 에일리즈는 샹까라의 아드바이따 베단따가 예수님을 이해시키는 데 가장 좋은 틀이라고 보고 그 기초 위에 기독교 메시지를 제시했다. 에일리즈가 제시한 예수님은 편재하시고 빛을 비추시며 만유를 통일시키는 최고 자아의 능력이다. 따라서 인도인에게 의미 있는 예수님의 기능은 최고 자아가 모든 시대 모든 장소 모든 만물에 편만하다는 복음을 선포하는 것이라고 한다. 온 세상 사람, 특히 인도인이 갈망하는 예수님의 메시지는, 최고의 자아는 오직 하나로서 모든 육체에 빛을 비추고 있다고 선포하는 것이다.

위의 것들은 주로 사상적인 메시지이지만 이와 달리 가장 인도적인 메시지를 전한 사람으로 알려진 선다 씽의 설교를 보면, 그는 예수님이 사용하셨던 것처럼 많은 비유를 사용하였다. 그는 일상생활과 자연, 자신의 경험, 본인이 읽은 힌두 및 시크 경전 그리고 심지어는 자신의 풍부한 상상력으로부터 나온 예를 들어 설명한다.[52] 이는 라마 크리슈나를 비롯한 많은 인도의 종교 지도자들이 사용하는 방식이다. 또 인도 철학에서도 논쟁 중에 종종 아주 인상적인 비유를 들거나 적절한 속담을 듦으로써 문제를 해결하기도 한다. 썬다도 어떤 교리적 질문이 주어지거나 중요한 주제를 설명할 때 치밀한 논리를 전개하는 방식보다는 생생한 우화나 예화를 듦으로써 그 문제 해결에 빛을 던지는 방식을 사용한다. 예를 들어 죄인 됨을 못 느끼는 사람에 대한 그의 비유를 들어 보자. "우리가 죄인이라고 느끼는 것은 건강하다는 증거이다. 도리어 우리가 죄인 됨을 느끼지 못하면 위험한 것이다. 어느 날 내가 강물 속으로 잠수를 한 적이 있었다. 내 머리 위로 분명 수 톤 무게의 물이 내리누르고 있었지만 나는 조금도 무게를 느끼지 못했다. 그런데 강둑으로 나와 단지에다가 물을 담아 들어 올렸는데 아주 무겁게 느껴졌다. 내가 물속에 있을 때는 더 큰 양의 물도 무게를 전혀 느끼지 못했는데 말이다. 이와 마찬가지로 죄 가운데 사는 죄인들은 자신이 죄인임을 느끼지 못하는 것이다."[53]

다음에는 힌두들이 신의 존재, 신의 은혜는 어느 곳에나 있다고 자랑하지만 왜 반드시 그 신의 존재가 그리스도 안에 성육신으로 제한되어야 할 필연성이 있는지 멋진 비유를 든다. "힌두들은 신이 어느 곳이나 있다고 말하기를 아주 좋아한다. 한번은 내가 강을 건널 일이 있었는데 마침 배가 없어서 어떻게 해야 하나 고민을 하고 있었다. 그런데 한 사람이 바람이 빠진 가죽 보트를 발견하고는 이

---

52 Robin Boyd, *An Introduction to Indian Christian Theology* (Delhi: ISPCK, 1969), 96.

53 Matthew 11:28, "Come to me, all you who are weary and burdened, and I will give you rest(NIV)".*Sermons & Sayings of Sadhu Sundar Singh During His Visit to the Khasi Hills Assam, March 1924*, Compiled by J. Helen Rowlands and Hridesh R. Ghose (Delhi: I.S.P.C.K., 1990), Quoted from *A Collection of His Writings*, 505.

것밖에는 방법이 없다고 말했다. 그래서 우리는 그 바람 빠진 가죽 보트에 바람을 가득 채운 후 안전하게 강을 건널 수 있었다. 그러다가 갑자기 한 가지 생각이 머리를 스치며 지나갔다. 그것은 내 주변에는 많은 공기(신)가 있었지만, 그 공기를 이 제한된 작은 가죽 보트에 집어넣지 않는 한 전혀 도움이 되지 않았다는 것이다. 그러므로 여러 신들 중에서 왜 반드시 그리스도를 믿어야 되는가 하면은 다른 것으로는 길이 없고 공기를 채워 넣은 가죽 보트로만 강을 건널 수 있었던 것처럼 그리스도라는 가죽 보트를 탈 때에만 구원을 받을 수 있기 때문이다."[54]

이상에서 선교사가 전하는 기독교 메시지를 왜 그리고 어떻게 인도의 그릇으로 전달할 수 있는지에 대해 살펴보았다. 그렇다면 인도 그릇 만들기를 잘 해서 효과적으로 기독교 메시지를 전달하려면 오늘날 우리는 무슨 준비를 해야 하는가? 앞에서 기독교 메시지의 여러 예를 들었지만 인도 사람에게 전하는 기독교 메시지는 그의 주신이 크리슈나인지 무르간인지, 아니면 베단타 사상에 익숙한 지식인인지 시골 농부인지 우따르뿌라데쉬 사람인지 남인도 사람인지, 그 사람의 배경에 따라 수많은 다양한 메시지가 필요하다. 이는 우리가 인도의 지역과 종교와 문화와 관습에 대한 폭 넓은 연구가 필요함을 말해 준다. 인도의 그릇을 모른다면 인도의 그릇에 담긴 기독교 메시지를 전할 수는 없기 때문이다. 그러므로 앞으로 올 다음 세대 인도 선교사는 배우는 선교사가 되어야 한다. 인도의 언어를 공부하고, 인도의 신앙과 문화를 공부하는 선교사가

54 B. H. Streeter and A. J. Appasamy, *The Sadhu: A Study in Mysticism and Practical Religion* (London: Macmillan & Co., 1921), 57.

지역과 사람에게 인도의 그릇을 적절하게 만들 수 있기 때문이다. 한 손에는 성경, 다른 손에는 힌두 경전, 이 두 가지에 능숙할 때 훌륭한 기독교 메시지를 만들고 전달하는 선교사가 될 수 있을 것으로 기대한다.

토의할 점

1. 그리스도의 복음을 타문화권 사람들이 편안하게 받아들일 수 있도록 하는 현지화의 원리와 지역에 관계없이 보편적으로 지켜야 할 성경의 가치에 대한 순례자의 원리의, 성경적 기원에 대해 말해 보라. 또 이 두 가지 원리 중 어느 하나도 버리지 않고 지켜 나가는 것이 타문화권 선교에 왜 중요한지 토의해 보라.

2. 힌두교 속에 있는 구속적 유추에 대해 예를 들어 보라. 인도의 그릇에 담아 복음을 전한 예를 들어 보고 어떻게 하면 복음에 대한 오해를 막고 힌두들이 이해할 수 있는 복음을 전할 수 있는지 토의해 보라. 부패를 피할 수 없는 제한된 인간의 언어와 문화를 통해 인류를 구원하시는 하나님의 사랑의 신비에 대해 말해 보라.

인도 기독교 신명 비교

영어의 'God'이란 신명은 로마에서 파견된 캔터베리의 어거스틴이 영국 남부의 색슨족을 전도할 때, 당시 앵글로 색슨족의 최고 신명인 Wodan과 롬바르드족의 최고신인 Godan의 축약 형태를 사용한 데에서 기원되었다고 한다. 한국 역시 샤머니즘의 최고신인 하나님(하느님)을 채택하여 기독교의 신을 소개했다.

그렇다면 인도에 온 선교사들은 기존에 어떤 말을 사용하여 인도인에게 기독교의 하나님을 소개했을까? 인도 최초의 개신교 선교사 지겐발크는 로버트 드 노빌리와 함께 남인도에서 '싸루웨수란'(saruvesuran)이란 말을 사용했다. 이 단어는 쌀와(sarva, 모든)와 이쉬와르(Ishwar, 신)를 합하여 만든 신조어였다. 그런데 같은 독일 선교사 요한 파브리키우스(Johann P. Fabricius)는 1798년 출판된 따밀어 성경에서 지겐발크가 만든 말을 버리고 '빠라빠란'(paraparan: 초월적이면서 내재적인 신)이란 또 다른 말을 만들었다. 이교도의 신명을 그대로 가져다 쓰는 부담 때문에 나름대로 기독교적 의미를 살려 교회 용어를 만드는 시도들을 한 것이다. 그러나 인도인이 사용하지 않는 이런 말은 성경의 이해와 기독교 메시지 전달을 어렵게 만들었다. 특히 상층 카스트의 강력한 저항을 받으면서 그들이 이해할 수 있는 성경 번역의 필요성이 대두되었다. 이런 배경에서 존 헤이(John Hay) 선교사가 1854년 출판한 뗄루구 성경에서 '데바(deva)'를 사용하였는데, 이는 힌두들이 신을 지칭하는 보통명사였다.

남인도와 달리 북인도에서의 신명은 다수의 지역 언어로 성경 번역을 주도했던 윌리암 캐리의 영향을 크게 받았다. 캐리는 여호와를 지칭할 때 '옴'(Om)을 잠시 사용하기는 했지만, 그가 번역한 성경에서 사용한 신명은 모두 '이쉬와르'였다. 이리하여 이쉬와르가 보편화되었지만 클락과 존은 '최고의 영'이라는 의미로 '파라마뜨만'(paramatman)을 제안하기도 했다. 폴과 프란시스 히버트(Paul and Frances Hiebert)는 데바(Deva)와 함께 브라만(Brahman)을 제시했다. 인도기독교 신학자로 저명한 영국인 로빈 보이드(Robin Boyd)도 '브라만'을 사용할 것을 제안했다.

선교사들이 이처럼 다양하게 기독교의 신명들을 제안하였지만, 실제 그것의 사용은 지역과 언어별로 다르다. '데바'는 영국 및 해외 성서공회에 따르면 남인도의 까나라어, 말라얄람어, 따밀어, 뗄루구어, 마라띠어 등 15개 번역본에서 사용되고 있다. 따밀어 성경은 번역본에 따라 '데바'와 '이쉬와르'를 둘 다 사용하기도 한다. 이에 비해 '이쉬와르'는 북인도의 벵골어, 구자라띠어, 힌디어, 뻔잡어, 오리야어, 산딸어, 신드어 그리고 티벳 부족어를 포함하여 34개의 번역본에 나타난다. 그 외에 오리야어 포함 10개의 번역본의 경우는 '이쉬와르' 앞에 '최고'라는 말이 첨가된 '빠르메쉬와르'(parmeshwar, 최고신)를 사용했다. 이와 달리 무슬림 배경 지역에서는 페르시아의 신명인 '쿠다'(khuda) 또는 '코다'(khoda)를 사용한다.

이렇게 인도 기독교의 신명으로 여러 가지가 사용되지만 '데바'와 '이쉬와르/빠르메쉬와르'가 가장 많이 사용된 것을 볼 수 있다. 이제 이 두 가지 중 어느 것이 기독교 이해와 전파에 더 적절한 신명인지, 혹시 또 다른 대안은 없는지 살펴보기로 하자. 먼저 따밀과 뗄루구 등 남인도 성경 번역에서 선교사들이 데바를 신명으로 채택한 이유는 무엇인가? 그것은 데바가 '초자연적'이고 '전능한' 신이지만 힌두들에게 '친숙한' 신명은 아니었기 때문이다. 왜 '친숙하지 않은' 신명을 필요로 했느냐 하면 힌두들이 대중적으로 많이 사용하는 신명을 기독교 신명으로 사용하는 것을 여전히 꺼렸기 때문이었다. '데바'의 또 다른 장점은 산스크리뜨어 경전에서 '데바'라는 신은 언제나 참신을 거짓 신과 구별할 때 사용되었다는 점이다.

그럼에도 불구하고 데바는 윌리엄 캐리를 비롯해 북인도 선교사들의 번역본에서 신명으로 사용되는 것이 거절되었다. 그 이유는 데바가 주는 다신교적 인상 때문이었다. 리그베다에 브라마, 비슈누, 시바, 가네샤, 하누만, 인드라 등 33개의 신명이 나오는데 이들 모두 초자연적 존재로서 각각을 데바라고 불렀다. 이렇게 다수의 데바들이 나오기 때문에 캐리, 틸랜더 등은 데바가 다신교 냄새를 풍기는 용어라고 보았으며, 후퍼는 데바가 주신이 아니라 주변의 작은 신을 가리킨다고 했다. 데바는 남성 신인데, 여성 신으로는 '데비'(devi)도 있다.

그러나 후퍼의 말과는 달리 비슈누, 시바와 같은 주요 신도 베다 경에서 데바라고 칭한 것을 보면 데바가 하위의 열등한 신이라는 주장은 근거가 약해 보인다. 또한 성경번역이 이뤄진 19세기와는 달리 데바는 오늘날 전 인도에서 '초자연적 존재'로서 신을 지칭하는 보통명사로 많이 사용되고 있다. 그리고 만일 서구식 유일신교적 관점을 버리고 막스 뮐러가 말했던 인도식 유일신 신앙(henotheism, 단일신교)의 관점에서 본다면, 데바는 여러 다신 중의 하나라기보다는 주신 또는 최고신 개념으로 이해할 수 있다. 만일 데바를 이렇게 이해한다면 다신교 개념으로 인한 부정적 인상을 많이 지우고 기독교의 신명으로 계속 사용가능하다.

다음으로 북인도에서 많이 쓰는 신명인 '이쉬와르'는 어떤가? 이쉬와르의 최대 장점은 힌두의 제 신명 중에서 기독교의 유일신 개념뿐 아니라 인격신 개념에도 가장 가깝다는 점이다. 다르마뿌스타까 경전을 보면 이쉬와르는 결코 복수형으로 사용된 적이 없다. 대부분의 산스크리뜨 문헌에서 이쉬와르는 거의 단수로만 사용되는 것이다. 문자적으로 이쉬와르는 '최상의 아름다운 것의 주인,' '축복의 지배자'인데, 힌두 문헌에서 '최고의 존재, 지배자, 주, 왕, 인격신'의 의미로 사용되었다. 비슈누파에서 이쉬와르는 최고신인 비슈누와 동의어이고, 시바파에서는 시바와 동의어이다. 근대의 아리야 사마즈와 브라모 사마즈 힌두 부흥운동 시기에 이쉬와르는 힌두들 가운데서도 전능한 유일신 신명으로 사용되었다.

그러나 이쉬와르의 경우 한 가지 치명적인 문제는 줄리우스 리히터(Julius Richter)가 지적한 대로 인도의 궁극적인 신인 '브라만'에 비해 열등한 하위의 신에 속한다는 것이다. 인도의 유일신론적 박띠 전통 등에서 이쉬와르가 최고신 개념을 가질지는 몰라도, 베단타 포함 인도 철학 전체에서는 아니다. 리히터에 따르면 이쉬와르는 철학적으로 마야(미몽)의 영향을 받는 낮은 수준의 신, 무력한 존재이다. 남인도 선교사들이 '데바'의 약점에도 불구하고 '이쉬와르'를 신명으로 채택하지 않았던 이유가 바로 이 때문이다. 이쉬와르의 인격성이나 유일신에 대한 강조는 기독교의 관점에서 중요할지 몰라도 힌두들은 그렇지 않다. 힌두신화 체계에서 이쉬와르의 위치를 안다면 아무리 '빠르메쉬와르'로 불러도 그것은 신의 위계 체계 중 최고 '위에 있는' '최고의 존재'는 아닌 것이다.

이상에서 볼 때 인도에서 현재 가장 많이 사용되는 두 개의 신명이 장점도 있는데 단점도 만만치 않아 보인다. 그렇다면 이것 말고 다른 대안이 되는 신명은 없는가? 먼저 틸랜더와 초두리(Nirad C. Chaudhuri)가 힌두에게 그리스도를 소개하기에 가장 적합한 용어라고 말한 '바그완'(bhagwan)에 대해 살펴보자. 바그완은 '존경하는, 복 있는, 거룩한'이란 뜻으로 최고신, 또는 주신에 대한 별칭으로 사용되는 신명이다. 바그완은 또한 신의 완전한 계시, 최고 존재, 절대적 진리, 인격적 신으로 인식된다. 그러기에 특별히 비슈누파에서는 크리슈나를 비롯한 비슈누의 아바타 신을 일컫는 칭호로 사용된다. 초두리는 기독교 신명으로서 '바그완'의 장점을 이렇게 말했다. "기독교와 이슬람교의 하나님에 해당되는 한 분이신 하나님으로 가장 많이 사용되는 이름은 바그완이다. 그는 인격적인 하나님이면서도 결코 외형적인 인간적 모습으로 나타난 적이 없는 하나님이다. 그는 전지전능한 하나님이며, 자비로우면서도 공의의 하나님이다. 슬픔과 곤경 중에 힌두가 언제나 찾고 부르짖는 신이 바로 바그완이다. 한 가지 문제는 바그완이 결코 예배의 대상이 되었거나 정기적인 기도 중에 불리는 이름은 아니라는 것이다. 그러나 바그완이야말로 힌두 신앙에 있어서 진정한 유일신이다."

그러나 벤자민 래(Benjamin Rai)는 데바, 이쉬와르와 비교하는 신명 논의에서 바그완을 셋 중 가장 적절하지 않은 신명으로 보았다. 그에 의하면 '바그완'은 우선적으로 람과 크리슈나를 연상하게 된다고 한다. 심지어 바그완은 성적인 의미도 함축하기 때문에 성경 번역뿐 아니라 찬송이나 기도 때에도 그 사용을 금해야 한다고 주장했다. 이와는 조금 다른 관점에서 클락과 존(Clark and John)은 바그완이 '하나님'을 가리키는 말이라기보다는 '주님'을 가르키는 말로 더 적절할 것이라고 했다. 실제로 바그완은 신의 '주' 되심에 대한 존경의 칭호로 신명 앞에 바그완 라마, 바그완 크리슈나, 바그완 시바 등과 같이 사용되는 것이 사실이다. 그러나 '주, 주인, 공급자, 보호자'의 의미로는 이미 '쁘라부'(prabhu)가 사용되고 있다.

  바그완과 함께 고려할 수 있는 기독교 신명의 대안으로 폴과 프란시스 히버트(Paul and Frances Hiebert)는 산스크리뜨 어원사전에서 '브라만'을 제시했다. '브라만'은 힌두 종교/철학의 주요학파인 베단타, 상키야, 요가학파에서 유일한 궁극적 실재이며 모든 존재의 근원이다. 이 브라만의 별칭이자 브라만에 대한 인간의 주관적 경험이 기술하는 본질은 '삿싯아난다'(Sat−cit−ananda: 존재−의식−기쁨)이다. 그러기에 브라만은 무신론적 아드바이따 철학에서도 최고 존재일 뿐만 아니라 유일신론적 신앙의 전통에서도 브라만은 삿싯아난드의 이름으로 비슈누, 시바와 동급의 최고신으로 간주되었다.

  『인도 기독교신학 서론』을 쓴 영국의 로빈 보이드(Robin Boyd)는 인도의 여러 신명 가운데 '브라만'을 제일 나은 것으로 보았다. '데바'는 복수 형태로 자주 사용되는 점, '이쉬와르'는 격이 낮은 신이라는 점에서 제외되었다. 반면에 요한복음에서 그리스인들에게 최고신 개념으로 로고스를 사용하여 그리스도를 증거한 것과 같은 논리로, 이쉬와라보다 더 높은 최고신으로서 '브라만'을 신명으로 제안한 것이다. '브라만'을 사용할 경우의 약점이라 할 수 있는 브라만의 '비인격성' 문제에 대해서는 브라만이 '속성이 없는' 닐구나(nirguna)로 존재하지만 이 세상과의 관계에 대해서는 사구나(saguna)

로 자신을 나타낸다고 말했다. 브라만은 감춰져 있는 신이면서 동시에 자신을 계시하며 사람들과 관계하는 신이라는 것이다.

'브라만' 또는 '삿싯아난드'라는 신명이 기독교 성경 번역본 중에 사용된 예는 없다. 그럼에도 불구하고 인도인이 이해할 수 있는 인도 기독교를 세우는 데 관심을 가졌던 선교사들은 베단타 사상으로 기독교 신앙을 표현할 필요성을 역설해 왔었다. 인도 기독신학의 아버지 브라마반답 우빠디아야(Brahmabandhav Upadhyaya)를 비롯해서 에일리어스(K. P. Aleaz), 막 라오(Mark Sunder Rao) 등 인도 기독교인들도 베단타의 최고신명인 브라만, 또는 삿싯아난드로 제시해 왔다. '브라만'을 신명으로 할 때의 또 하나의 장점은 우빠디아야가 시도한 예에서 알 수 있듯이 삿싯아난드를 통해 기독교의 삼위일체 신론을 소개하기가 수월하다는 것이다. 힌두교의 신은 세 개의 다른 신성으로 존재하는데 그 셋은 본질상 하나로 이해하기 때문이다.

결론적으로 성경 번역을 통해 이미 고착화되었기 때문에 남인도에서는 계속해서 '데바'를, 북인도에서는 '이쉬와르'를 신명으로 사용하겠지만, 변증과 전도의 차원에서는 브라만/삿싯아난드를 사용하는 것이 유용할 것으로 보인다. 힌두에게 최고신, 유일신, 삼위일체를 소개하는 데 좋을뿐더러 닐구나, 사구나 개념을 사용하면 인격신 개념을 이해시키는 것도 어렵지 않기 때문이다. 그러나 위에서 보았듯이 어느 인도 신명을 채택하든 완벽한 것은 없다. 각 신명의 장점이 있지만, 성경적 관점에서 볼 때 어떤 점들이 미흡한지를 분명히 알려주지 않으면 힌두 배경의 신자들은 필연적으로 오해할 수밖에 없다. 그러기에 선교사와 목사는 올바른 기독교 신 이해가 올 때까지 양쪽 종교의 신명에 어떤 차이가 있는지 지속적으로 교육이 필요하다.

1. '데바'와 '이쉬와르'가 왜 남인도와 북인도에서 대표적인 신명으로 남게 되었는지 그 이유를 말해 보라.

2. 기존 신명의 문제를 보완하는 대안으로 '바그완'과 '브라만'을 채택할 경우의 장점과 문제점에 대해 말해 보시오. 힌두 배경을 가진 구도자, 교인들의 경우와 기독교 배경의 신자들 간에는 각각 어떤 신명을 사용하는 것이 좋으며, 어떤 교육이 지속적으로 필요한지 토의해 보라.

힌두의 제사 개념과 십자가 메시지

어느 나라 어느 문화권에서 기독교 메시지를 전하든 복음의 핵심은 예수 그리스도께서 하신 일, 곧 십자가와 부활 사건을 증거하는 것이다. 유대인은 동물 제사제도와 대속개념이 있었기에 십자가 사건을 쉽사리 이해할 수 있었다. 그런데 인도는 제사 개념을 가지고 있기는 하지만 과실이나 꽃을 제물로 바치는 식물 제사가 보편적이다. 동물 제사는 동인도 벵골의 두르가 뿌자, 남인도의 시골 부족민, 그리고 샥띠파[55]에게서 주로 보여지는 제한적 관습이다. 게다가 동물을 잡고 피를 뿌리는 것이 갖는 의미는 기독교와 전혀 다르다. 그러기 때문에 힌두권 사람들에게 그리스도께서 하신 사역을 소개하기가 꽤 까다롭다. 많은 인도 전도자들과 기독교 신학자들이 그리스도의 속죄사역에 초점을 맞춘 구원론을 전개하기보다는 그리스도의 인격과 성육신 그리고 사역에 있어서 기적적인 능력을 강조하는 이유이다. 그리스도의 사역보다는 그 분의 신적 존재와의 연합을 통한 구원 개념이 힌두들에게 호소력이 있어 보이기는 하다.

그럼에도 불구하고 그리스도께서 십자가상에서 우리를 위해 죽으신 속죄의 사역, 그 위대한 사랑을 결코 빠뜨릴 수는 없다. 그러기에 힌두로 하여금 그리스도께서 하신 일의 의미를 당장에 완벽

---

55 여신 샥띠를 최고신으로 모시는 힌두교의 주요 교파 중 하나.

하게 이해하게 하기는 어렵다 할지라도 우리는 최대한 그들이 이해할 수 있는 십자가의 메시지를 만들기 위해 힘써야 한다. 이 작업과 관련해서 영국의 알프레드 호그 선교사는 두 가지 대조적인 시도를 한 바 있다. 하나는 인도인이 가장 무겁게 여기는 윤회의 짐에서 해방시키는 예수 그리스도의 초자연적 능력에 대한 강조이다. 또 다른 하나는 죄와 속죄에 대한 성경적 개념이 없는 힌두에게 죄의식과 속죄 개념을 새로이 심는 방법이다. 그러나 호그의 시도 역시 그리스도의 사역보다는 존재를 통한 기존 접근법과 크게 다르지 않다. 또한 죄에 대한 개념을 새로이 만들자고 하는 것은 맨 마지막에 취할 수 있는 선택이지 처음부터 시도할 일은 아니다. 왜냐하면 힌두의 기존 종교·문화적 개념과 사고는 새로이 들어오는 외래적인 개념과 사고의 틀을 결코 이해하지 못하여 거부하거나 무시해 버리기 때문이다.

이런 이유로 가능한 한 인도인의 문화적 배경과 연관시켜 그리스도의 속죄사역을 이해시킬 필요가 있다. 그러면 힌두 배경의 인도인에게 어떻게 그리스도의 죽으심의 의미를 이해시킬 수 있을까? 먼저 인도인의 입장에서 십자가를 이해하고 받아들이기 어려운 점이 무엇인가를 알아야 한다. 그들은 죄지은 자가 그 대가로 죽음의 형벌을 받아야 한다는 서구의 법률적 관점에 익숙하지 않다. 얼핏 인도 사람은 업보 교리가 있기 때문에 행위에 대해 대가를 치르는 개념을 잘 이해할 것으로 생각할 수 있다. 그러나 힌두의 종교적 관점에 따르면 죄악된 행위의 결과가 죽음으로 끝나는 것이 아니라 요괴나 벌레나 혹은 또 다른 존재로 다음 생을 계속 이어간다고 믿는다. 그들에게도 범죄한 자가 들어가는 지옥이 있지만, 그곳은 한 번 들어가면 나오지 못하는 곳이 아니라 거쳐 가는 과정일 뿐이다. 긴 세월이긴 하지만 지옥에서 업보를 치른 후 다음 생에서는 더 나은 기회가 주어질 수 있다. 요괴생활을 하다가 신의 말씀을 듣고 마음을 돌이켜 구원에 이를 수도 있다. 이렇게 두 번째, 세 번째 그리고 수많은 기회가 주어지는 윤회의 틀을 가지고 있는 인도인의 관점에서 보면 한 번 죽어 지옥으로 가면 더 이상의 기회가 없는 기독교의 가르침은 받아들이기 어렵다.

또 힌두가 기독교의 대속론·속죄론을 어려워하는 것은 동물 제사에 친숙하지 않은 데다가 설사 동물을 제사로 바칠지라도 그 동물이 자신들의 죄를 위해 대신 죽는다는 개념이 없기 때문이다. 인도인의 동물 제사를 바치는 대상은 비슈누나 시바와 같은 주요 신이 아니라 마을 여신이나 악령들이다. 여신들과 악령들의 진노를 달래기 위해 그들이 좋아하는 피를 바치는 것이다. 이처럼 힌두교에는 예배자가 자신과 제물을 동일시하는 개념이 없기에 예수님이 십자가에 피 흘리신 사건을 볼 때 그것이 자신들을 위한 대속의 죽음인 것을 깨닫지 못한다. 그들의 눈으로 볼 때 예수는, 사탄이나 악령이 주는 괴로움에서 벗어나기 위해 그들에게 바쳐진 제물일 뿐이다. 그들은 또한 신이 십자가에서 고통받는 것도 이해가 되지 않는다. 그런 신은 무력한 신으로 보이기 때문이다.

그러나 인도의 전통적인 철학적, 종교 개념 가운데 기독교의 속죄 개념과 관련지을 수 있는 부분이 전혀 없는 것은 아니다. 알렉산더 더프 선교사의 제자로서 비숍대학 신학 교수였던 크리슈나 바너지는 베다의 신 쁘라자빠띠(prajapati, 창조주)를 배경으로 화목제물 예수 그리스도를 증거한 최초의 사람이다. 쁘라자빠띠는 자기희생을 통해 만물을 낳은 창조주이다. 바너지는 이 쁘라자빠띠를 리그베다 그리고 그 주석서인 브라흐마나에 나타나는 동물의 희생을 통한 대속 개념과 연결시킨다. 그리고 쁘라자빠띠를 통해 인도인이 갈망하는 죄 사함(구원)이 화목 제물이신 그리스도 예수 안에서 온전히 성취되었다는 기독교 메시지를 전했다. 베다경에는 희생제물과 관련된 사죄의 선언이 나온다. "이 제사를 받으시고 우리를 모든 죄로부터 안전하게 지켜주시옵소서(리그베다 10.113.10)" 베다의 주석서인 브라흐마나의 선언은 좀 더 구체적이다. "네 모든 죄는 사함 받았느니라. 알고서 지은 죄, 모르고 지은 모든 죄가 사해졌느니라."(탄디야 마하브라흐마나)

이러한 베다의 선언에서 우리는 고대 인도인들 역시 동물의 희생이 인간의 죄를 속한다는 대속 개념이 있는 것을 알 수 있다. 여기서 인간의 죄가 어떻게 동물에게로 전가될 수 있는가에 대해서 바너지는 '신비한 동일시'라는 말로 설명한다. '동일시'가 되어야 죄의 전가가 가능한데 그것은 인간의 이성으로 설명이 되지 않으므로 바너지는 이것을 '하나님의 신비'의 영역으로 돌린 것이다. 바너지 이후 적지 않은 힌두 전도자들이 '인간이 된 창조주' 쁘라자빠띠와 그의 '희생제사'를 그리스도의 십자가 메시지와 연결시키며 복음을 전하고 있다. 그러나 쁘라자빠띠의 희생제사는 신들과 인간과 만물을 낳기 위한 과정이지 인간의 죄를 위한 속죄와 직접적으로 연관시킬 수 있는 증거는 없다. 또한 힌두 경전의 맥락과 관계없이 일부 유사점을 근거로 모든 것을 성경과 연결시키려고 한다면 힌두들에게 설득력을 주기 어렵다.

쁘라자빠띠의 희생제사는 그리스도를 소개하기 참 좋은 구속적 유추가 될 수 있는데 문제는 이것이 고대적 개념이고 지금에 와서는 그런 개념에 대해서 극히 일부 지식인 외에는 잘 알려져 있지 않다는 것이다. 그래서 오늘날 인도인들에게 친숙한 개념으로 우리를 위해 죽으신 그리스도의 사역을 증거하려면 인도 예배의 중심이 되는 불과 코코넛 깨뜨리기의 의미를 소개하는 것이 좋지 않을까 생각한다. 불은 인도의 가정과 사원에서 드리는 예배에서 핵심이다.[56] 이 불이 상징하는 신 아그니는 악을 태우는 빛으로서, 바쳐지는 제물의 부정함과 죄악을 모두 불태운다. 이로써 제물을 바치는 자는 모든 죄를 용서받을 수 있게 된다. 또한 불은 중보자로서 인간에게 가장 가까이 있으면서 인간을 하늘의 가장 높은 곳으로 인도한다. 불은 모든 것을 파괴하고 죽음에 이르게 하는데 믿음 안에서 새로운 형태의 존재로 탄생되며 변화하게 된다. 인도의 제사에서 '불'이 갖는 이러한 상징은 설명하기에 따라 십자가, 속죄, 부활의 복음을 증거하는 소재로 활용할 수 있을 것으로 보인다.

불과 함께 코코넛을 깨뜨리는 의식 역시 힌두의 십자가 이해에 도움을 주는 제의적 요소라 할 수 있다. 힌두 신화에 따르면 현자 바쉬와미뜨라가 신을 기쁘게 하고 인간과 동물 제사를 그치게 할 목적으로 코코넛을 만들었다고 한다.[57] 그러므로 코코넛은 불과 함께 힌두교에서 제사의 상징이라 할 수 있다. 과거에는 동물 또는 사람을 정기적인 제물로 바쳤지만, 이제는 동물 대신 코코넛을 깨뜨리는 것이다. 남인도 티루빠티에서는 일반인도 코코넛 제사를 드

---

56 Thomas Matthew Kolamkuzhyyil, *The Concept of Sacrifice in Christianity and in Hinduism A Comparative Study*, Ph. D. Thesis of the University of Lucherne, 2016.

57 Robin Laurance, *Coconut: How the Shy Fruit Shaped Our World* (Gloucestershire: The History Press, 2019), 283.

릴 수 있지만, 공식적으로는 브라민이 코코넛을 깨뜨린다. 어떤 이들은 코코넛 밑 부분에 난 세 개의 구멍이 인간 얼굴의 모습을 한다고 믿는다. 코코넛을 깨뜨릴 때 동물 제사에서 염소를 잡듯 머리 부분을 쳐서 부숴뜨린다(도살을 한다). 여기서 부서진 코코넛은 죽임 당한 제물의 몸을 나타내고, 흘러나오는 코코넛 물은 피의 역할을 한다. 제사를 마친 후 제물을 바친 자는 코코넛 과육을 먹는다. 이로써 제물은 자신을 온전히 희생한다. 코코넛이 상징하는 진정한 행복과 번영, 구원은 이처럼 십자가에서 부서지고 피 흘리신 그리스도 안에서 얻을 수 있음을 증거할 수 있겠다.

그리스도의 사역은 이 외에도 물 또는 바다에 빠진 자를 구출하는 전통적인 힌두 신화의 비유를 통해 증거되기도 한다. 또한 보편적인 것은 아니어도 인도의 일부 지역에서는 어떤 사람이 죽음에 임박할 때 그가 행한 죄를 브라민 사제가 자신에게 전가하는 의식을 집행하는 곳도 있다. 또 시바파 힌두교의 주신인 시바는 닐라칸타(Nilakantha), 푸른 목을 가진 신으로 알려져 있는데 이는 그가 세상이 할라할라라는 독으로 멸망에 처하게 되었을 때 그 독을 마신 데서 비롯된 이름이다. 물론 시바는 불멸의 신이기 때문에 죽을 수는 없지만, 그의 희생적 행위로 말미암아 인류가 구원을 받게 되었다는 것은 힌두들이 갖고 있는 또 하나의 대속 개념으로 볼 수 있다. 이뿐 아니라 시바파 경전인 시단타 티루나불까라사 265−8에는 흥미롭게도, 잃어버린 아들을 찾기 위해 사냥꾼이 된 왕의 이야기가 나온다. 이 이야기에서 왕은 백성을 건지기 위해 자기 목숨까지 버린다. 지역과 종파와 사람에 따라 그들의 신앙과 의식에 박혀 있는 이런 이야기들을 적절히 활용하면 그리스도께서 하신 희생적 사랑, 대속적인 죽음의 의미를 소개하는 데 적지 않은 도움이 되리라 본다.

힌두교의 아바타들은 크리슈나와 같이 사냥꾼의 화살에 맞아 죽기도 하고, 라마와 같이 스스로 물속에 빠져 죽어 하늘에 올라가지만, 죽었다가 다시 살아나는 부활 사건은 찾아볼 수 없다. 그러기 때문에 힌두들뿐 아니라 많은 기독교인들도 부활절은 지키지만 그 의미를 이해하지 못하며 흥미를 갖지 못한다. 힌두 배경을 가진 사람들에게 부활 사건은 예수님이 다른 신들보다 더 강력한 신이라는 의미 정도로 보인다. 기적의 연장선상에서 예수 그리스도의 신으로서의 능력의 과시라는 측면에서 이해하는 것이다. 이렇게 인도인에게 그리스도 부활이 인상적이지 못한 것은 죽음으로 사람의 삶이 끝이 아니고, 그 이후에 계속 다시 태어나고 또다시 태어나는 윤회를 믿기 때문인 것으로 보인다. 윤회관을 갖는 힌두의 입장에서 보면 용어만 다를 뿐이지 자신들도 '죽었다가 다른 육체를 갖고 새로 태어나기 때문에' 예수님의 부활이 특별한 것으로 보이지 않는 것이다. 그러기에 힌두에게 부활신앙의 의미를 가르치려면 먼저 완전한 인간으로서의 예수님의 인성을 잘 이해시킬 필요가 있다. 왜냐하면 힌두 신이 인간으로 되었다고 하는 아바타 신앙을 가지고 있다고 하지만 많은 경우 임시적으로 사람으로 변장한 것 또는 미몽의 모습으로 나타난다고 이해하기 때문이다. '진짜 인간'이 정말로 '완전히 죽었다'는 사실부터 인식시켜야 한다. 그래야 부활 사건이 주는 의미에 대한 관심을 불러일으킬 수 있다.

1. 힌두들은 왜 동물 제사를 거부하는 것일까? 식물 제사가 현재 힌두 예배의 주류이지만 이 가운데 그리스도의 속죄사역을 이해하는 데 도움이 되는 의식과 상징에는 어떤 것들이 있는지 이야기 해보라.

2. 힌두 문화 속에 그리스도의 십자가 죽으심을 소개할 수 있는 구속적 유추로는 어떤 것들이 있으며 이것을 어떻게 복음전파에 활용할 수 있는지 토의해 보라.

인도 문화의 관점에서 본 기독교 메시지 전달의 역사

　　인도에서 기독교는 장장 2천 년의 선교 역사를 가지고 있음에도 불구하고 기독교 인구는 겨우 2.2%에 불과하다. 그것도 앞에서 말한 대로 기독교인의 절대 다수가 최하층 천민이다 보니 인도의 기독교는 '천민의 종교'로 일컬어지고, 무엇보다 기독교는 대부분의 사람에게 여전히 '외국 종교, 남의 나라의 종교'로 취급된다. 왜 그럴까? 무슨 일이 벌어졌던 것일까?

　　사두 선다 씽(Sunder Singh)은 인도 기독교인 중 가장 널리 알려진 사람이자, 수난드 수미트라(Sunand Sumithra)에 의해 가장 인도적인 전도자, 가장 열매를 많이 맺은 전도자로 평가받는 사람이다. 그는 '그리스도의 생명수를 인도의 컵(그릇)에' 담아 전하자는 주장을 오랫동안 외친 사람이다. 이는 그리스도의 복음이 인도인은 이해할 수도 없고 불편하기 그지없으며, 부정하게 여겨 기피하는 서양의 컵에 담아 전해지는 현실을 타파하고 복음을 인도 주류 사회로 심기 위한 제안이었다. 그러므로 선다 씽의 이 말은 이천 년의 기독교 역사를 가진 인도에서 왜 기독교가 여전히 외국 종교로 남아 있고 무엇 때문에 대부분의 사람들이 그것을 거절하는지 잘 보여준다. 이는 복음 때문이 아니라 복음이 서양의 그릇에 담겨, 서양의 옷을 입고 있기 때문이라는 것이다. 같은 맥락에서 오늘날 대표적 힌두 전도자 중의 한 사람인 다야난드 바라띠(Dayanand Bharati) 역시 이렇게 말했다. "서양 선교사가 실패한 이유는 바로 이것이다. 그들은 인도 현지 문화에 적응하고 수용하기보다는 도리어 자신들의 문화를 보존할 뿐만 아니라 개종자들로 하여금 이질적인 서양의 문화를 받아들이도록 권면하였던 것이다."[58]

이질적인 외국의 그릇이 아니라 인도 자체적인 그릇의 사용이 얼마나 중요한가는 인도 선교 2천 년의 역사가 증명해 준다. 긴 역사를 짧은 시간에 다 말할 수는 없는 관계로 이 글은 인도 선교 역사의 전반적인 흐름을 인도 문화의 관점에서 살펴보는 데 주안점을 두고자 한다. 2천 년의 선교 역사를 다음의 세 시기로 나누었다. 첫째는 사도 도마의 선교로부터 시작해서 15세기까지로 고대 및 중세에 걸쳐 존재했던 도마 교회의 선교시대, 그리고 1498년 포르투갈인 바스코 다 가마(Vasco da Gama)의 인도 방문과 함께 시작된 근대 서양인의 선교시대, 마지막으로 1947년 영국으로부터 독립한 이후 지금까지 진행되고 있는 현대 인도교회의 선교시대이다. 인도 문화의 관점에서 인도 선교역사를 살펴보는 것은 자연스럽게 한인들의 인도선교를 돌이켜 볼 수 있고 서양과는 달리 우리는 어떤 방향으로 가는 것이 좋을지 그 길을 찾을 수도 있다.

(1) 고대 및 중세의 선교: 도마 교회와 인도의 그릇

좁은 의미로 상층 카스트 배경의 남인도 께랄라 기독교인을 도마 교인이라고 하는데, 그들은 1653년 교회가 분열되기 이전까지

---

58 Dayanand Bharati, *Living Water and Indian Bowl: An Analysis of Christian Failings in Communicating Christ to Hindus, with Suggestions towards Improvement,* (Delhi: ISPCK, 1997), 19.

하나의 교회를 이루며 살아왔다. 이 도마 교회의 기원은 기원후 52년 지금의 코친 북쪽 크랜가노르에 도착하여 남쪽 해안가에 7개의 교회를 세운 것으로 전해지는 사도 도마이다. 이렇게 도마의 남인도 전래설도 있지만, 도마행전을 기초로 북인도와 빠르티아(지금의 파키스탄)에 와서 사역했다는 설도 있다.『인도 교회사 서론』을 쓴 퍼스(C. B. Firth) 같은 학자는 도마가 남과 북 양쪽을 다 다니면서 복음을 전했다고 보는 입장을 갖고 있다.[59] 흥미로운 점은 남쪽에서 도마는 최상층인 브라만 계급에게 복음을 전한 것으로 알려진 반면, 북인도에서는 천민에게 전도했다는 것이다. 퍼스의 입장에서 남쪽과 북쪽에 다 같이 교회를 심었다고 본다면 천민으로 구성된 북쪽 교회는 사라지게 되었고, 상층 카스트로 구성된 남쪽 교회만이 살아남게 된 것이다.

도마 교회의 두 번째 기원은 시리아에서 이민 온 이주민 선교단이었다. 당시 메소포타미아에 기반을 둔, 페르시아의 국가 종교는 조로아스터교였는데 박해를 피해 345년 기독교인들의 첫 번째 이민선교가 이루어졌다. 가족, 남녀, 어린아이, 성직자가 포함된 300-400명의 사람들이 가나의 도마라고 불리는 사람의 지도하에 남인도 코린갈로에 도착하였다. 823년에는 두 번째 이민단이 왔는데 여기에는 2명의 페르시아 주교와 많은 기독교인들이 포함되었다. 이들은 남인도 트라방코어 퀼론에 정착하였는데, 이때 지역 군주로부터 땅과 많은 사회적 특권을 받은 것으로 알려져 있다.

이 이민 선교단이 온 것은 도마 교회에 지대한 영향을 주었다. 무엇보다 사도 도마가 순교당한 후 외로운 신앙생활을 하며 명맥을

---

59 C. B. Firth, *An Introduction to Indian Church History* (Delhi: ISPCK, 2001), 14.

이어오던 유약한 기존 교회에 큰 힘과 위로가 되었다. 선진 교회의 예배, 교육, 신앙의 도전을 받음으로 도마 교회 전체적으로 큰 부흥을 가져오는 계기가 되었다. 이에 힘입어 현지인으로 구성된 북파 교회를 중심으로 해서 새로운 개종자가 늘고 숫자적인 성장을 가져오게 되었다.

전통적으로 도마 교회는 상층 카스트 교회로서 카스트 특권에 안주하고 토착 문화와 타협함으로써, 복음을 선포하고 사회를 변화시키는 선지자적 역할을 상실한 교회로 평가받는다. 그러나 도마 교회 쪽에서 나온 자료들을 보면 도마 교회는 선교적 열정을 가지고 개종에 힘쓴 교회였으며 그들에 의해 께랄라 바깥, 특히 북인도에까지 가서 선교에 힘쓴 것으로 주장한다. 물론 남인도와 달리 무슬림의 지배를 받은 영향으로 북인도의 교회 공동체가 대부분 붕괴되었기는 하지만 그렇다고 하여 도마 교회가 죽었다든가, 선교가 전혀 없었다고 말해서는 안 된다는 것이다. 포르투갈인들이 남긴 자료가 이것을 뒷받침하는 것으로 보인다. 16세기 초 포르투갈인들의 추산에 의하면 께랄라에만 기존 도마 교인들이 3만여 가정, 곧 10만에서 20만에 달하였다고 한다. 17세기 초 대주교 로스가 쓴 보고서에 의하면 가톨릭의 선교가 시작되기 전에도 도마 교인 가운데 북파 사람들은 언제나 교회의 수적 확장에 열심이었다고 한다.[60] 그리하여 많은 사람들이 힌두에서 개종하여 세례를 받았다는 기록이 있으며, 심지어 인도 선교사가 중국, 중앙아시아, 극동에까

---

60 A. M. Mundadan, "Emergence of the Missionary Consciousness of the St Thomas Christians in India: Problems and Prospects at the Crossroads Today", Ed., Kuncheria Pathil, *Missionary India Today: The Task of St Thomas Christians* (Bangalore: Dharmaram Publications, 1988), 26.

지 가서 사역했다는 여러 문헌들이 제시되고 있다.

근대 서양인들의 선교가 시작되기 전, 숫자나 영향력 면에서 도마 교회의 가치를 평가 절하하는 경향이 많이 있는 것이 사실이다. 그러나 이는 서양 선교사의 업적을 강조하는 입장이지 인도 기독교회의 입장에서는 그렇지 않다. 그들의 관점으로 보면 도마 교회의 선교, 그리고 도마 교회의 존재 자체가 가지는 중요성은 아무리 강조해도 지나치지 않다. 첫째로, 가장 중요한 것은 도마 교회는 1,500여 년의 긴 세월 동안 복음의 등불을 밝히고 그리스도의 이름을 증거하는 공동체였다는 것이다. 200여 년 전 가톨릭이 들어오고 나서야 기독교 신앙을 접할 수 있었던 한국이나 여타 많은 나라들과는 달리 인도는 기독교가 시작된 초기부터 복음을 듣고 구원을 받을 수 있는 특별한 기회를 가지고 있었다. 기독교 왕이 있어 보호해 주는 것도 아니고 거의 아무런 외부의 지원이 없는 가운데 자체적으로 생존해 온 토착 교회 및 선교 공동체를 1,500여 년 동안 유지해 온 것은 그 자체로 높이 평가할 만하다고 본다.

둘째로, 도마 교회는 사회적으로 문화적으로는 힌두 공동체이면서도 종교적·신앙적으로는 기독교인으로서의 정체성을 유지한 역사적인 모델이 되고 있다. 도마 교인들은 인도 사회가 중시하는 카스트 규율과 의무에 충실한 삶을 살았다. 정결 의식을 지켜 천민과의 접촉을 피했으며, 고기를 피하고 채식주의를 채택하였고, 힌두가 지키는 모든 관습, 축제, 금식을 그대로 지켰다. 심지어 예배를 위해 모이는 교회 건물까지도 기존의 힌두 사원과 형태가 비슷했다. 그럼에도 불구하고 그들은 힌두 신이 아니라 예수님만을 유일한 구주로 받들고 예배드렸으며, 예수님의 말씀을 따라 살며 힌두 사회 안에서 그리스도의 복음을 증거하는 삶을 살았다. 이와 같이 도마 교회는 현지인들에게 이질적이고 부정한 공동체로 손가락질 받는 근현대의 다른 교회와는 다르게, 사회로부터 인정받는 공동체로 2,000여 년 동안 지속해 올 수 있었다. 이는 그들이 토착 문화, 현지 문화에 깊이 뿌리를 내리고 기독교를 자신들의 문화, 인도의 문화로 만들었기 때문이었다. 중국 당나라 시대에 기독교 신앙이 왕성했지만, 현지 문화에 뿌리를 내리지 못하여 황제의 핍박이 일어났을 때 박멸된 것과는 좋은 대조가 된다.

근대 및 현대에 이르러 거의 모든 서양 선교사들은 카스트 제도 및 인도의 전통문화를 복음의 원수로 여기며 이를 박멸하는 것을 사명으로 삼았다. 이 점에서 전통문화를 존중하고 그것을 자기 것으로 소화하여 독특한 인도적인 교회를 만든 도마 교회는 서양 선교사들과 사뭇 다르다. 물론 신학과 예배 의식과 성경의 언어 그리고 리더십에 있어서 인도화가 되지 못하여 외국적인 부분이 있었던 것은 사실이다. 또한 하층 카스트가 배제된 것은 아쉬운 부분이나 이는 근대와 현대의 다음 세대 도마 교인들에게 역사적 과제로 주어지게 되었다.

(2) 근대 선교: 서양 선교사 운동과 인도의 그릇

근대 서양 선교의 첫 주자는 16세기 초 포르투갈인이었는데 그들은 인도 문화라는 관점에서 볼 때 최악의 선교를 했다고 보여 진다. 인도 사람들이 가장 소중히 여기는 힌두 사원과 모스크를 파괴하는 것은 물론이고, 포르투갈 식으로 인도인의 이름을 바꾸고, 술과 고기를 먹이고, 포르투갈 옷을 입히는 등 포르투갈인의 삶의 방식을 강요했다. 이리하여 인도에서 기독교인은 '파랑기'(십자군 전쟁 이후 이슬람인이 유럽인을 프랑크라고 부른 데서 유래)라고 불리게 되었는데 이는 '역겨운 성행위, 잔인함과 탐욕, 종교인에게 합당하지 않은 부정부패한 삶을 사는 자'란 뜻으로 기독교인을 가리키는 수치스러운 칭호가 되었다.[61] 이러한 포르투갈인들의 오만과 무지는 페르난데즈 선교사가 잘 보여주는데 그는 자신이 파랑기로 불리는 것을 자랑스럽게 여기고 현지인들이 미신적인 전통 관습을 버리고 포르투갈인의 방식에 더 가까이 가면 갈수록 더 훌륭한 신자가 되는 것으로 보았다. 그 결과 그는 14년 선교사 생활에 단 한 명의 열매도 맺지 못하고 선교사 생애를 마쳤다.

가톨릭의 선교 중에 의미 있는 시도는 포르투갈인이 아니라 이탈리아 사람 로버트 드 노빌리(Robert de Nobili, 1577-1656)에게서 나왔다. 그는 신학적인 면에서는 전형적으로 보수적인 선교사였다. 힌두 신앙은 우상숭배의 죄에 빠져 있으며 힌두들에게 유일한 구원의 기회는 예수 그리스도 안에만 있는 것으로 믿었다. 그럼에도 불구하고 그는 사회 문화적으로는 철저히 인도문화에 적응하여 안락한 선교사 숙소를 떠나 인도인들이 사는 곳에 움막을 짓고 살았다. 또한 인도인 수도자의 옷을 입고, 고기 음식을 포기하고 가죽신을 벗어버리고 나막신을 신으며, 채식으로만 생활하였다. 노빌리는 자신 스스로 상층 카스트에게 부과되는 카스트 규율을 지켰을 뿐 아니라 인도인들에게도 카스트 문화와 습관을 따르면서도 그

---

61 Robert Eric Frykenberg, *Christianity in India From Beginnings to the Present*, (Oxford: Oxford University Press, 2008), 132.

리스도를 따를 수 있다고 가르쳤다.

그는 힌두 신앙과 토착 문화를 구별하여 힌두 신앙은 거부하지만 토착 문화는 도리어 기독교 복음을 표현하는 도구요 수단이 된다는 것을 인식하고 사용한 사람이었다. 뿐만 아니라 인도 기독교인이 자신이 속한 가족과 카스트 공동체와 분리하지 않고 그 공동체의 존경받는 멤버로 살면서도 동시에 기독교 신앙을 가지고 그리스도를 따를 수 있도록 제자들을 격려했다. 그리하여 도마 이후 근대 서양인의 선교에서 처음으로 서양 문화의 문턱을 낮추고 기독교 복음을 전할 기회를 제공하게 되었다. 그 결과 절대 다수가 하층민 개종자였던 포르투갈의 선교와 달리 노빌리는 600여 명의 상층 힌두 개종자를 얻을 수가 있었다. 그렇다고 그가 하층민을 외면한 것은 아니었다. 정결의식을 지켜야 하는 문제로 한 사람이 동시에 상층민과 하층민을 섬길 수 없기에 그는 동료 선교사들로 하여금 하층민 선교를 전담케 함으로써 많은 열매를 맺기도 하였다.

근대 개신교 선교의 최초 담당자는 지겐발크, 크리스챤 슈바르쯔 등 트랑크바 선교회를 중심으로 한 독일인 선교사들이었다. 독일인의 인도 선교에 영감을 불어넣은 선교동원가이자 멘토는 할레대학의 경건주의자 아우구스트 프랑케였다. 그가 많은 사람들에게 준 선교의 도전은 큰 공헌이었지만 문화에 관한 한 전형적인 타불라 라사주의자(복음전파를 위해서는 비기독교 전통문화를 파괴해야 한다는 주의)였다. 지겐발크가 1711년과 1713년, 인도 사회와 신앙을 더 잘 이해하고자 『남인도 사회 연구』와 『남인도 신들의 계보』를 출판하여 할레대학에 보냈을 때 프랑케는 이렇게 말했다: "선교사가 보냄받은 것은 이교도 신앙을 뿌리 뽑으라는 것이지 유럽에 그것을 전파하라는 것이 아니다."⁶² 프랑케는 지금도 많은 선교사들이 그렇 듯이 타종교와 문화 연구는 쓸데없는 시간 낭비로 보았다. 이런 몰 이해에도 불구하고 지겐발크는 개종자들로 하여금 인도인으로서의 정체성과 문화를 유지하는 데 각별한 관심을 기울였다. 사역의 대 상인 따밀인들이 개종을 한 이후에도 따밀인의 옷을 입고 따밀의 습관과 문화를 따라 외국인이 아니라 따밀인의 방식대로 살 수 있 도록 격려했다. 그가 인도 선교 역사상 최초의 인도어 성경 번역인 따밀어 성경 번역을 한 이유도 따밀인들이 자신들의 말로 성경을 읽음으로써 따밀어로 된 인도 기독교를 세우기 위해서였던 것이다.

독일인의 뒤를 이어 인도 선교에 뛰어들어 19세기와 20세기 전 반 인도 선교에 지배적인 영향을 끼친 것은 영국과 미국 선교사들 이었다. 인도 선교사 중 가장 유명한 영국의 윌리엄 캐리와 스코틀 랜드의 알렉산더 더프의 선교는 문화 존중 선교라는 관점에서 보 면 그리 좋은 모델이 되지 못했다. 캐리는 카스트 및 힌두 문화가 반기독교적이라고 보았기 때문에 그것을 제거하기에 힘썼다. 그는 모든 개종자들이 카스트 규율을 깨뜨리는 것을 진정한 신앙의 출 발로 이해했고, 상층 개종자와 천민 사이에 이뤄지는 결혼을 카스 트에 대한 신앙의 승리로 보는 사람이었다. 더프 선교사는 영어를 매개로 한 영국식 교육을 집중적으로 시도하면서 아예 다이너마이 트로 광산을 폭파시키듯이 힌두교와 힌두 문화를 파괴시키고자 시 도했다. 그러나 힌두교가 파괴되기는커녕, 그의 제자들조차도 그 의 정책을 반대하고 나섰다. 크리슈나 바너지(Krishna M. Banerjee)는

---

62 Robert Eric Frykenber, *Christianity in India from Beginnings to the Present*, 149. E. R. Hambye, *History of Christianity in India Vol. III Eighteenth Century* (Bangalore: The Church History Association of India, 1997), 151.

스승인 더프와 달리 인도의 경전을 파괴하는 것이 아니라 도리어 그들의 경전인 베다경을 사용하여 기독교 복음을 표현하는 인도 신학을 만드는 데 기여했다. 또한 영문학 교수로서 더프의 전기를 쓴 제자 랄 데이(Lal Day) 역시 크리스토 사마지라는 단체를 만들어 교회 내에 제국주의 색채를 지우고 인도적인 교회 만들기에 헌신한 사람이었다.

그러나 영미권 선교사 중에 의미 있는 인도 그릇 만들기를 시도한 사람으로는 토마스 슬레이터를 들 수 있다. 그는 런던선교회 출신 영국 선교사로서 첸나이와 벵갈루르에서 교육받은 대학생들과 지성인 대상으로 선교를 한 사람이었다. 그는 그리스도께서 전통 문화와 신앙을 파괴하러 온 것이 아니라 그들의 갈망을 성취하기 위해서 오셨다고 말했다. 그리하여 파괴의 방법이 아니라 공감의 태도를 갖고 힌두 신앙과 문화를 징검다리와 준비로 삼아 복음을 전할 것을 주창했다. 그는 인도에서 기독교가 독일이나 영국의 문화 형태가 아니라 인도의 베단따(Vedanta) 사상의 색깔을 가진 동양의 그리스도로 표현되어질 때, 인도 지성인들이 그리스도를 자신의 구주로 받아들일 수 있고, 기독교가 민족 종교, 국민 종교가 될 수 있음을 역설했다. 슬레이터가 오랫동안 역설한 이러한 입장은 결국 영국과 유럽 선교사들의 주류 선교 사상이 됨으로써 1910년의 에딘버러 선교사 대회와 1938년의 탐바람 대회에 이르기까지 서양선교사들의 메시지를 일신하는 데 크게 기여했다.

미국인 스탠리 존즈 선교사는 이러한 영향을 받은 사람으로서 서양 문명과 기독교 신앙을 구분하였으며 인도 문화에 대한 우월한 태도를 벗어버리고 도리어 아쉬람(Ashram, 힌두의 영성센터)을 비롯한 인도의 영성, 인도의 문화에 맞게 복음을 전하고자 노력한 사람이었다. 그가 쓴 책 『인도의 길을 걷고 있는 예수』는 이런 점에서 인도의 길가에서 사두(Sadhu, 세상을 버리고 목샤만을 추구하는 힌두의 고행자 또는 성인)의 옷을 입은 그리스도, 사두의 옷을 입은 복음을 전하고, 사두의 옷을 입은 전도자가 되어야 함을 역설했다.

(3) 현대 선교: 인도 교회의 선교와 인도의 그릇

인도가 1947년 8월 15일 영국으로부터 해방된 이후 인도의 선교는 전적으로 인도인의 손에 달리게 되었다. 께랄라, 따밀나두, 그리고 동북부 주를 중심으로 여러 교단 및 선교단체를 통해 많은 인도인 전도자들이 자국 내에 파송되어 일하게 되었다. 인도는 언어와 종족이 수천에 이르며, 그에 따른 문화의 차이가 크기 때문에 인도 내의 다른 지역에서 전도하고자 할 때 자연히 타문화 선교가 된다. 그런데 아쉽게도 이들은 전반적으로 여전히 전통문화와 타종교에 대해 부정 일변도의 태도를 견지함으로써, 전도자만 서양인에서 인도인으로 바뀌어졌을 뿐 전통문화에 대해서 서양 선교사들이 밟았던 전철을 그대로 밟아가고 있다. 또한 선교 대상도 이전 세대와 다를 바 없이 여전히 천민 곧, 달릿과 부족민을 중심으로 하여 이뤄지고 있다. 인도의 주류 교회는 구교든 신교든 비숍(주교)을 중심으로 수직적 위계 체계가 지배하고 있다. 인도 교인들은 대부분 가난하지만 주류 교회는 서양 선교사들이 남겨 놓고 간 많은 학교와 병원과 교회 등의 재산으로 인해 부자가 되었다. 그들은 재산 소유권 다툼에는 힘썼지만, 자국 내 전도와 선교에는 그만큼 주요한 관심을 쏟지 않았다.

1970년대 후반 이후 달릿 신학(천민인 달릿의 해방을 주장하는 신학)이 등장하면서 인도 기독교의 다수를 차지하는 달릿의 정치, 사회, 경제적인 억압과 해방의 문제에 주목하게 되었다. 이와 함께 인도 기독교는 더욱 종파주의에 매몰되어 상층 힌두 주류 사회를 향한 구원과 전도는 뒷전에 두었다. 인도를 대표하는 신학교 중 하나인 푸네의 연합 성경 신학교(Union Biblical Seminary)의 커리큘럼을 보면 선교학과 대학원 과목에 '힌두 선교'라는 강의 제목은 있었지만 필자가 이 과목을 가르치기 전까지는 한 번도 이 강의가 개설된 적이 없다. 가르칠 사람이 없기 때문이며, 이 분야에 관심을 가진 사람이 없기 때문이다. 더욱 실망스러운 일은 장차 인도 기독교인 목사요 선교사가 될 이들의 타종교와 문화에 대한 대다수의 태도는 기존 서양 선교사의 부정 일변도의 태도 그대로이기 때문에 인도의 문화적 관점에 대한 이야기를 하려면 종종 힘겨운 싸움을 해야 한다.

그럼에도 불구하고 인도 땅에서 무지와 죄 가운데 죽어가는 수많은 영혼을 불쌍히 여기사 구원하기를 열망하시는 하나님께서 열심히 일하시기에 여기저기 희망의 싹이 보인다. 1947년 인도의 독립과 더불어 남인도에서 행해진 첫 번째 세례는 폴 수다커(Paul Sudhakar)를 위한 것이었다. 그의 개종은 참으로 독특하다. 상층 카스트 힌두 가정에서 태어나 힌두 경전에 빠져 살던 그가 기독교에 관심을 갖게 된 것은 기독교인에 의해서가 아니라 힌두 철학자 라다끄리슈난이 완벽한 구루의 모델로서 예수 그리스도를 제시했기 때문이다. 그는 라다끄리슈난의 안내를 받아 스스로 성경을 읽는 중 말씀의 뜻을 깨닫고 극적으로 기독교로 개종을 했다. 그 이후로 그는 인도의 지성계에 그리스도의 복음을 전하는 전도자로서 지성인의 전도에 큰 족적을 남겼다. 이 사건은 하나님의 열심을 보여주는 상징적인 사건이다. 하나님은 하나님의 열심으로 스스로의 일을 하신다. 그래서 하나님은 복음으로 무장되고 타문화를 잘 이해하는 전도자를 간절히 찾으신다. 더 큰 일을 하시고자 하기 때문이다.

현대 인도의 선교에서 인도의 그릇이라는 측면에서 볼 때 의미 있는 사건은 라젠드라 다스의 업적이다. 그는 '힌두교 연구를 위한 기독교인 협회'를 만들어 남인도교회와 협력하여 「순례자」라는 잡지를 통해 힌두교 연구를 촉진하였다. 그리고 연구된 내용을 바탕으로 바라나시를 중심으로 하여 많은 힌두 전도자들을 길러냈다. 그는 인도적인 교회를 세우기 위해 예배, 전도, 삶의 방식에 있어서 인도 문화와 신앙을 사용하는 것을 주저하지 않았다. 특별히 재정면에서 외국인의 도움을 받지 않는 자립정신을 강조하였다. 이와 함께 그는 아쉬람이 힌두 전도에 요긴함을 역설했다. 왜냐하면 개종한 상층 힌두들이 갈 수 있는 인도 교회를 찾기란 아주 어려운 일이기 때문이다. 서양식 건축물, 서양식 예배, 서양식 의식구조가 지배적인 곳에는 새 신자가 적응하기 힘들 뿐 아니라 막상 그곳에 정착한다고 하더라도 하층민으로 취급되는 기독교인 한 사람이 더 느는 셈이 된다. 그렇게 되면 인도 주류 사회에 영향을 끼치기가 어렵다. 이런 점에서 아쉬람, 또는 가정 교회를 중심으로 한 인도적인 신앙 및 삶의 공동체는 앞으로 중요성이 더욱 커질 전망이다.

또한 안드라쁘라데쉬에서 1만여 명의 상층 힌두를 제자로 삼은 수바 라오(Subha Rao)의 사역 역시 의미하는 바가 크다. 그에게 수많은 힌두들이 몰려든 것은 단지 그에게 치료의 은사가 있었기 때문이 아니었다. 예수의 이름으로 치료하고 예수님을 증거하는 예수님의 공동체를 만드는 목표를 가지고 사역했지만 라오는 스스로를 참구루인 예수를 따르는 힌두로 자처했으며 힌두교 철학과 신앙의 용어로 그리스도를 소개하였다. 전통적인 서양의 신학과 신조를 그에게서 찾아보기는 어렵다. 그러나 그는 그리스도의 이름을 높였고, 그리스도를 따르는 사람들이 되도록 제자들을 도왔다. 상층 카스트 가운데 그가 이룬 성공의 역사는 상층 카스트 선교가 불가능한 것이 아니라 방법론의 문제이며, 그리스도를 어떤 그릇에 담을 것인가 하는 문제와 연관이 있다는 것을 보여주는 역사적인 실례가 된다.

수바라오의 사역은 크게 보면 예수 박띠의 사역이다. 이는 인도 사회와 분리해서 존재하는 전통적인 서양식 선교와 달리 인도 사회 내에서, 힌두 공동체 안에서 예수님을 따르며 예수님을 증거하는 운동이다. 이 흐름의 역사는 도마 교회에서 그 기원을 찾을 수 있는 아주 오래된 운동이다. 인도 기독교 신학의 아버지라 일컬어지는 브라마반다브 우빠디아이가 힌두 기독교인으로서 정체성을 갖고 인도 사회 내에서 인도 사회 변화를 시도한 것이 좋은 예가 될 것이다. 현대에 이르러서는 미국 선교사 리처드 히브너가 그를 따르는 재고포럼(再考, Rethinking Forum)의 멤버들을 중심으로 이런 일을 진행해 나가고 있고, 인도인으로서는 다야난드 바라띠를 비롯한 많은 사람들이 이런 시도를 하고 있는 중이다. 한인 중에는 예수 전도단의 한 선교사가 이 일을 시작하였으며, 필자와 함께 힌두 그릇 포럼(Hindu Bowl Forum)을 만들어 예수 박타 운동의 씨를 뿌리고 있다.[63]

---

63 힌두 그릇 포럼 주최로 최근 '힌두권 선교학교'가 개설되어 1년에 여러 차례 정기적인 모임을 갖고 있다. 힌두교를 올바로 이해하고 힌두 문화를 고려하여 힌두 문화에 적절한 방식으로 선교하는 데 관심을 가진 사람들이 모여 함께 연구하고 배움을 나누는 모임이다.

2. 힌두교에 적절한 선교 방식

선교와 박해, 그리고 나아갈 길

인도 기독교는 부흥과 박해가 동시에 진행 중이다. 1984년 인도 정부가 선교사 비자 발급을 중단함으로써 마지막 영국 선교사가 떠나갔을 때, 복음의 문은 거의 닫힌 것처럼 보였다. 그러나 막힌 길이 있으면 뚫리는 길도 있으며, 인도의 하나님의 나라는 결코 중단됨이 없이 전진해 왔다. 2006년 통계로 미국과 캐나다 선교사만 305명의 선교사가 활동했다. 최근 몇 년 사이에 모디 정부의 강화된 방침에 의해 선교사들이 대거 자발적, 비자발적으로 추방되기 이전인 2016년에만 해도 1,000명이 훨씬 넘는 한인 선교사가 인도에서 활동하고 있었다.

80년대 중반 우따르쁘라데쉬 주의 사하란뿌르(Saharanpur)란 도시는 힌두가 51%, 무슬림이 46%이며, 기독교인도 교회도 없는 곳이었다. 이곳에 어느 날 어디로부터인가 바람을 타고 날라 온 전도지

한 장을, 손에 쥔 한 여인이 있었다. 그 여인은 글도 읽을 줄 모르는 까막눈이었다. 그런데 "나를 전하라"는 예수님의 음성을 들은 후 문맹을 깨치고 전도지와 성경을 읽으면서 복음을 깨달아 알게 되었다. 그녀는 남편과 가문으로부터 이혼 협박과 쫓아내겠다는 위험을 무릅쓰고 사활을 다해 복음을 전했다. 이 복음을 전해들은 사람들 가운데 성령의 강력한 치유 역사가 일어나게 되었는데 이를 본 사람들이 물밀 듯이 복음 앞에 나오기 시작했다.

그리하여 열 명에서 시작된 모임이 백 명이 되고, 오백 명과 천 명이 되더니 급기야는 수천 명으로 성장하게 되었다. 하지만 강력한 성령의 역사와 함께 큰 핍박이 불어 닥치게 되었다. 교회에 나오는 성도들에게 매질을 가하는 바람에 이 지역의 개척자였던 여인은 척추 손상을 입어 휠체어를 타는 신세가 되었고 교회는 2002년, 2003년과 2008년에, 1년씩이나 문을 닫지 않을 수 없었다. 이렇게 교회가 망하는가 싶었지만 놀랍게도 흩어진 성도들이 가정교회를 개척하여 200여 개의 새로운 교회들이 탄생되는 기적의 역사가 일어나게 되었다.

사하란뿌르와는 달리 인도 자생 선교단체인 '친구선교사 기도전도단'(Friends Missionary Prayer Band)에서 파송된 데이빗(P. David) 자국 선교사를 통해 북인도 뻔잡(Punjab) 지역에 일어난 선교 역사는 더욱 놀랍다. 그는 남부 따밀 출신으로서 언어와 종교와 문화와 기후와 음식이 전혀 다른, 북쪽의 뻔잡에서 뻔잡어와 현지 문화를 익히는 것으로 처음 사역을 시작했다. 남 뻔잡 지역에는 30년 전만 해도 기독교인과 교회가 없었다. 시크교가 주요 종교인 뻔잡인들 가운데는 구루(시크교를 세운 영적 지도자들로서 마지막 구루로는 인간이 아닌 경전을 신으로 세웠다) 문화가 지배적이다. 상층 카스트인 자트와는 달리 하층 카스트인 2천만 명의 마즈비 시크들은 구루를 갖지 못하였다. 이런 마즈비들의 한을 알게 된 데이빗은 예수님께서 마즈비와 자트 모두를 위한 '참 구루'(Sat Guru)로 오셨다고 증거하기 시작했다.

그는 시크 구루가 제자를 가르치는 방식인 쌋상(Satsang)이라는 예배 형식에, 뻔잡의 전통 악기와 전통 방그라 춤을 도입하여 시크에게 친숙한 방식으로 복음을 전했다. 그는 매일같이 기독교 경전인 성경을 펴서 말씀을 가르치기 시작했는데 신기하게도 말씀을 들은 시크들이 예수님이 자신들을 위해 오신 구주시요 참 구루로 영접하기 시작했다. 그는 매일같이 성경을 가르쳐 제자를 양성했고 그 제자들을 전도자와 성경교사로 세워 또 다른 지역에 쌋상 리더로 파송했다. 그리하여 1993년에 22명에게 세례 주는 데에서 시작했던 사역이 지금은 수백 교회에 14만 명이 넘는 기독교인이 생겨나게 되었다. 놀라운 것은 이 역사는 초기에 이곳의 문화를 몰라 잠시 어려움이 있었던 것을 제외하고는 거의 아무런 핍박을 받지 않고 현지 국회의원과 마을 유지의 협조 속에 교회 성장이 성공적으로 이루어지고 있다는 것이다.

힌두 민족주의 및 극우사상에 기반을 둔 현재 인도 정부의 핍박은 두 가지 방향으로 진행되고 있다. 첫째는 자국 기독교인들과 교회의 활동을 무력화시키기 위해 회계 조사라는 합법적인 방법을 사용하는 것이다. 인도 교회는 외국 선교사들이 남겨 놓고 간 재산을 차지하기 위해 늘 법정 싸움이 끊이지 않고 있는 상태라 회계조사를 통해 교회에 쉽게 분란을 일으킬 수 있다. 이를 구실로 교구 운영의 전권을 가진 주교(또는 감독)의 직무를 정지시킬 수 있는데, 이렇게 되면 교구 활동이 마비된다. 몇 년 전에 북인도교회(CNI) 주교 2명과 감리교단 감독 1명이 직무정지를 당했고 교회의 정상적 활동에 어려움을 겪고 있다.

둘째는 외국에서 돈을 가지고 들어와 각종 사회봉사 활동을 하는 기독교 NGO 단체의 자금줄을 차단하고, 외국 선교사의 입국을 거절하거나 비자 연장을 거부하는 방식으로 선교사들을 추방하는 것이다. 2011년 발효된 외국인 기부법(FCRA)에 따르면 합법적으로 외국에서 돈을 가지고 올 수 있는 권한을 과거에는 5년마다 연장해 주었는데 이제는 연장을 해주지 않으므로 합법적으로 외부 자금을 가지고 올 수가 없게 되었다. 선교사들이 본국 방문 이후 재입국할 때 여러 가지 이유를 들어 입국을 거부하는 방식으로 한인 및 미국인 선교사 수백 명이 합법적으로 추방되었다.

이처럼 인도의 핍박이 전방위적으로 진행되는 것은 그만큼 인도 내에 개종의 역사가 일어나고 있으며 이것이 힌두 극우주의자들에게 상당한 위협이 되고 있다는 증거이다. 19세기 말 영국의 식민 통치에 맞서 독립 투쟁을 하면서 탄생된 힌두 민족주의(Hindutva) 이념은 관용을 추구하는 전통 힌두 사상과는 다른 흐름으로 정치, 문화, 사회적으로 오늘날 인도 사회 전반에 큰 영향을 끼치고 있다. 그래서 기독교 개종과 선교 운동을 방해하고 궁극적으로 전 인도인을 힌두화하고자 하는 노력은 중단 없이 지속될 것이다. 그러면 향후 인도 땅에서 선교활동을 하기를 원하는 한인 선교사들은 어떤 점에 주의를 기울이며 선교해야 할까?

첫째로, 돈이 드는 선교를 지양하고 사람을 기르는 선교로 전향할 필요가 있다. 외국인 기부법뿐 아니라 한인들의 세금 관련 정보가 인도 정부와 교류가 되는 관계로 이제 교회 건축이나 학교 설립 등 대규모 자금이 필요한 활동은 자제할 필요가 있다. 또 돈이 안 들면서 선교 활동하는 방향으로 가지 않으면 선교는커녕 인도에 체류조차 할 수가 없게 되는 상황으로 가고 있다. 무엇보다도 이제 경제적으로 무한 확장하던 시대는 끝나고 수축사회[65]가 도래함으로써 선교사와 선교 사역에 대한 재정 지원도 크게 줄게 되었다. 그러나 사람을 기르는 것보다 건축과 외적인 확장에 힘썼던 서양 선교사의 전철에서 벗어나 이제라도 사람을 기르고 제자를 세우는 데 주력한다면 이러한 위기가 도리어 기회가 될 수도 있다.

둘째로, 인도 전통문화를 파괴하는 선교에서 벗어나 문화를 존중하고 고려하는 선교로 전환할 필요가 있다. 인도인이 사랑하는 신을 마귀 사탄이라 정죄하며 인도인의 고유한 삶의 방식을 파괴하려는 선교사를 환영할 인도인은 아무도 없다. 서양 선교사들은 그동안 인도 전통과 문화에 대한 반감을 갖고 개종자를 그들의 출생 공동체로부터 분리시키며 서양문화를 심는 방향으로 선교를 했다. 우리 한인 선교도 같은 방식을 채택하여 선교해왔다. 이런 배경 때문에, 선교사와 인도 기독교인들이 일반인들로부터 격리되고 기독교가 외국 종교로 남아 있는 형편이다. 일부 활발한 개종과 부흥 역사가 있음에도 불구하고 그 성장 속도는 힌두와 무슬림의 자

---

64 미래학자 홍성국이 2008년 금융위기 이후 형성된 저성장, 저소비, 저금리 구조의 사회를 지칭하는 말. 그에 의하면 인구감소와 노령화, 4차 산업혁명으로 생산성의 획기적 증대에 의한 공급과잉, 역사상 최고 수준의 부채, 부의 양극화로 인류는 더 이상 성장이 어려운 환경에 놓였다고 한다. 홍성국, 『수축사회』(서울: 메디치미디어, 2018) 참조.

연성장을 따라갈 수 없으므로 앞으로 기독교 인구 비율은 계속 줄어들게 된다.

그러므로 우리는 서양 선교사의 전통적인 비성육신적 선교, 문화를 무시하고 거부하는 선교에서 벗어나야 한다. 그리고 팔레스타인 문화에 성육신하셔서 유대인의 삶의 방식을 따라 살면서 복음을 전하신 우리 주님의 성육신적 모델을 본받아야 한다. 뻔잡의 데이빗 사역의 예처럼 문화를 존중하고 고려한 사역을 한다면 좋은 선교의 결실을 맺을 뿐 아니라 인도 사회에 깊은 영향을 주는 새로운 전기를 맞이할 수 있을 것이다.

토의할 점

1. 사하란뿌르 역사를 통해 핍박 속에서도 매이지 않고 전진하는 하나님의 역사에 대해 말해 보시오.

2. 힌두 근본주의자의 핍박, 방해, 역개종 운동 등이 상시적으로 있는 인도에서 앞으로 바람직한 선교방법에 대해 토의해 보시오.

선교 방식(1): 힌두 선교 시 하지 말 것과 해야 할 것[66]

힌두에게 복음을 전하는 데 있어서 가장 중요한 요소는 지속적으로 그리스도를 닮은 삶을 사는 것이다. 평화와 기쁨이 가득한 삶을 사는 것을 있는 그대로 보여주는 것이 그 어떤 메시지보다 힌두를 제자 삼는 데 큰 영향을 끼친다. 그럼에도 불구하고 전도할 때 무엇을 말하고 무엇을 말하지 말아야 할지 아는 것은 기독교인과 힌두 사이에 가로 놓인 깊은 오해를 푸는 데 도움이 될 것이다.

먼저 하지 말아야 할 것은 힌두교를 비판하거나 정죄하는 것이다. 종교제도로서 기독교와 힌두교는 둘 다 좋은 점도 있고, 나쁜 점도 있다. 그런데도 기독교인이 자신의 문제는 돌아보지 않고 힌두교의 최악의 문제만을 지적하는 것은 힌두를 친구 삼거나 그들에게 하나님의 사랑을 보여주는 데에 결코 도움이 되지 못한다. 힌두교를 비판하면 우리가 논쟁에서 이긴 것 같은 느낌을 줄 수 있지만 그런 것으로는 결코 힌두를 예수 그리스도께로 인도하지 못한다.

둘째, 힌두교와 다른 기독교의 독특한 점에 대해서는 주장하거나 논쟁하지 말아야 된다. 대화 시 종종 그리스도와 그분의 말씀에서 빗나가는 이야기를 할 수 있는데, 언제나 그리스도께 초점을 맞

---

65 이 글은 미국의 인도 선교사 리처드(H. L. Richard)가 자신의 책 *Christ Bhakti: Narayan Vaman Tilak and Christian Work among Hindus* (Delhi: ISPCK, 1991)의 부록에 실은 "힌두에게 그리스도를 전할 때 해야 할 것과 하지 말아야 할 것"을 필자가 번역한 것이다. 힌두들의 문화, 의식구조에 거부감을 일으키는 것은 무엇이며, 또한 그들이 매력적으로 느낄 수 있는 접근법이 무엇인지 잘 정리했다.

추고 논쟁은 반드시 피하는 것이 좋다.

셋째, 그리스도의 제자가 되기 위하여 가족이나 문화로부터의 분리를 요구하지 말아야 한다. 힌두가 기독교인으로 살기 위해서는 자신의 집이나 삶의 방식을 떠나야 한다고 주장하거나 격려하는 것은 성경의 가르침과 다른 것이다(고전 7:17-24).

넷째, 승리주의적(triumphalism) 태도나 자만심은 어떤 모양이라도 피해야 한다. 기독교 선교사라고 해서 우리가 반드시 가장 위대한 종교를 가진 가장 위대한 사람은 아니다. 그럼에도 많은 힌두들은 우리가 스스로에 대해 그렇게 생각하는 줄로 알고 있다. 우리는 모든 진리와 모든 지식을 가진 것은 아니며 실제로 매우 제한된 지식만을 가질 뿐이다(고전 8:1,2). 우리는 인도인을 서양 기독교인으로 만들기를 기대하지 않는다. 우리가 원하는 것은 단지 모든 인도인이 평화와 기쁨과 참된 영성을 찾게 되는 것이다. 그리스도를 발견했노라고 말하는 힌두의 간증을 사용할 때 주의해야 한다. 왜냐하면 종종 승리주의적 태도를 풍겨 힌두의 마음을 상하게 만들기 때문이다. 간증을 할 때는 매우 겸손해야 하며 힌두교에 대한 사랑과 존중의 마음을 갖고 해야 한다.

다섯째, 결코 서둘러서는 안 된다. 빨리 결단하고 개종하라고 등을 떠미는 것은 전도사역에 도리어 큰 해를 끼칠 수 있다. 그러므로 하나님이 일하심을 믿고 성령의 인도하심을 따라 움직이도록 여유를 가져야 한다. 그리스도께 대한 신앙고백을 했다고 해도 당장 우상 그림과 부적 등을 없애라, 빨리 변하라고 다그쳐서도 안 된다. 그 사람이 행동으로 옮기기 전 마음에 온전한 확신을 가질 때까지 인내심을 갖고 기다릴 필요가 있다.

여섯째, 기독교적 생각을 억지로 힌두 경전 구절에 끼워 넣어 해석해서는 안 된다. 우리는 모든 종교의 경전을 해석함에 있어서 정직해야 하고, 인용하는 구절이 놓여 있는 전체 맥락을 잘 살펴봐야 한다. 기독교와 힌두 경전 사이에는 많은 접촉점이 있기는 하지만, 그리스도가 힌두 경전 속에 있다는 식으로 말하면 우리의 신뢰성만 무너지게 될 뿐이다.

일곱째, 특정 기독교 교파에 대한 강조를 피해야 한다. 교파주의는 영적 구도자들에게 치명적이다. 작은 교리에 너무 얽매이면 성장에도 도움이 안 되고 사람들에게 상처를 줄 수 있다.

이제 힌두에게 복음을 전도할 때 해야 할 것에 대해 말해 보자. 첫째, 전통적 가치를 따라 단순하고 자기희생적이며 영적이고 겸손한 삶을 살기에 힘써야 한다. 시편 131편을 실천하는 삶은 힌두도 결코 무시하지 못한다.

둘째, 힌두에 대해 공감하는 마음을 가질 필요가 있다. 선한 것은 인정해 주고 힌두의 오류와 죄에 대해서는 같이 슬퍼하는 마음을 가지는 것이 바람직하다. 힌두가 생각하는 대로 생각하고, 힌두가 느끼는 대로 느끼는 법을 배우기에 힘써야 한다.

셋째, 힌두교를 알고 개개의 힌두를 알아야 한다. 힌두교를 전반적으로 이해하기 위해선 어느 정도 공부를 해야 하며, 힌두 각 사람의 이해를 위해 인내심을 갖고 들을 필요가 있다. 힌두 가운데 본격적인 사역을 하려는 사람이라면 힌두들보다 힌두교에 대해 더 잘 알아야 할 필요가 있다.

넷째, 인도의 언어와 힌두교 문헌에 대한 공부가 필요하다. 힌두 경전과 문헌에는 많은 진리가 있다. 사도행전 17장이 보여주는 성경적인 접근법은, 궁극적으로 성경을 소개하더라도 먼저는 힌두에게 힌두의 경전을 활용하여 진리를 소개하는 것이다. 예를 들어 죄에 대해 직접적으로 성경을 가르치는 것은 많은 힌두들에게 거부감을 준다. 그렇지만 사실 힌두 경전에도 성경과 유사한 많은 죄들을 다루기 때문에 그들의 경전을 먼저 이야기하면 결국 성경의 죄도 대부분 인정하게 된다. 힌두 경전과 성경/그리스도 사이에 다리를 놓는 것이다. 그러나 이 작업을 할 때 힌두 경전을 왜곡해서는 안 되며 인용하는 구절의 의미를 정확하고 충실하게 설명해야 한다. 만약 산스크리뜨어 공부를 통해 경전의 본문 이해를 할 수 있다면 힌두 친구의 존경을 얻는 데 큰 도움이 된다.

다섯째, 전통 음악을 인정하고 그것의 사용을 개발할 필요가 있다. 대중 힌두교는 그간 시와 노래를 통해 크게 성장해왔다. 그들에게 익숙한 전통 시와 음악 스타일을 통해 소통하는 방법을 찾으면, 힌두의 마음 문이 열려 성경의 가르침이 들어가 그들을 변화시킬 기회가 훨씬 많아진다.

여섯째, 잘못은 빨리 인정하는 것이 좋다. 지나간 역사 속에서 교회와 서구 기독교의 악습을 굳이 변호하는 것은 지혜롭지 못하다. 그것은 우리가 진리보다는 서구 문화 편들기에만 관심을 둔다는 것을 보여줄 뿐이다.

일곱째, 그리스도에 중점을 두어야 한다. 그리스도만이 힌두의 마음을 얻고 그분께 충성케 할 수 있다. 당신의 삶과 말의 중심을 그리스도께 둠으로써, 하나님을 위한 삶만이 의미 있음을 보여줄 수 있어야 한다. 힌두교는 종종 '도취된 신앙'이라고 불린다. 그러기에 우리의 삶 속에 그리스도에 대해 열광하는 것이 없으면 힌두들은 가장 중요한 것(눅 10:42)은 빠트리고 작은 것만 붙드는 것으로 여겨 기독교에 별 매력을 느끼지 못할 수 있다.

여덟째, 신비의 세계가 있음과 그에 대한 완전한 지식을 갖기는 어렵다는 것을 빨리 인정해야 한다. 가장 위대한 사상가는 신에 대해 거의 아는 바가 없음을 인정하는 사람이다. 힌두는 신과 인생의 이러한 신비에 대한 깊은 이해를 갖고 있다. 그러므로 모든 것을 다 이해하고 설명할 수 있는 것처럼 말하지 말고(요 1:18, 딤전 1:17), 겸손히 신과 그의 말씀 앞에 머리를 숙일 필요가 있다.

아홉째, 당신이 어떻게 개인적으로 길을 잃었다가 하나님의 자비와 평화를 경험하게 되었는지 간증하는 것이 좋다. 신의 위대함과 온전함을 알게 되었다고 주장하기보다는 당신이 개인적으로 무엇을 체험했는지를 나눌 때 도리어 힌두의 관심과 주목을 끌 수 있다. 이것이 힌두에게 그리스도를 제시하는 가장 좋은 접근이다. 전도한다고 길거리에서 외치거나 모든 기회 때마다 나서서 말하는 것은 매우 공격적인 인상을 주는 행위이다. 하나님이 우리의 삶에서 행하신 일은 거룩하고 개인적인 일이다. 그러므로 하나님에 대한 경외심을 갖고 그분이 우리 삶 중에 일하시는 것에 관심을 갖는 사람들과 친밀한 만남 중에 간증을 나누는 것이 좋다.

열째, 힌두와 함께 기도하고 예배하도록 한다. 힌두교는 깊은 영성의 전통이 있기 때문에 영적인 수단을 통해서만 힌두의 마음을 움직여 그들을 그리스도의 발아래로 이끌 수 있다. 신령과 진정으로 드리는 예배, 그리고 기도 중에 하나님과 나누는 교제는 힌두 친구들로 하여금 예수 박타들이 경험하는 영성의 부요한 세계로 초대할 수 있다. 이것이 성령께서 힌두들을 예수님의 제자로 삼는 데 매우 도움이 되는 접근이다.

선교 방식(2): 교회로가 아니라 가족으로

전문인 선교사들의 경우는 과거 한국에 있을 때 전도 대상이 되는 사람들의 삶의 무대가 되는 직장과 학교 그리고 카페와 집에서 같이 삶을 나누면서 복음을 전한 경험이 있을 것이다. 그러나 이와 달리 목사 선교사의 경우는 주일예배, 부흥회, 전도 집회, 성경학교, 여름수양회 등 각종 이벤트를 만들어 놓은 후 교회로 사람들을 초청한 경험이 대다수였을 것으로 생각된다. 그러기에 선교현장인 인도에 와서도 불신 힌두들을 교회로 초청하기가 쉽다. 그러나 다른 나라에서도 그럴 수 있겠지만 특히 인도에서, 적어도 그리스도를 믿고 개종하기 전까지는 사람들을 교회로 초청하는 것은 전도에 큰 도움이 되지 않는다.

그 이유는 첫째, 교회가 주는 부정적인 이미지 때문이다. 인도인은 교회가 외국의 자금 지원을 받음으로써 여전히 서양의 식민지배에서 벗어나지 못하고 있다고 생각하기 때문에 교회를 바라보는 눈이 곱지 않다. 그뿐 아니라 교회는 건축 형태, 관습과 예배 의식 등에 있어서 서양문화 또는 외국 문화가 지배적인 곳으로 인식이 되어 있다. 인도의 많은 젊은이들이 서양 음악이나, 영화 등 서양 문화를 좋아하기도 하지만, 힌두 신앙의 관점에서 볼 때 서양의 종교 문화는 불경건하고 부정하게 보인다. 모든 힌두와 무슬림은 거룩한 사원에서 신발을 벗지만, 기독교인은 교회에서 신발을 벗지 않는다. 그들은 신 앞에 겸손히 바닥에 앉는데 기독교인들은 의자에 앉는다. 또한 힌두는 삿상이나 뿌자(예배) 때 남녀를 구분하여 앉지만, 많은 교회가 남녀 구분을 하지 않는다. 또 주로 동북부 인도 기독교인에게 해당되겠지만 교회 안에서 여성들의 경우 종아리를 다 드러내는 짧은 치마를 입는데, 이는 주류 힌두에게 매우 부도덕하고 불경스러운 옷차림이다. 심지어 많은 인도 기독교인은 자신들의 거룩한 책인 성경을 그냥 바닥에 내려놓기도 한다. 이에 반해 힌두나 무슬림은 엑스 자 형의 레할(Rehal) 위에 경전을 올려놓는다. 이는 신의 말씀에 대한 존경의 표시이다.

둘째로, 교회는 천민들이 모이는 곳이라는 인식이 있기 때문이다. 인도에서 '기독교인'이라는 말은 특정 종교인을 가리키는 말인 동시에 '하층민'이라는 사회적 신분을 가리키는 말이다. 께랄라의 도마교인처럼 극히 일부 상층도 있지만, 기독교인의 90%가 넘는 사람들이 지정 카스트(달릿)와 부족민, 그리고 여타 하층 카스트에 속하기 때문이다. 이런 이유로 상층 카스트 배경의 힌두는 천민이 모이는 교회에 가기를 꺼릴 수밖에 없다. 게다가 예배, 전도 집회, 부흥회 등이 벌어지는 교회는 종종 힌두들에게 개종에 대한 압박을 가하는 위협적인 장소로 인식된다.

이렇게 교회라는 곳이 힌두들의 눈에 부정하고 불편한 곳, 위협적인 장소라면 도대체 우리는 어느 장소에서, 어떻게 힌두 친구들에게 복음을 나누어야 하는가? 대부분의 독실한 힌두들은 선교사/기독교인이 복음을 전하려고 하면 종교를 바꾸게 하려는 시도, 출생 공동체를 떠나게 하려는 시도로 여겨 혐오감을 가지며 거부한다. 또한 힌두들이 말은 안 해도 기독교인들이 '소고기 먹는 종교인', '힌두 세계관의 고귀한 가치를 인정하지 않는 자'라는 인식을 가지고 있기 때문에 '기독교 교리'를 가르치려는 전도에 대해 호의적이지 않다.

힌두에게 복음을 전하기 위해서는 그들과 선교사 사이에 넘어야 할 장벽과 편견이 너무 많아 어떤 말로도 전달되기가 어렵다. 그러기 때문에 교회라고 하는 선교사/기독교인의 영역에 힌두를 초청하기보다는 도리어 힌두가 안전하게 여기는 그들의 영역 안으로 전도자가 들어가는 것이 좋다. 거기에서 그들과 함께 살면서 예수님을 따라 사는 것이 어떤 것인지 보여줄 필요가 있는 것이다. 삶의 증거를 통해 그들이 갖고 있는 마음의 편견, 부정적인 생각을 없애고 신뢰의 관계를 맺는 것이 중요한 것이다.

선교사가 들어가야 할 힌두의 영역 중 가장 중요한 곳은 가족이다. 힌두 가족의 삶 속으로 들어가 그들과 가족과 같은 유대관계를 맺는 것이 전도에 있어서 핵심적인 단계이다. 힌두 선교는 힌두를 교회로 불러내는 것이 아니라 교회인 내가 힌두 친구의 삶과 문화 속으로 성육신해서 들어가는 것이다. 여기에서 기억해야 할 것은 전도 대상은 내가 목표하는 한 사람뿐 아니라 그의 가족 곧 형제자매, 부모와 심지어 일가친척들이 다 포함되어야 한다는 것이다. 이들 가족의 관심사에 동일한 관심을 가지며 그들에게 존경심을 갖도록 노력해야 한다. 이 부분이 쉽지는 않을 것이다. 선교가 얼마나 바쁜가? 그리고 그들이 중요하게 생각하는 관심사와 나의 관심사, 나의 가치가 일치하지 않을 수 있다. 그러나 힌두 문화의 핵심가치, 곧 공동체 가운데 선악을 정의하는 기준이 바로 '가족'임을 유의할 필요가 있다. 인도인의 성공은 반드시 돈이 아니라 가문의 위치와 전통을 따라 사는 것으로 측정된다. 그러기에 가족들의 마음을 얻으면 그 사람을 얻는 것이다. 이름 명명식, 학습 시작식, 결혼식, 장례식 등 16가지 삶의 통과의례(삼스까라)를 따라 벌어지는 가족 행사들에 가능한 한 참여하고 동시에 내 가족의 행사에도 그들을 꼭 초대하도록 한다. 가족의 일에 우선권을 두고 가족 각각의 실제 삶의 문제에 관심을 두고 돕기 힘쓸 때 나는 어느새 그들에게 가족과 같은 신뢰를 받게 될 것이다.

오로지 복음을 전할 목적으로만 관계를 맺는다면 관계가 지속되기 어려울 것이다. 내가 필요한 일에만 시간을 내고 상대방이 중요하게 여기는 일을 소홀히 하는 일이 반복되면 신뢰의 관계, 가족 관계가 깨어지게 된다. 또한 성급하게 복음 메시지를 가르치려는 마음을 내려놓을 필요가 있다. 그보다는 가족 개개인의 고민, 크고 작은 일상사의 기쁨과 아픔, 슬픔과 어려움에 참여하는 것이 중요하다. 그리할 때 삶 속에서 그들에게 필요한 도움이 무엇인가 알게 되고 그들 각각에게 필요한 복음을 나눌 기회를 얻게 된다.

한 마디로 힌두 전도법의 핵심은 선교사가 자신이 편안한 문화로 힌두를 불러내는 것이 아니라 도리어 힌두가 편안한 장소로 들어가는 것이다. 힌두가 편안한 장소는 무엇보다 가정이다. 여기에서의 만남과 사귐을 통해 삶에서 그리스도를 따르는 예수 박타의 영성을 보여주는 것이 가장 효과적인 선교가 될 수 있다.

토의할 점

1. 힌두 친구를 교회로 초청하는 것이 왜 전도에 도움이 안 되는지 설명해 보라.

2. 힌두에게 있어서 가족의 가치를 말해 보라. 한 개인이 아니라 가족 전체를 섬기는 전도가 왜 효과적일 수 있는지 말해 보라. 가족 전도의 실제에 있어서의 어려움과 방법에 대해 토의해 보라.

선교 방식(3): 수밤마의 상층 카스트 선교(사례 1)

　서양 선교사들 가운데도 상층 카스트 선교를 하는 사람이 많지 않지만, 한인 선교사들 가운데는 거의 없다고 말할 수 있다. 상층 선교를 안 해보았기 때문에 막연한 두려움을 갖고 처음부터 안 될 것이라고 생각하여 아예 시도를 안 하는 것으로 보인다. 또한 상층 선교를 하는 전도자를 주위에서 보기도 어렵고, 하고 싶어도 어디서부터 어떻게 해야 할지 모를 수도 있다. 이런 점에서 아래에 소개하는 상층 카스트 선교의 사례는 상층 선교에 도전하려는 사람에게 큰 용기를 주리라고 본다. 이 사례를 통해 상층 카스트 배경 힌두들이 예수님을 따르는 과정에서 공통적으로 부딪치는 문제가 무엇인지 알 수 있고, 그것을 어떻게 다루어야 할지를 파악할 수 있을 것이다.

　B. 수밤마 박사는 상층 카스트 힌두 가정에서 태어나 자라다가 그리스도를 만나게 되었으며 많은 상층 힌두에게 전도하여 교회를 세운 사람이다. 그의 "평탄한 길 만들기"라는 아래의 글에 실린 개종과 사역의 중요 부분을 번역 소개하고 그의 전도법에 대한 논의를 이어가도록 해보자.

　"기독교는 나에게 있어서 '불가촉천민의' 종교였다. 나는 어려서부터 기독교인 아이들의 근처에조차 가기를 꺼려했다. 예수는 신들 중에 가장 서열이 낮은 최하층 천민의 신으로 생각했기 때문이었다. 그런데 내가 대학에 다니던 어느 날 그렇게 꺼리던 세례를 마침내 받게 되었다. 힌두들에게 있어서 세례는 단지 기독교인이 되는 의식이 아니라 자신의 가족과 친족과 자신이 태어난 공동체를 떠나 다른 공동체의 일원이 되는 것을 의미한다.

그러기에 내가 세례를 받게 되었다는 소식을 들은 나의 모든 가족과 친척들은 크게 당황하여 나를 찾아와 제발 천민이 되지 말아 달라고 말했다. 그들은 내가 예수님을 믿는 것에 대해서는 반대하지 않았으나 깜마 공동체[수밤마가 속한 깜마 카스트]를 떠나 천민 공동체로 가는 것은 결코 용납할 수가 없었다. 지역 사회의 구루이신 삼촌 중에 한 분은 성경과의 비교 연구를 통해 그리스도를 아바타 중의 하나로 받아들인 분이시다. 어머니도 복음에는 관심이 있으셨다. 그러나 그들은 깜마 카스트를 떠나 천민의 교회 공동체로 들어간다는 것은 결코 상상도 할 수 없었으므로, 기독 신앙에 대해 알고자 하는 어떤 시도도 결코 할 수가 없었다. 이것이 오늘날 대부분의 카스트 힌두들이 안고 있는 문제이다.

1942년 3월 23일 나는 세례를 받았다. 그러나 나는 천민 공동체로 들어가지 않고 우리 집 안에 가정 교회를 세웠다. 나는 기독교인이 되었으나 내가 태어난 출생 공동체를 떠나지 않고 원래 있던 자리에서 그리스도의 제자요 그리스도 증인의 삶을 살기 시작한 것이다. 나는 마침내 가족과 친족들로 하여금 예수님을 구루로 따를지라도 여전히 가족과 친척들을 떠나지 않고 그들에게 헌신적인 가족의 일원으로 남아 있을 수 있음을 설득하게 되었다. 그리하여 몇 년이 지난 후 수백 명의 깜마 카스트 사람들이 그리스도께 대한 신앙을 가지게 되었다.

이를 통해 나는 세상 사람에게 복음을 전하기 위해서 교회가 반드시 다루어야 할 문제가 있음을 깨닫게 되었다. 그것은 사람들이 가족과 친족 공동체를 떠남이 없이 그리스도를 따르도록 돕는 것이다."[67]

수밤마에 따르면 상층 힌두 모두가 그리스도와 복음에 반대하는 것이 아님을 알 수 있다. 도리어 그들 중에는 여러 가지 계기로 복음에 관심을 가지는 자들이 있고, 스스로 성경까지 읽는 자들도 있다. 그런데 그들이 신앙을 배우고 그리스도를 따르는 데 있어서 결정적인 장벽 또는 부담이 한 가지 있는 것을 알 수 있다. 그것은 기독교인이 됨으로써 자신의 카스트 공동체/신분을 버리는 것이다. 수밤마의 부모와 일가친척은 수밤마가 기독 신앙을 가지는 것을 반대한 것이 아니라 천민 공동체로 신분과 정체성을 이동하는 것을 반대한 것이었다. 이 높은 장벽을 치우지 않는 한 어떤 구도자도 그리스도가 목자로 있는 우리 안으로 들어올 수가 없다. 수밤마가 한 지혜로운 일은 기존의 천민 공동체로 들어가지 않고 집에서 가정 교회를 시작한 것이다. 가정 교회는 인도 상황에서 상층 카스트가 공동체를 이탈하지 않으면서 그리스도를 따를 수 있는 가장 현실적이면서도 성경적인 대안으로 여겨진다.

누구든 진리를 알고자 하는 마음은 있어도 양반에서 상놈으로 신분이 바뀌는 것을 원하는 사람은 없을 것이다. 아직 진리를 알지 못하는 구도자, 그리고 어린 신자들에게 있어서 공동체 이탈, 신분의 변화, 명예로운 삶과 결혼, 장학금, 직장, 유산 문제 등이 걸려 있는 장벽을 넘는 것은 감당하기 어려운 짐이다. 이 무거운 짐을 요

---

66 B. V. Subbamma, "Smoothing the Paths: A Caste Hindu Tells Her Story," *Mission Frontiers*, Jan. 2001, Special Issue.

구함이 없이 출생 공동체에 머무르며 예수 그리스도를 따르는 제자의 삶을 살도록 돕는 것이 수밤마 사역 성공의 비밀이다.

수밤마는 그리스도의 가치를 알기 때문에 부모 친척의 반대에도 기성 교회에 참여할 수 있었다. 그럼에도 불구하고 그가 가정 교회를 개척한 것은, 출생공동체에 머무르는 가정 교회 방식이 아니고서는 기독교 복음을 들을 기회가 없는 동족[깜마 카스트]의 영혼 구원을 위해서였다고 한다. 동족의 상층 카스트로만 구성된 가정 교회는 성경적으로 이상적인 교회와는 거리가 있을 수 있다. 또한 전통 힌두 문화가 지배적인 속에서 그리스도를 따라야 한다는 점에서는 쉽지 않은 많은 도전들이 있음이 분명하다. 그럼에도 불구하고 현재같이 상층 카스트에 대한 구원의 문이 완전히 닫혀 있고, 이들에게 복음을 전하는 자들이 거의 없는 상황에서 상층 힌두들을 초청하고 구원에 이르게 할 수 있는 거의 유일한 방법이라고 할 수 있다.

힌두 배경의 개종자들이 가정 교회 방법을 적용하기는 어려움이 없지만, 외국 선교사들의 경우는 외부자들이기 때문에 그들의 삶의 방식[문화]을 채택하고 적응하기가 쉽지 않을 것이다. 먹는 것, 입는 것, 생활하는 것, 예배 방식들을 새로이 배워야 할 것이다. 이것은 그동안 익숙한 서구식, 또는 한국 문화와의 결별을 의미하기 때문에 매우 불편할 수 있다. 성육신은 불편한 것이다. 내 몸에 맞는 옷이 아니다. 내 입에 맞는 음식이 아닌 것이다. 그러나 힘들고 어려워도 이것이 선교사가 가야 할 길이다. 우리가 힌두 친구들과 똑같이 되기는 어렵고 사실상 불가능하다. 그러나 적어도 우리는 그런 것들이 왜 필요한가를 이해하고 그것을 배우고자 애를 쓸 수가 있다. 나는 외국인으로서 내부자와 똑같이 살 수는 없을지라도 내 제자들과 동역자들이 출생 공동체 속에 머물며 그리스도를 따르는 일을 격려하고 지도해 줄 수는 있다. 우리가 현지인만큼 현지 문화는 잘 몰라도 기독교 신앙의 가치를 잘 알고 있기 때문에 어린 구도자들/신자들이 현지 문화를 말씀에 기초하여 잘 분별할 수 있도록 도울 수 있다. 그래서 그들이 혹이라도 힌두 문화를 무비판적으로 수용함으로써 혼합주의에 빠지지 않도록 도우며, 성경적으로 기존 문화를 변혁시켜 나가도록 멘토의 역할을 해야 할 것이다.

토의할 점

1. 수밤마 박사가 기독교인이 됨에 있어서 가장 큰 고민이 무엇이었으며, 그것을 어떻게 해결했는지 말해 보시오.

2. 가정 교회 방식이 상층 카스트 선교에 어떻게 효과적인 방식이 될 수 있는지 토의해 보라. 가정 교회 방식의 약점이 될 수 있는 것은 무엇이며 이를 어떻게 극복할 수 있을지 토의해 보라.

선교 방식(4): 조셉의 하층 카스트 선교(사례 2)

하층 카스트라고 해도 도시 슬럼가 지역과 시골 마을에 거주하는 경우의 접근이 각기 다를 수 있다. 여기서는 시골 마을 공동체에 거주하는 지정 카스트(Scheduled caste, 또는 달릿) 대상의 전도에 대해 말하고자 한다. 의료시설이 없으며 설사 있다고 해도 가난해서 의료 혜택을 받기 어려운 시골 마을에는 질병의 치유를 통해 복음을 전하는 접근법이 효과가 있다. 아래의 내용은 인도인 전도자 조셉의 회심과 그의 치유 사역에 대한 사례이다.

보뚜만치 조셉(Botumanchi Joseph)은 안드라쁘라데쉬 텔랑가나 지역의 하층 카스트인 말라(Mala, 달릿) 배경 기독교인 부모에게서 태어났다. 조셉은 유아세례를 받았지만 기독교 신앙에 완전히 무지했으며 학교를 다니지 않아 성인이 될 때까지 문맹이었다. 스무 살의 나이에 기독교인인 메리와 결혼하여 아들 하나를 낳았으나 결혼한 지 5년째 되던 해, 문둥병에 걸리고 말았다. 부모, 친척, 친구와 모든 사람들이 그를 떠났다. 아내 역시 그를 홀로 놔두고 아들과 함께 시가를 떠나고 말았다. 그는 절망에 빠져 우울증 속에서 살다가 어느 날 자살을 결심하게 되었다. 그는 깊은 진흙 구덩이에 몸을 던졌다. 한 번 들어가면 스스로의 힘으로는 빠져나올 수 없는 곳인데 갑자기 누가 그를 잡아당겨 밖으로 빠져나올 수가 있었다. 나와서 누가 끌어 올렸나 살펴봤는데, 이상하게 아무도 보이지 않았다. 다음에는 지붕에다가 밧줄을 달고 목을 매었다. 그러나 갑자기

줄이 끊어져서 그만 땅에 떨어지고 말았다. 줄을 살펴보니 중간이 칼로 자른 것처럼 잘려져 있었다. 그는 도저히 이해할 수가 없었다, 죽는 것도 맘대로 안 되니 더욱 절망하여 바닥에 누워 슬피 울었다. 그러다가 한밤중에 불이 없는 그의 방이 갑자기 환하게 밝아지더니 어떤 음성이 들렸다. "오, 조셉아 왜 울고 있느냐? 네 병 때문에 그러느냐? 일어나라, 네 문둥병이 나음을 받았느니라. 이제 평안히 세상으로 가라. 성경을 들고 모든 아픈 자들을 내 이름으로 고쳐라."

다음 날 아침이 되자 그는 자신의 병이 깨끗이 치료되고, 문드러진 몸에 새 살이 돌아 완전히 정상인이 된 것을 발견하게 되었다. 그는 큰 기쁨에 눈물을 철철 흘렸다. 그는 이때부터 집을 떠나 성경을 들고 정글에 들어가 기도와 성경 읽기와 명상을 하며 사두의 삶을 살기 시작했다. 그는 학교에 가본 적이 없어 글을 못 읽는 문맹이었는데, 신기하게도 성경을 읽는데 뜻이 들어오게 되었다. 생애 처음으로 성경을 읽으면서 주님을 배워가기 시작했으며 매일 많은 시간을 기도에 힘썼다. 점차 그는 마을 주변 정글에 텐트를 치며 이곳저곳으로 옮겨 다니며 살았다. 이런 조셉에 대한 소문이 널리 퍼지면서 아내가 다시 돌아와 그의 사역을 도왔다.

조셉은 오로지 우유와 오렌지 주스 외에는 아무것도 먹지 않았다. 그는 긴 머리를 기르고 목에는 은색의 십자가를 걸었다. 그는 대부분의 시간을 텐트에서 주님과 교제하고 주님의 인도하심을 위하여 기도하며 시간을 보냈다. 그리고 주님이 그를 이끄신다고 느낄 때에만 다른 마을로 옮겼다. 그는 성령에 이끌려 주일, 화요일, 목요일을 치유모임의 날로 정했다. 모임은 아침 7:30분부터 시작해서 찾아오는 사람들의 규모에 따라 오후 늦게까지 계속되었다.

7:30분에 사람들이 모이면 조셉의 아내가 찬양을 가르친다. 한 시간 동안 찬양을 마친 후에는 조셉이 텐트에서 나와 무릎 꿇고 조용히 기도한다. 일어나면 사람들이 그에게 화환을 걸어준다. 사두 조셉은 전날 기도하고 묵상했던 복음서 말씀 중에 두세 장을 읽고 말씀을 나눈다. 그는 한 절 한 절을 읽으면서, 일상생활에서 나온 많은 예화와 함께 두 시간가량 말씀을 풀어 설명한다. 설교를 마친 다음에는 주기도문과 축도로 1부 순서를 끝낸다.

설교에서 조셉은 예수님이 영육 간에 사람을 치유하심을 강조한다. 그리고 예수님의 주요 사역 특히 십자가와 부활을 전하는데, 성령에 대해서는 그렇게 많이 이야기하지 않는다. 그는 예수님을 믿고 하나님의 말씀을 받아들여야 치유가 될 수 있다고 말한다. 회개를 촉구하지만 치유의 전제조건으로 말하지는 않는다. 그는 자신이 초자연적 능력을 가지고 있다고 주장하지 않으며 자신은 다른 사람처럼 평범한 사람이라고 말한다. 질병을 치유하는 것은 오직 예수님의 이름과 능력이라는 것을 시종일관 강조한다. 도덕적인 교훈을 특별히 강조하지는 않지만 사람들이 예수님을 믿은 후에는 마을로 돌아가 예수님께 헌신하는 삶을 살도록 강조한다. 말씀을 영접한 사람들에게 세례를 받으라고 주장하지는 않고 각자의 선택에 맡긴다.

치유받기를 원하는 자들은 통에 기름 조금, 그리고 소량의 소금과 꿀을 들고 와야 한다. 조셉이 축도한 후 사람들이 설탕과 소금을 먹으며 치유가 필요한 곳에 기름을 바른다. 불임증이 있는 여인 중에서 아이를 갖기를 원하는 자는 과일 하나를 가져와 축복을 받은 후 여자와 남편이 그것을 먹어야 한다. 각 사람은 헌금으로 동전 하나와 쌀 한 줌을 가져온다. 축도 후 청중은 조셉에게 차례로 한 사람씩 나와 그 앞에 앉는다. 그러면 조셉은 성경을 그들의 머리에 얹고 빠른 속도로 찾아온 모든 사람을 위해 축복 기도를 한다. 그의 모임에 나오는 사람들은 보통 5천에서 1만 명가량 되는데, 조셉은 그들 모두에게 일일이 손을 대고 기도해 준다. 조셉이 보통 한 장소에서 3~6개월간 머무르며 구도자와 믿음의 싹이 튼 초신자를 집중적으로 가르친다. 많은 사람들이 조셉의 텐트 주변에 임시 거처를 만들기 때문에 곧 그 지역은 거대한 마을로 변한다. 가게가 생기고 식당이 생긴다.

　수많은 사람들이 이 모임을 통해 각종 질병에서 나음 받았다고 간증했다. 특별히 조셉과 같이 문둥병 걸린 자들이 많이 와서 나음 받았다. 그들은 질병을 통해 하나님의 능력뿐 아니라 그리스도의 사랑을 체험하게 되었다고 간증한다. 나음 받은 자들은 각기 자신의 마을로 되돌아가 가족과 친척과 친구들에게 보고 들은 이야기를 전하는데 이렇게 하여 이 이야기가 또 다른 마을로 계속 번져간다. 1958년에는 감리교 메닥 교구 보단 지역 마을에 살던 모든 마디가(Madiga, 달릿) 사람들이 조셉을 통해 복음을 영접하고 세례를 받았다.

　조셉은 인근 지역 교회와 협력 사역을 하며, 독립된 자신의 교회를 세우지 않는다. 사람들이 세례받기를 요청하면 지역 교회 목사의 자문을 받아 세례를 준다, 왜냐하면 많은 사람들이 꼭 사두 조셉에게로부터 세례를 받고 싶다고 요청하기 때문이다. 그렇지만 그는 성찬식을 집전하지는 않으며 지역교회 목사를 초청하여 성찬식을 하고 목사들로부터 떡과 잔을 받는다.

종종 아리야 사마지스트(유일신 개혁파 힌두)들과 국민회의당 지도자들로부터 강력한 반대가 일어난다. 조셉이 하는 집회 바로 옆에 힌두 집회를 열기도 하고, 조셉의 사역과 기독교에 대한 비판과 정죄를 쏟아 놓는다. 커다란 소리를 내는 스피커를 동원하여 모임을 훼방하기도 한다. 깡패가 난입하여 조셉과 사람들을 두드려 패기도 했다. 한 번은 깡패 무리들이 텐트를 불사르고 모든 비품을 파괴시켰다. 또 다른 경우는 하이더라바드에서 모임을 가질 때 사람들이 나타나 조셉과 청중들을 향해 돌을 던지고 사역을 비방하는 유인물을 돌리기도 했다. 이러한 박해와 반대가 있었지만 사두 조셉은 언제나 침착하게 자신의 일을 계속했다. 텐트가 불에 타 모든 물건이 타버렸을 때 조셉은 이렇게 말했다. "방화로 물건을 다 잃은 것은 그동안 내가 사람들이 주는 선물을 받은 것에 대한 하나님의 심판이었다." 이렇게 그는 자기를 돌아보기에 힘썼기 때문에 수많은 기적에도 교만해지지 않고 계속해서 그리스도를 높이고 복음을 전하는 사역을 계속할 수 있었다.

토의할 점

1. 조셉의 생애에 일어난 기적들이 그의 사역에 끼친 영향이 무엇인지 말해 보라. 그의 삶과 인도적인 요소는 어떤 것이 있는지 말해 보라. 치유 사역에서 치유와 말씀의 역할에 대해 토의해 보라.

2. 조셉의 사역을 기초로 시골 지역의 가난한 하층민, 무학력자나 저학력자들에게 적합한 사역의 방법들에 대한 토의를 해 보라.

선교 방식(5): 시골 마을에 대한 이해와 전도[68]

2011년 인도의 인구 센서스에 의하면 전 국민의 69.8%가 500명 미만에서 10,000명 정도의 인구를 가진 시골에 살며, 시골 인구의 절반 이상이 1,000명 이하인 마을에 살고 있다. 한국의 시골 인구가 2010년에는 14.6%, 2020년은 10% 미만인 것을 고려한다면 인도 인구의 대다수는 한국과 전혀 다른 시골 환경에 살고 있는 것을 알 수 있다. 그러기 때문에 시골 힌두교의 모습, 시골 마을에서 사는 사람들의 문화, 의식 구조 등을 이해하는 것이 이들을 대상으로 전도하는 자들에게 필수적이라고 본다. 인도의 전반적인 문화가 시골 문화이기 때문에 심지어 도심지라고 해도 직장과 교육 목적으로 시골에서 온 이주자가 많기 때문에 어느 정도 시골로부터 영향받는 것은 피할 수 없다. 물론 시골이라 해도 지역에 따라 편차가 있는 것은 사실이다. 그럼에도 불구하고 아래에 언급될 안드라 쁘레데쉬와 텔랑가나 주 시골에 대한 기술이 다른 시골 모습을 이해하는 데에도 분명히 참고가 되리라 믿는다.

인도의 시골 지역은 도시에 비해 거의 확대가족을 이루며, 전통 문화가 지배적이다. 확대가족은 가족원의 수입을 공동으로 사용하기 때문에 사회, 경제 안전망으로 좋으나, 개인보다는 가족에 충성하기 때문에 전도할 때 개인적인 접근이 쉽지 않다. 도시에서도 그

---

67 이 글은 Ashish Amos의 *Village Christians and Hindu Culture* (Delhi: ISPC K, 1968)를 참고하였다.

렇지만 이 지역은 특히 가족의 규범이나 전통 관습을 어기는 것은 큰 죄로 여긴다. 시어머니는 종종 며느리를 돈 주고 사온 노예로 보는 경향이 있으며, 여자는 아이 낳고 남편의 만족을 위해 창조된 것으로 믿는다. 결혼 연령이 여성은 15살, 남성은 18살이지만 시골에서는 조혼도 드물지 않다.

상층 카스트의 경우 결혼 주례자는 브라민이 필수적이다. 모든 사람들은 가족 일, 농사 경작에 관한 날을 정함에 있어서 브라민으로부터 길일을 묻고 점성술에 기반한 상담을 받는다. 브라민이라고 해서 힌두 신앙에 대해 특별히 사람들에게 가르치는 것은 없다. 안드라쁘라데쉬에서 가장 큰 두 아웃 카스트(불가촉천민)는 말라와 마디가이다. 모두 가난한 두 카스트 공동체는 같은 하층임에도 상호간 결혼은 엄격히 금지된다. 주로 농사일을 하는 말라 카스트가 청소를 하거나 가죽을 다루는 마디가 카스트보다 더 높다고 생각하여, 마디가 손댄 음식은 거절한다. 바인들라는 흑마술사이자 마을 여신의 제사장이고, 장감은 말라에게 구걸하며 마을에서 마을로 떠도는 제사장이다. 마을의 여신들과 악한 영을 섬기는 제사장은 포타라주이고, 마쉬티는 순회곡예사이다. 신돌루는 순회 연극하는 마디가이고, 도칼리는 직업 거지다. 마을 회계사는 빨와리, 석수는 와다리, 세금 공무원은 말리 빠텔, 마을 경찰은 코트왈, 코마티는 대금업자이다. 브라민 여자는 재혼이 허락되지 않으나 수드라와 불가촉천민은 법원의 이혼증서가 없이도 재혼이 가능하다, 불가촉천민 중에는 가족 수입과 농사를 위해서 2명의 아내를 두는 것이 가능하다. 심지어 기독교인 중에도 두 명의 부인을 둔 가정을 종종 발견할 수 있다.

고전 힌두교에 나오는 산스크리트 신들은 시골 마을에서 질서 유지의 신으로 이해되지만, 마을 사람들이 실제 처한 곤경과 재난에서 구해주는 일은 드라비디안 여신과 마귀들이 하는 일이라고 믿는다. 남인도인의 신앙에 강력한 영향을 끼치는 산스크리트 힌두교는 고대 베다제사의식을 지키고, 오직 하나의 주신만 섬기거나, 또는 다섯 신만 섬긴다. 이미지 숭배와 유명 사원을 순례하고, 각종 축제를 지키며 정기적으로 금식을 한다.

마을 사람들이 윤리적 금기로 여기는 죄(빠빰)들은 카스트를 오염시키는 것, 살인, 카스트 밖의 간음, 그리고 규정된 의식을 안 지키는 행위 같은 것들이다. 그러나 여성이 자신의 명예와 결혼한 배우자를 지키는 일, 생명과 돈과 명예를 지키는 일, 브라민이나 암소 보호와 관련된 경우는 거짓말이라고 해도 죄가 아니다. 서로 다른 카스트간의 결혼이 금지되어 있으므로 하위 카스트와의 간음은 문제가 되어도, 카스트 내의 간음은 공개된 스캔들이 되지 않는 한 심각한 범죄행위가 아니다. 거짓말과 도둑질도 공개적으로 드러나지 않는 한 문제로 여기지 않는다. 사두와 같은 고행자에게는 높은 윤리를 요구하지만, 일반인에게는 드러나지만 않으면 심각한 문제로 삼지 않는 경향이 있다. 술 취함은 특히 하층 카스트 가운데 매우 흔하다. 간음도 모든 카스트에서 매우 흔하다. 곡물과 가축과 기타 물건을 도적질하는 일과 살인 등이 증가 추세에 있다. 사기가 흔하며 마을 공무원과 정치 지도자들 가운데 뇌물 받는 일이 흔하다.

시골 마을에서는 어떤 윤리적 문제보다도 의식적(儀式的) 또는 종교적으로 부정한 상태에 처하게 되는 것을 나쁘게 본다. 카스트를 넘어선 성관계와 살인, 또는 외혼 그룹 내에서의 근친상간은 의식적 부정으로 간주한다, 이렇게 부정한 상태에 처하면 마귀로부터 위험한 영향을 받게 된다고 믿는다. 마을 사람의 의식(意識) 구조에서 의식적(儀式的) 정결은 '길하고, 상서롭고, 복된' 상태이며, 반면에 의식적 부정은 '불길하고 위험한' 상태이다. 그러기에 정상적 사회생활을 위해서는 언제나 길한 상태를 유지하는 것이 중요하다. 이런 이유로 결혼한 여성은 정결한 옷인 사리 옷을 입고 남편이 살아있다는 표식으로 이마에 점을 찍는 보뚜(다산의 상징)를 해야 한다. 새프론이나 투메릭 가루는 풍요와 안녕을 의미하고, 검정색은 악한 영을 쫓는 기능이 있다고 믿는다. 흰색은 순결과 세상적인 목적을 포기하는 미덕을 의미하지만, 시바 신도들이 이마에 바르는 흰색 재는 자발적 고행, 그리고 세상적인 희망과 기쁨이 죽었음을 의미한다. 또한 흰색은 상층 힌두 과부가 반드시 착용해야 하는 옷 색깔이다.

시골 마을의 힌두교에서 업보(까르마)는 도덕적 행동을 고취하기 보다는 삶의 곤경에 대한 설명을 주는 개념으로 더 많이 이해된다. 아이들이 태어나면 창조주 브라마가 곧장 그 이마에 써놓는 것이 업보인데 브라마가 적어놓은 내용이 아이의 일생을 통해 성취된다는 것이다. 그러나 그렇다고 하여 사람들이 자신의 운명을 개선하려는 노력을 멈추지는 않는다. 문제의 해결책을 찾을 수 없을 때에만 운명, 질병, 재난에 대한 설명으로 업보 개념을 사용한다.

대부분의 힌두들은 하위신들과 근본적 격차가 있는 최고신의 존재에 대한 개념을 가지고 있다. 신이 하나이며 모든 것은 신에게 속한다고 믿는다. 자리에 앉거나 일어서거나 밭에서 일할 때 항상 '스와미'(주님, 하나님)란 말을 한다. 삶의 필요에 의해 여러 여신들을 섬기기는 하지만 모든 사람이 똑같은 신을 믿는다고 본다. 최고신은 초월적이지만 인격적인 존재로서 비슈누나 시바 두 주요한 신 중 하나로 생각한다. 마을 사람들이 섬기는 2등급 신은 데바들이고, 3등급 신은 브라마의 아내 사라스와띠, 비슈누의 아내 락쉬미, 시바의 아내인 빠와띠나 두르가 그리고 상위신을 섬기는 하위신들, 특히 가네쉬와 하누만, 나겐드라(코브라 신, 결혼을 보호하는 신)이다. 이들은 주요 신과 지방의 마을 여신 사이에서 중보자 역할을 한다.

   대부분의 마을 힌두들, 특히 하층 수드라와 불가촉천민에게는 마을 신들이 직접적으로 더 중요하다. 남인도에서 마을 신들은 거의 모두 여신들이다. 여신들은 마을의 복지와 안녕과 관계가 있으며 그들이 화가 날 때 전염병이나 재난이 일어난다고 생각한다. 지역 신들은 같은 이름이라도 지역에 따라 그 서열이 다르다. 시바신의 배우자 두르가마는 가장 강력한 여신으로서 마을의 복지에 책임을 지기 때문에 축제 행렬이 가장 먼저 그 신전에 들른다. 검정 포샤마는 천연두 여신, 카테 마이사마는 마을 물탱크와 저수지를 보호하는 여신, 무띠얄라마는 수두 여신이다. 부락쉬미는 비슈누의 아내로 지구 여신이다. 마따디포샤마는 살해당한 여인의 유령에서 유래된 새로운 여신이다. 발라마는 다산의 여신으로 그녀가 화를 내면 불임을 가져온다. 와치나마는 콜레라 여신으로 다른 마을에서 온 타지 여신이다. 남신으로는 거의 유일하게 포따링가미아가 있는데, 마을 경계를 지키는 신이다, 락쉬미를 모시는 사원은 없으나 대신 발효된 쌀물 단지를 통해 그녀는 모든 가정의 재화와 복을 책임진다.

   마을 힌두들은 마술을 믿는다. 보통 마을마다 서너 명의 마술사가 있는데, 그들은 마술적 능력으로 사람을 조종할 수 있다고 믿는다, 마법을 쓰고 '사악한 눈길'을 던지는 마녀라고 손가락질 받는 여자들도 있다. 또한 마을 힌두들은 유령과 악령의 존재를 믿으며 그들에 대한 큰 두려움을 갖고 있다. 모든 질병의 배후에 이들 악령이 있다고 생각한다. 사람이 정신 이상에 빠져 이상한 행동을 하는 것도 마귀의 영향을 받은 것이라고 믿는다. 그런 골칫거리 정령들은 돌발적으로 비명횡사했거나 분만 중에 죽은 여자들이 앙심을 품고 세상에 마귀의 모습으로 돌아온 것이라고 한다. 누군가 길에서 갑자기 죽으면 유령이 되어 콜레라를 일으키는 것으로 본다, 이 경우 죽은 이의 유령을 달래서 마을에서 떠나보내는 의식을 치른다. 아리야 사마즈 계열 힌두는 예수 그리스도도 비명횡사를 한 결과 이 세상에서 활동하는 마귀라고 본다.

힌두는 동물이나 나무도 초자연적인 존재 중 하나로 본다. 모든 마을 사람들은 물소를 포함한 소에 대해 기본적인 존경심은 있으나 상층 카스트의 암소에 대한 존경심은 특별하다. 개는 목자(牧者) 카스트의 신에게 속했거나 그것의 현현으로 본다. 그러므로 개를 죽이는 것은 죄가 된다. 마을 사람들은 또한 코브라를 죽이는 것을 주저한다. 왜냐하면 코브라는 결혼을 보호하는 나겐드라 신으로 생각하기 때문이다. 원숭이 역시 하누만 신의 현현이기에 죽이지 않는다, 상층 카스트들은 특정 나무와 식물을 신성시한다. 일반 마을 사람들 역시 특별한 모양을 가진 특정 나무를 신성시하며 그 신성한 나무 밑의 성소에 자주 방문한다. 어떤 신이 특정한 바위나, 나무 동굴에서 나타난 것으로 알려지면 그 장소는 신성한 성소로 여겨진다.

상층 카스트와 마찬가지로 불가촉천민 역시 자신들의 구루와 제사장을 가지고 있다. 그러나 어떤 카스트나 종파에 속한 제사장이라고 해서 다른 종파와 카스트의 제사장이 될 권한은 없다. 각각의 제사장은 자신의 관할 지역 안에서만 활동한다. 브라민은 3년, 5년, 10년에 한 번씩 마을을 방문한다. 신도들에게 쁘라사담을 나눠주며 축복한다. 쁘라사담은 신에게 바쳐진 음식이나 꽃을 말하는데, 신의 능력과 은혜를 가진 것으로 알려져 있다. 브라민이 대부분인 구루(종교 선생)들의 방문 시 따로 종교적인 가르침을 주지는 않는다, 그들은 또한 도덕의 사표(師表)로 여기지도 않는다. 단지 구루가 자신의 직무를 어떻게 수행하는가의 여부에 따라 존경과 애정이 주어진다. 종파에 따라 어떤 구루는 신으로 여겨지기도 한다.

모든 마을 여신들의 제사장으로서 의식을 주관하는 딸라리(talari)가 있다. 지주로부터 현금, 데바도실루(신에게 바친 쌀) 그리고 밭 같은 것을 사례비로 받는다. 포타라주와 바인들라 제사장은 여신에게 속한 불가촉천민이다. 이들은 마을에 전염병이 돌거나 가족에 질병이 생겼을 때 타지에서 온 마귀나 여신들을 내보내는 특별한 의식을 집전한다. '콜푸라'로 불리는 여자는 이 의식 중에 여신의 영에 사로잡혀 황홀경 속에서 여신이나 마귀의 말을 전한다. 마을 여신이나 악령을 위해 동물 제사가 바쳐진다. 수두나 콜레라가 전년에 발생했으면 특별히 더 많은 동물 제사를 드린다. 정규 연례 축제에도 대부분 동물 제사를 바친다.

힌두의 신앙과 문화 가운데에는 예수 그리스도에 대한 신앙을 받아들이는 데 도움이 될 수 있는 어떤 요소들이 있다. 첫 번째는 놀라운 신의 축복이다. 힌두 성육신의 행적과 가르침을 다룬 뿌라나를 보면 신으로부터 축복을 받는 이야기가 많이 나온다. 예를 들어 자녀를 낳는 축복에 관한 이야기거나 질병으로부터 기적의 치유를 받는 이야기들이다. 그러므로 힌두는 기적의 치유나 기적적인 축복을 받았을 때 자연스럽게 그것이 신의 손길과 능력임을 믿는다. 만일 예수님의 이름으로 하는 기도를 통해 그런 일을 겪는다면 그들은 쉽사리 예수님을 자신의 신으로 받아들일 수 있다.

두 번째는 신의 뜻을 알리는 꿈이다. 비슈누파 신앙에서는 비슈누의 아바타인 크리슈나나 라마가 신자에게 꿈으로 찾아오는 일에 관한 이야기가 많이 나온다. 그래서 힌두들은 꿈을 통한 신의 계시에 익숙하다. 적지 않은 개종자들이 예수님을 믿게 된 계기는 예수님에 대한 꿈과 환상이었다. 물론 기적의 치유나 꿈 자체로는 곧장 사람들을 교회로 이끌지 않는다. 그럼에도 불구하고 그와 같은 사건들은 예수님과 기독교 신앙에 대한 부정적인 생각을 내려놓고 복음을 영접하는 준비가 될 수 있다. 물론 결정적으로는 기독교 신앙에 대해 토론하고 설득할 수 있는 기독교인/전도자와의 만남이 있어야 다음 단계로 들어갈 수가 있다.

꿈에서 계시받은 것을 계기로 예수님을 만나게 된 사람의 예를 들어 보자. 수드라 카스트 배경의 사람 중에 벤카테스와라는 사람이 꿈에서 크리슈나 신을 보았다. 크리슈나는 그에게 결혼에 대한 제안이 들어오면 무조건 그것을 받아들이라는 명을 내린다. 그런데 놀랍게도 며칠 후 꿈에서 알려준 대로 결혼 제안서가 우편으로 도착했다. 제안서의 내용은 만일 당신이 기독교인이 되기로 서약을 한다면 자신의 딸을 신부로 주는 것을 허락하겠다는 것이었다. 벤카테스와라는 여러 가지 조건이 이전 결혼 제안서에 비해 좋아 보이지 않았지만 동의하였다. 왜냐하면 그는 이것이 신의 뜻이라고 믿었기 때문이었다. 그리하여 그는 장인으로부터 신앙교육을 받은 후 크리스토퍼 다야난드라는 이름으로 세례를 받았으며 곧 결혼했다. 결혼 후 그는 더 많은 기독교 신앙을 배우기를 원하여 메닥에서 기독교 기본신앙 1년 과정에 등록하였는데 여기에서 그는 기독교 사역자로 헌신하기로 결심을 한다. 그래서 3년의 신학대학을 추가로 마친 후 그는 상층 지주 카스트 선교를 위해 헌신하는 인생을 살게 된다. 후에 그는 결혼 전 자신이 꿈에서 본 그 인물이 사실은 크리슈나가 아니라 예수 그리스도였음을 깨닫게 되었다고 한다.

벤카테스와라의 장인 역시 원래는 독실한 힌두로 결코 기독교 복음을 들어본 적이 없던 사람이었다. 그는 심지어 말씀을 전하는 기독교 전도자를 구타하기도 할 정도로 기독교에 대해 적대적이었다. 그런데 어느 날 갑자기 복통을 얻어 고생하게 되었는데 병이 잘 낫지를 않았다. 많은 병원을 찾아 가 보았지만 만성적 복통으로 괴로워했다. 그러던 어느 날 밤 꿈에서 자신을 예수라고 하는 분을 만났는데 예수님은 그에게 몇 월 며칠까지 그의 병이 나을 것이라고 말씀하셨다. 놀랍게도 정확한 그 날짜가 되자 그의 복통은 완전히 사라졌다. 이 체험 후 기독교 신앙에 관심을 갖고 세례까지 받게 된 것이다. 이 사람은 후에 예수 그리스도의 이름으로 기도할 때 사람들의 질병이 치유되는 체험을 하게 되었다. 한 번은 그의 어린 아들이 앓다가 죽었는데, 그가 침대에서 2시간 동안 눈물로 기도했을 때 죽은 아들이 살아나는 일도 체험했다고 한다. 그는 기도로 지역 사람들을 치유하면서 전도하는 사역을 이어갔다.

1947년 인도 독립 이전에는 시골 마을 지역에 대량 개종 운동으로 가파른 성장세가 있었다. 이때는 시골 지역에서 전도할 때 전도자들은 종종 기독교인이 될 때 얻을 수 있는 물질적, 사회적 유익에 대해 강조하는 경향이 있었다. 그러나 독립 후 경제적 사회적으로 후진 카스트에게 주어지는 정부 일자리 쿼터제를 비롯한 여러 가지 경제적 혜택이 증가하면서 많은 것이 달라지게 되었다. 불가촉천민의 경우 기독교로 개종하기보다는 도리어 힌두로 머무르는 것이 물질적, 사회적으로 더 유리하게 된 것이다. 왜냐하면 기독교인이 되면 법적으로 이런 혜택을 받을 수 없기 때문이다. 아리야 사마즈가 기독교인들을 힌두로 역개종시키는 데 이것을 이용하고 있다. 이런 이유로 이제 하층 카스트 그룹의 멤버 전체가 동시에 기독교로 개종하는 대량 개종 운동이 일어나기는 어려운 시대가 되었다. 물질적, 사회적 혜택을 강조하여 사람을 모으는 기존 방식의 증거가 큰 도움이 안 되고 있기 때문이다. 그보다는 경제적으로 궁핍하고, 사회적으로 학대받으며, 영적으로 악령에 대한 두려움에 시달리는 이들과 함께 살면서 사랑으로 돌봐주는 성육신 전도가 필요하다. 시골 사람들의 눈높이에 맞춰 자녀문제, 질병문제, 경제문제 등을 위해 예수님의 이름으로 기도하는 법을 가르쳐 주면 기도의 체험을 통해서 스스로 신앙의 세계에 관심을 갖고 신앙의 출발을 할 수가 있다. 그리고 정기적인 방문을 통해 드라비디안 힌두교[69] 신앙을 갖고 있는 이들이 이해할 수 있는 복음을 지속적으로 전하면 예수 그리스도의 좋은 제자로 양육될 수 있다. 시골은 도시에 비

---

68 드라비디안 힌두교란 인도의 토착 원주민인 드라비디아인들이 마을을 지키는 신들과 신성한 동·식물을 숭배하는 힌두 신앙을 말한다. 이는 인도 아리안 족이 베다종교를 가져오기 이전 고대로부터 내려온 것으로 알려져 있다.

해 전통문화와 규율, 그리고 공동체 문화가 강하기 때문에 가족 및 문화를 존중하는 사역을 해야 어느 정도 충돌을 줄여 가며 사역을 할 수 있을 것이다.

토의할 점

1. 시골 마을 사람들이 갖고 있는 두려움의 문제에 대해 말해 보라. 두려움의 종노릇하는 이들을 어떻게 도와 복음을 전할 수 있는지 토의해 보라.

2. 꿈, 기도, 치유, 정기적인 방문과 같은 것들이 어떻게 시골 마을 사람들에게 복음과의 접촉점을 가질 수 있는지 토의해 보라.

선교 방식(6): 아쉬람 전도

아쉬람(Ashram) 전도란 힌두의 아쉬람을 플랫폼으로 하는 전도법을 말한다. 힌두교에서 아쉬람은 고대 라마야나, 마하바라타 시대부터 수도원, 또는 구루와 제자들이 공동생활하는 구루쿨(구루의 집)의 역할을 해온 영적 수양처이다. 힌두의 네 가지 삶의 여정의 각 단계를 아쉬람이라고도 하는데 이 삶의 단계별 영적 성숙을 돕는 기관으로서의 아쉬람은 숲이나 산 등 한적한 곳에서 영적 교훈과 명상에 도움이 되는 다양한 형태의 영적, 신체적 연단을 하던 곳이다. 이처럼 힌두 영성의 발전소와 같은 곳이 기독교 선교의 장으로 바뀌게 된 것은 19세기 말, 20세기 초 케샵 센, 라빈드라낫 타고르, 간디 등의 아쉬람이 힌두 부흥운동의 전초기지로 부각되면서부터이다. 외국 선교사 중에는 윈슬로우(J. C. Winslow), 스탠리 존즈(Stanley Jones)가 그리고 많은 인도인 전도자들이 아쉬람을 선교 기지로 삼아 전도하면서 기독교 아쉬람은 인도 전역으로 퍼지게 되었다.

아쉬람을 기독교 선교에 활용한 것은 로버트 드 노빌리에게 그 기원이 있다. 하지만 서구 선교 운동이 본격화되면서 이것의 필요성을 인식하여 특별히 전도에 초점을 두고 아쉬람을 적극 운영한 사람은 인도 현지인들인, 라젠드라 다스와 A. 차크라베띠 등이었다. 다스는 바라나시에서, 차크라베띠는 브린다반에서 순례자들과 상층 카스트 대상으로 그들이 부정적으로 보는 서구 기독교의 모습을 떼어 내고 인도의 그릇, 인도인의 삶의 방식으로 그리스도의 복음을 전하기 위해 힘썼다. 노빌리, 브라마반답 우빠디아이나 라젠드라 다스의 이와 같은 토착적인 전도의 시도는 가톨릭이나 개신교 선교사들로부터 대부분 냉담한 반응과 반대를 받았다. 서구 선교사들은 이렇게 인도의 그릇을 사용하다가 뭔가 잘못될 것을 우려했기 때문이었다. 그러나 힌두 전도라는 관점으로 본다면 복음의 문이 거의 닫혀 있는 카스트 힌두들에게 접근할 수 있는 접촉점으로서 아쉬람의 역할은 매우 중요했다. 그러기 때문에 열매의 많고 적음을 떠나 힌두 전도 특히 상층 카스트 전도에 있어서 아쉬람은 빠뜨릴 수 없는 전도 모델이 된다. 그러기 때문에 선교사가 배제된 채 인도인 사역자 중심으로 설립된 전국선교사협회(National Missionary Society)의 총무 카나까라얀 폴(Kanakarayan Paul)은 1912년 전국 선교사 모임에서 기독교 아쉬람을 인도 전도의 모델로 제시했던 것이다. 그는 이 아쉬람 모델이 "기독 청년들에게 힌두교 최고의 옹호자와 만날 전도적 준비를 제공할 것"이라고 말했다.

그러나 아쉬람 모델이 사람들의 관심을 끈 것은 전도만이 아니었다. 인도 기독교는 서구선교사들의 영향으로 철저히 서구적인 모습을 갖게 되었는데, 이는 카스트 힌두들의 거부감을 불러일으킬 뿐만 아니라 기존 기독교인들의 정체성에도 문제를 가져오게 되었다. 그래서 1938년 탐바람 선교사 대회를 전후로 하여 첸치야, 차카라이 등의 재고그룹(再考, Rethinking Group) 멤버들 중심으로 서구 제도로서의 교회는 인도에 더 이상 부적절하다고 선언하게 되었다. 그들은 인도교회는 인도만의 독특한 정체성을 가지면서도 하나님 나라의 일원이 될 수 있다고 믿었다. 그리하여 인도 전통 옷을 입고 채식을 하며, 나무 밑에 앉아 예배를 드리고, 인도의 전통 음악과 명상과 요가 등 토착적 방법으로 기독교 신앙을 표현하는 시도를 하게 되었다. 단순하고 명상적인 삶, 공동생활을 통해 인격적 실천을 배워나가는 인도 전통 방식이 서구문화보다 성경의 이상에 더 잘 맞는 것에 공감하는 사람들이 늘면서 아쉬람에 대한 관심도 커지게 되었다.

인도 기독교 교회와 선교활동에 대한 비기독교인의 이해는 1956년과 1998년 마디야 쁘라데쉬 정부가 2권의 책으로 발표한 니요기 보고서에 잘 나타나 있다. 그것에 의하면 "기독교 교회의 그림, 건축, 예배 형태와 의식, 신학, 건축, 음악, 기독교인의 의식, 정서, 언어, 문화 모든 것이 비인도적(非印度的)"이라고 했다. 하층 카스트를 대상으로 선교하는 자들은 니요기 위원회의 보고서에 나타난 비기독교인의 혐오감이나 분노를 무시해 왔다. 그러나 인도의 주류층인 카스트 힌두 선교에 관심을 갖는 자, 그리고 인도의 기독교는 인도의 얼굴과 인도의 정체성을 가져야 한다고 믿는 사람들은 라젠드라 다스가 말한 다음의 말에 대부분 동의한다. "아쉬람은 힌두교에 대한 가장 좋은 전도 접근법이다."

근대 서구 선교의 그 어떤 방법보다 아쉬람이 전략적으로 탁월한 이유는 첫째, 비기독교인들의 입장에서 호소력과 매력을 느낄 수 있는 접근이기 때문이다. 많은 기독교 전도자들이 기독교 메시지 전달에는 관심이 많지만 그 메시지 전달자의 삶의 방식(문화)에는 무관심했다. 그러나 그들이 그토록 전하기를 갈망하는 메시지를 듣기도 전에 비기독교인들은 전도자의 이질적이고 부정한 서구적 삶의 방식에 혐오와 분개 또는 무관심한 태도를 갖게 된다. 그러기에 기존 교회에서 아무리 초청을 해도 카스트 힌두들은 교회에 나올 수가 없는 것이다. 반면에 아쉬람 전도를 하는 자들은 카디 꾸르타를 입고 채식을 하며, 비나, 따블라, 돌락, 하모니움과 같은 전통악기의 연주와 함께 바잔 노래를 부르고 단순한 삶의 방식을 따라 산다. 이러한 아쉬람의 삶의 방식은 비기독교인들의 경계심을 풀고 마음을 편안하게 해주며 그들의 종교 정서에 호소하는 힘이 크다. 기독교 메시지도 정죄와 공격보다는 힌두교를 공감하는 가운데 기독교의 하나님을 통해 체험한 평화와 구원의 기쁨을 나눈다. 이렇게 무관심과 반감을 갖던 카스트 힌두들이 자신들에게 친숙한 홈그라운드에서 이전에 한 번도 들어볼 기회가 없었던 기독교 복음 메시지를 듣게 할 수 있다는 것이 아쉬람 전도의 가장 큰 장점이다.

둘째, 아쉬람은 개종 이후의 삶과 예배, 영성의 모습을 보여줌으로써 구도자와 초신자의 정착을 돕는 장점이 있다. 서구의 문화가 지배적인 인도 대부분의 교회들은 카스트 힌두 배경 개종자들에게 인도인의 정체성과 문화를 유지하면서 예수님을 따를 수 있는 환경을 제공해 주지 못한다. 인도 문화의 가치와 윤리를 따라 살기를 원하는 많은 힌두들의 관점에서 볼 때 기존 기독교 공동체는 여러 가지 이유로 불편한 공동체이다. 음식, 옷차림, 생활 관습, 예배, 가치관 등 많은 부분이 거슬리고 갈등의 요인이 된다. 상층의 경우에는 기독 공동체가 천민 공동체라는 이유 하나로 그 공동체의 일원이 되기를 꺼리는 마음이 있다. 이런 이유로 설사 그리스도를 믿더라도 기존 교회에 정착하기 힘들기에, 이른바 비밀 기독교인이 인도에 다수의 비율로 존재한다. 이런 점에서 아쉬람은 단순히 예수님을 믿게 하는 전도에서만이 아니라 예수님을 믿고 따를 수 있는 환경까지도 제공하기 때문에 카스트 힌두 전도와 제자 양육에 매력적인 모델이 되는 것이다.

토의할 점

1. 상층 카스트 힌두를 대상으로 전도할 때 아쉬람을 통한 전도가 어떤 점에서 유리하다고 보는지 말해 보라.

2. 인도에서 비기독교인들에게 전도할 때 기독교 메시지는 사랑과 거룩의 메시지를 전해도 전도자의 예배와 삶의 방식은 그에 일치하지 않는 경우가 많이 있다. 인도에서 전도와 삶이 일치하는 총체적 이미지 선교에 적합한 전도법으로서 아쉬람의 가능성에 대해 토의해 보라.

선교 방식(7): 삿상 전도

삿상(Satsang)이란 '진리의 사람들과의 만남'이란 뜻으로 집이나 강당에서 구루와 경전이 제시하는 진리를 듣고 기도하며 예배하는 목적으로 갖는 힌두의 종교적 모임이다. 보통 삿상을 하는 자들은 깨달은 자인 구루와 함께 바닥에 앉아 찬양과 예배 그리고 강론과 질의응답 시간을 갖는다. 지두 크리슈나무르띠에 의하면 삿상은 선한 자들과 함께 하므로 지혜롭게 되고 세상으로 향한 마음을 높은 수준의 사고로 끌어올리게 한다. 삿상 전도란 이와 같은 인도 전통적인 방법인 삿상을 활용하여 힌두들과 말씀을 나누고 그리스도를 체험하도록 돕는 전도법이다. 이와 같이 기독교 전도자를 구루로 하는 삿상은 '예수 삿상'이라고 한다.

예수 삿상은 그리스도를 따르는 사람들이 그리스도에 초점을 둔 예배 의식과 라이프 스타일을 채택한다는 점에서 일반 기독교 전도 모임과 유사하다. 그러나 그리스도에 초점을 두더라도 일반적인 인도 교회의 방식과 다른 점이 있다. 예수 삿상을 하는 사람들은 예배드릴 때 신발을 벗고 의자를 없애고 바닥에 앉으며, 결혼한 여성들은 사리를 입고 머리와 이마에 신두르와 빈디를 찍는다. 그러나 전통적인 인도 교회와 교인들은 아무 고민 없이 신발을 신고 교회당에 들어와 의자에 앉는다. 그리고 신두르, 빈디를 비롯한 사회관습을 이교도의 관습으로 거부한다.

신앙과 관련 없는 힌두 문화를 기독교인의 예배와 삶에 채택할 것인가 말 것인가는 오랜 역사를 가진 인도 선교의 논쟁점이다. 다수의 전통적인 입장으로 보면 힌두 문화의 채택은 기독교의 순수성을 변질시키는 것이고 혼합주의에 빠지는 행위가 될 수 있다. 이교도 문화가 지배적인 곳에서 힌두교에 흡수되어서는 안 되기 때문에 최대한 거리를 두어 기독교의 독특성을 지켜야 된다고 보는 것이다. 그러나 예수 삿상을 하는 사람의 입장에서 보면 전통 교회의 방침은 기독교인을 사회로부터 격리시킴으로써 세상의 빛과 소금이 되지 못하게 할 뿐 아니라 원천적으로 전도를 어렵게 하는 방식이다. 인도인의 관점에서 부정한 서양 예배 방식, 부정한 삶의 방식을 채택해서는 힌두 이웃들에게 접근도 할 수 없을뿐더러 친구도 될 수가 없다. 삿상을 하는 사람들은 왜 기독교 방식은 반드시 서양 방식 한 가지로 고정된 것인지, 인도인으로서 기독교인이 될 수 있는 길은 없는 것인지 질문한다.

삿상 전도를 하는 지도자들은 도리어 기독교 공동체의 이질성을 최소화하는 것이 전도에 유리하다고 보고 다음과 같은 방법을 제시한다. 첫째로, 교회 활동의 이질성을 최소화하기 위해 현재 교회의 관습을 재조정해야 한다. 예를 들어 성경을 놓는 관습에 변화를 줄 필요가 있다. 삿상에서 성경의 중요성을 상징화하기 위해 힌두 삿상을 할 때 우상을 놓는 자리에 레할(rehal, 나무 책 받침대)을 두고 그곳에 성경을 위치시키는 것이다. 시크교 역시 그들이 바니(bani, 말씀)라고 부르는 '구루 그란트 사힙'(시크교의 마지막 구루로서 그들의 경전을 가리키는 말)을 황금빛 덮개 밑 특별한 받침대에 놓아 정면의 높은 곳에 위치시킨다. 이런 식으로 성경 말씀을 마음으로 지키는 것이 아니라 하나님의 고귀한 말씀에 상당하는 존경심을 표현하는 것이 인도의 방식이다. 이뿐 아니라 성만찬과 세례 의식도 힌두나 시크교도들이 거룩하고 경건하게 여기는 방식으로 변형시키면 성례식의 의미를 더 잘 이해하게 된다.

둘째로, 사회적 이질성을 최소화하는 다른 방법으로 사회적 정체성 변화에 대한 강조보다 내적 변화의 필요성을 강조한다. 힌두나 시크 배경을 가진 사람들은 삿상에서 예수님에 대한 이야기를 들으면 자신을 개종시키기 위해 이런 말을 하는 것으로 의심을 한다. 그러면 공통적으로 "나는 내 종교를 바꾸지 않겠다, 종교를 바꾸려고 여기에 온 게 아니다, 종교를 바꾸려는 시도를 하지 말라"는 식으로 반응을 한다. 여기서 그들이 말하는 종교란 '다르마(dharma)'를 가리키는 것으로 교리나 철학 또는 신조를 말한다기보다는 공동체의 의무나 문화적 규율, 책임감 같은 것을 말한다.

인도인의 공동체 정체성이나 삶의 방식을 바꾸려는 시도는 실패할 확률이 높으며 그것을 바꾸는 것은 선교사가 할 일이 아니다. 전도자는 죄로 인해 병들고 상한 마음, 무거운 마음들이 그리스도의 말씀과 성령의 능력으로 치유 받고 새롭게 되도록 옆에서 섬기는 자들이다. 예수님을 통해 마음이 새로워지는 자는 누구든지 예수님을 자신들의 참된 구루와, 유일한 구주로 고백하게 된다. 이렇게 다르마는 바꿀 수 없지만 스스로의 필요에 의해 자신이 선호하는 신으로 바꾸는 것은 이쉬타 데바따(ishta devata, 선호하는 신)라고 해서 전통적인 인도의 종교 문화이기 때문에 전혀 아무런 문제가 없는 것이다. 그러므로 전도자는 마음을 새롭게 하는 데 중점을 두어야 한다.

셋째, 그리스도를 따르는 초신자들이 자신들의 관습과 라이프 스타일을 바꾸는 데 좀 더 많은 시간을 줄 필요가 있다. 많은 선교사와 전도자들은 개종자들에게 이제 기독교인이 되었으니 옛 행위와 관습을 다 버리고 새로운 삶의 방식을 빨리 받아들일 것을 촉구한다. 이렇게 조급하게 요구하면 반발을 살 뿐 아니라 아직 정리되지 않은 과거의 관습이나 미신을 사람들에게 보이지 않는 수면 밑으로 숨기기만 할 뿐이다. 과거 관습은 쉽게 죽는 것이 아니므로 세월이 흐르면서 기독교 신앙과 혼합된 형태로 계속 남아 있게 된다. 그러므로 삿상 지도자는 인내심을 갖고 점진적으로 사람을 변화시키는 성령의 역사를 강조할 필요가 있다. 종종 삿상 지도자도 새 신자가 당장 집에 모셔놓은 우상을 버리기를 바랄 때가 있다. 그러나 이렇게 압력을 가하기보다는 성경 말씀을 통해 그들이 스스로 깨닫고 결단할 수 있도록 돕는 것이 중요하다.

넷째로, 힌두교나 시크교를 마귀 종교 취급하는 것을 조심할 필요가 있다. 어느 힌두나 시크교도도 자신들의 관습이나 경전이 마귀적이라는 데 동의하지 않는다. 종종 기독교 목사들은 힌두나 시크교도가 하는 것은 전부 사탄적이라고 쉽게 말한다. 그러나 그들의 관습과 경전 모두가 악한 것은 아니다. 실제로 그리스도를 따르기 이전에 경건하게 살던 힌두나 시크는 그리스도를 따른 후에도 더욱 경건하게 사는데 이는 종교적인 관습이나 가르침 면에서 경건하고 바르게 살기를 권면하는 많은 내용들을 이미 이전 신앙에서 훈련받았기 때문이다. 선교사와 인도 기독교인들은 힌두와 시크로서 신앙 생활을 해보지 않았고 경전을 읽어보지 않기 때문에 그곳에 다 나쁜 것만 나올 줄 안다. 하지만 힌두와 시크교 배경의 예수 박타들은 어릴 적부터의 경험과 경전 읽기를 통해 그곳에도 기독교와 부분적으로라도 일치하는 '어떤 진리'가 있는 것을 알고 있다.

토의할 점

1. 힌두 삿상과 예수 삿상은 어떤 점이 같으며 어떤 점이 다른가?

2. 한인 선교사나 인도인 전도자가 설립한 기독교회의 '사회적 이 질성'에 대해 말해 보라. 이러한 이질성을 최소화하는 예수 삿상 전도법의 장점에 대해 말해보고 '동질성'과 '일체감'이 필요한 다른 교회 관습이나 가르침에 대해 더 토의해 보라.

선교 방식(8): 우땅기의 끼르탄 전도

전통 종교음악인 끼르탄을 이용한 우땅기의 전도는 힌두 문화에 상황화된 전도의 좋은 모델이 될 수 있다. 우땅기는 기독교 가문에서 태어나고 자란 외부자이지만 힌두들이 자신들 중 하나로 인정할 만큼 그들과 문화적으로 동일시된 삶을 살았다. 그럼에도 불구하고 그는 셀 수 없이 많은 정통 힌두, 상층 카스트 힌두들을 그리스도께로 인도한 위대한 전도자였다. 우땅기처럼 따라 하기는 쉽지 않겠지만 우땅기의 끼르탄 전도는 힌두들의 마음을 어떻게 효과적으로 움직여 그들을 그리스도의 제자로 삼을 수 있는지 좋은 영감과 아이디어를 줄 것으로 믿는다.

12세기 남인도 카르나타까의 철학자, 정치가, 시인이자 개혁자였던 바사와(Basava)가 시작한 비라시바파 힌두교(Veerashaivism)가 있다. 이는 시바신을 주신으로 섬기는 남인도의 박띠 신앙 운동의 하나이다. 이 종파를 창시한 바사와는 브라민 카스트에서 출생했지만, 중보자로서 브라민 사제 무용론(無用論)을 주장하며 개개인이 직접 신과 소통할 수 있다고 말했다. 뿐만 아니라 그는 왕국의 수상으로서 성차별, 카스트 차별을 포함한 모든 종류의 차별을 금지시켰다. 이 비라시바파 힌두교는 얼마 되지 않아 전 남인도에 퍼지게 되었다. 이것이 오늘날 링가야트파 힌두교(Lingayatism)의 기원인데 남인도 특히 카르나타까 주에서 그 영향력이 크다.

이 링가야트파 힌두교에서 '진정한 링가야트'라고 부르며 존경하는 인물이 바로 차나빠 우땅기(Channappa Uttangi) 목사인데, 그는 1881년 카르나타까 주에서 3대째 기독교 가정에서 태어났다. 그의 할아버지가 링가야트 신도였다가 기독교로 개종한 첫 번째 세대였다. 우땅기는 그리스도를 유일한 신으로 섬기는 기독교인으로서 효과적인 전도자가 되기 위해서 힌두교, 불교 특히 카르나타까의 전통종교인 링가야트파 힌두교를 집중적으로 연구했다. 동시에 그는 20세의 나이에 스위스 바젤 신학교에 들어가 신학 공부를 시작했으며 공부를 마친 후 1908년 바젤 선교회의 전도자로 임명받아 본격적으로 사역을 섬기게 된다.

전도인으로서 우땅기의 독특한 가르침은 그리스도가 인도 사람 특히 힌두에게 딱 맞는 신이라는 것이다. 서양이나 한인 선교사들은 이런 말을 의아히 여기겠지만 인도 사람의 반응은 폭발적이었다. 링가야트파 힌두들은 이구동성으로 우땅기에 대해 이렇게 말했다. "우땅기는 어떤 힌두도 부정할 수 없는 방법으로 예수에 대해 말한다." 특히 링가야트파에서 명망 높은 지도자 중의 한 사람은 우땅기를 매우 존경하여 링가야트 마타(수도원)에 초대하여 링가야트 제자들에게 종교와 윤리에 대한 강의를 맡겼다. 그는 매일 저녁 150명의 학생들에게 링가야트 경전과 자신의 경험을 기초로 바사와와 그리스도에 대해 말했는데 수많은 젊은 링가야트들이 그의 강의에 매료되어 그리스도를 받아들였다.

우땅기는 기독교 철학과 상황화된 인도의 기독 신앙인에 대한 글을 여러 편 썼다. 사두 썬다씽의 생애와 그의 비유를 분류한 책도 썼으며, 마라띠 시인이자 기독교인인 나라얀 바만 띨락의 생애에 관한 책도 썼다. 우땅기는 윈슬로우 선교사의 『띨락의 생애』를 까나다어로 번역하기도 했다. 이러한 책들은 모두 바젤선교회를 통해서 출판되었다.

까나다 문학을 아는 모든 학자들과 거의 모든 카르나타까 링가야트 사제들은 우땅기를 존경했다. 이는 대부분 까나다 시인 싸르와이나에 관한 우땅기의 획기적인 업적에 근거한다. 우땅기는 무려 25년간 이 16세기 까나다 시인에 관한 연구를 하여 2,000개에 달하는 그의 시를 발굴 수집하여 체계적으로 분류 정리했다.

복음주의자로서 우땅기는 까르나타까 지역의 예배 음악인 끼르탄(kirtan)을 사용한 전도법을 개발했다. 끼르탄은 신에 대한 사랑과 헌신을 주제로 하여 부르고 답하는 인도 전통 스타일로 부르는 노래이다. 인도 전통악기의 연주와 여러 리드 싱어와 함께 부르는 찬양, 그리고 때로는 춤도 포함된다. 우땅기는 2명의 다른 음악 사역자와 함께 팀을 짜서 마을과 마을을 순회하면서 끼르탄에 관심 있는 힌두들은 모두 초청했다. 시골에는 특별히 할 일거리 없는 사람들이 많이 있을뿐더러 음악과 춤을 사랑하고 신을 찬양하는 것을 기뻐하는 수많은 사람들이 있다. 사람들이 모이면 우땅기의 팀 중 한 사람이 전통 악기를 연주하고 다른 사람이 찬양을 인도한다. 인도자가 선창하면 나머지 청중들이 따라하게 되는데, 청중들은 예수님의 공생애의 기적과 가르침을 주제로 하는 노래를 따라 부른다. 노래가 끝나면 가사에 실린 신앙의 주제에 대해 설명하는 방식으로 우땅기 목사가 말씀을 전하는 것이다.

이렇게 끼르탄 음악회에 참석했다가 기독교 말씀을 듣게 되었지만, 문제 삼는 마을 사람들은 아무도 없다. 도리어 그들은 우땅기의 끼르탄을 모두 좋아했다. 왜냐하면 그는 언제나 힌두 경전의 말씀을 인용했고 그의 끼르탄 연주와 노래가 좋았기 때문이었다. 그는 먼저 그 날의 주제와 관련된 힌두의 중요 원리를 말하다가 때가 되면 적절한 방법으로 그것을 그리스도의 가르침과 비교한다. 그리고 힌두 경전이 갈망하는 이상이 그리스도 안에서 어떻게 성취되었는지, 그리스도의 삶이 얼마나 탁월하고 위대하신가를 증거했다. 그는 힌두 축제나 시장 그리고 링가야트 마타를 찾아다니며 그리스도의 삶에 대해 전했다. 빛의 축제인 디왈리 때 초청을 받으면 우땅기는 "세상의 빛 그리스도"에 대해 설교한다. 한번은 한 링가야트가 "예수가 만일 최고의 신이고 세상의 빛이라면, 바사와는 무엇이라고 말하겠습니까?"라고 물은 적이 있었다. 이때 우땅기는 대답했다. "예수님은 세상의 빛이시고 바사와는 아시아의 빛입니다."

때때로 인도 기독교인이 우땅기에게 "왜 당신은 그렇게 바사와를 존경하고 링가야트 문학 작품 쓰기를 즐겨합니까?"라고 물어볼 때가 있다. 그러면 그는 바사와가 최고의 기독교인이기 때문에 그렇다고 대답한다. 종종 링가야트들 중에 어떤 사람은 우땅기에게 링가야트가 그렇게 좋으면 링가야트 신앙으로 돌아가야 되지 않느냐고 묻기도 한다. 그러면 그는 대답한다. "돌아갈 필요가 없습니다. 예수님이 최고의 링가야트이기 때문입니다."

일부 외국인 선교사나 인도 기독교인들이 우땅기는 기독교보다 링가야트에 더 관심이 많고 거의 링가야트 힌두교로 개종하기 직전이라고 말하기도 했다. 우땅기가 기독교 신앙보다는 링가야트 신앙에 더 가깝다는 주장을 펼치는 것이다. 어떤 선교사들은 바젤 선교회 독일 본부에 편지를 내어 우땅기와의 관계를 정리해야 한다고 말하기도 했다. 어떤 이들은 우땅기가 바젤선교회로부터 급여를 받기 때문에 오직 기독교에 대해서만 말해야 한다고 압력을 넣기도 했다. 우땅기가 바사와를 전하는지 그리스도만을 전하는지 비밀 보고서를 보내는 선교사들도 있었다. 1932년에서 1940년 사이에는 선교사들의 밀착 감시 보고서들이 본부에 보내졌다.

우땅기는 자신을 기소하는 이러한 주장에 대해 상세한 답변서를 보냈는데, 바젤 선교회의 어느 누구도 그의 답변에 이의를 제기하지 못했다. 그가 죽은 후 우땅기에 관한 대외비 보고서가 풀리게 되었는데, 그 보고서들은 이렇게 말한다. "비록 우땅기를 비판하는 사람들은 그가 힌두교에 더 가까운 사람이며 곧 그리스도를 떠날 것이라고 말했지만, 실제 그는 삶과 사역을 통해 그리스도의 영광을 드러냈다." 바젤 선교회는 우땅기가 위대한 학자요 링가야트 시인으로서 모든 링가야트로부터 존경받는 사람인 것에 주목했다. 보고서의 결론은 단순했다. "우땅기는 자신의 시대 최고의 전도자이며 가장 효과적인 전도자였다."

한번은 우땅기의 딸조차 그가 링가야트 학자들에게 강의할 때 설교방법에 문제가 있다고 보았다. 딸은 자신의 아버지가 전반부에서 40분 강의하는 동안 그리스도는 단 한 번도 언급하지 않았다고 했다. 그러나 마지막 20분에는 놀라운 설득력으로 예수 그리스도가 죄인을 구원할 능력을 가진 유일한 분이심을 증명하였다. 그 결과 강의를 들은 대다수가 그의 견해를 받아들였다고 한다.

우땅기는 죄를 인식하는 것이 회개에 이르는 첫 단계라고 믿었다. 설교자의 중요한 의무는 청중들이 바로 이러한 죄를 깨닫도록 돕는 것이라고 말했다. 그는 힌두의 우상숭배를 정죄하는 말보다는 비밀스러운 마음의 죄를 드러내는 것이 힌두로 하여금 회개에 이르게 하는 더욱 효과적인 방법이라고 생각했다.

우땅기는 자서전에서 그리스도에 대한 개인적인 신앙고백을 이렇게 했다. "나는 예수 그리스도께서 나의 구주, 나의 주님, 나의 보호자이심을 전심으로 영접한다." 우땅기 목사는 1942년 바젤 선교회에서 은퇴함으로 33년간의 사역을 마쳤으며 1962년 82세의 나이로 소천했다. 우땅기는 카르나타까에서 비기독교인에게 존경받는 첫 번째 인도 목사, 그리고 카르나타까의 가장 위대한 시인으로 기억되고 있다.

토의할 점

1. 끼르탄 전도는 어떻게 하는 것을 말하는지 말해 보라. 끼르탄 전도가 사람들의 마음을 열고 거부감 없이 말씀을 받아들이게 하는 매력이 무엇이라 보는지 의견을 나누어 보라.

2. 음악을 전도에 사용한 것을 통해 무엇을 배우는지 말해 보라. 힌두교를 정죄하거나 공격하기보다 힌두 경전을 먼저 충분히 다루며, 힌두 경전에 기초하여 청중들이 자신들의 죄를 깨닫도록 돕는 우땅기의 전도방식에 대해 토의해 보라.

선교 방식(9): 데이빗의 쁘레미 전도

쁘레미(Premie)란 '신을 사랑하는 자'란 뜻이며, '신자'나 구루를 따르는 '제자'를 지칭하는 말로 사용된다. P. 데이빗이 남 뻔잡 지역에서 일으킨 전도 운동을 필자는 '쁘레미' 운동이라고 부르고 그가 했던 전도를 '쁘레미' 전도라고 부르고 있다. 북 뻔잡은 서양 선교사들의 활동으로 인하여 적기는 해도 기독교회들과 교인들이 있었지만, 남 뻔잡 지역에는 1992년 이전에는 기독교회가 존재하지 않았다. 이런 복음의 불모지에 따밀 출신인 데이빗이 친구 선교 기도단(FMPB) 선교사로 1992년 파송되어 일한 지 20년 만에 342개의 교회를 설립하고 14만 5,592명의 세례 교인을 그리스도인으로 얻게 되었다. 신학 공부를 하기 위해 내가 가르치던 유니온 성경신학교(Union Biblical Seminary)에 오기 전 그는 매달 3,500명에게 세례를 주었으며, 25,000명의 회중이 있는 교회에서 목회를 하고 있었다. 뻔잡의 한 마을은 데이빗의 전도사역을 기념하기 위해 그의 이름을 따서 거리 이름을 새로 짓기도 했다.

내가 데이빗의 전도를 쁘레미 전도라고 부르게 된 것은 '쁘레미'라는 이 한마디에 그의 전도사역의 특징들이 잘 나타나기 때문이다. 데이빗이 이 말을 사용하게 된 것은 그가 사역하던 남 뻔잡 지역 한 유명 구루의 영향으로 신앙인, 제자를 지칭하는 일반 용어로 '쁘레미'라는 말이 널리 사용되고 있었기 때문이었다. 반면에 이 지역에서 '크리스천(기독교인)'이라는 용어는 예수를 따르는 신자의 의미라기보다는 사회적 도덕적으로 부정적인 의미인 '소고기 먹는 사람'이었다. '크리스천'으로서 자부심이 있었고 여느 기독교인처럼 고기를 즐겨 먹던 데이빗에게 처음 4년간은 쓰라린 실패의 기간이었다. 그가 한번은 전도 집회를 열어 사람들에게 예수 영화를 보여 주었는데 새로운 사람을 얻기는커녕 기존에 있던 사람들까지 다 떠나 버리고 말았다. 예수님이 제자들과 함께 생선을 먹는 것을 보았기 때문이었다. 그곳은 채식문화가 지배적이었기 때문에 현지인들은 아무도 소고기 먹는 악한 무리에 속하고 싶어 하지 않았고, 그런 사람들과는 상종하기조차 꺼렸던 것이다. 이후로 그는 사역을 위해 뻔잡에 머무르는 동안 집에서나 밖에서나 좋아하던 육식을 그치고 오직 채소만을 먹었다. 그리고 예수 삿상에 나오는 사람들, 예수님을 믿고 따르는 신자들을 '쁘레미'라고 부르기 시작했다. 그는 4년간 뻔잡어 공부와 문화 연구를 하면서 현지 문화를 존중하는 사역으로 대전환하게 되었다.

1996년부터 그는 '기독교인'이란 말 대신에 '쁘레미'를 사용하였으며, 시크교인들이 랑가(Langar, 시크 사원에서 하는 무료 공동식사)를 하듯이 교회에서 애찬을 했는데 반드시 채식만을 제공했다. 사람들의 숫자가 많아지면서 신도들 간의 애찬에는 인근 시크 구루두와(사원)에서 빌려온 식기를 사용했다. 예배 때는 서양악기인 키보드와 기타를 치우고 따블라와 돌락, 하모니움을 사용하였으며 바닥에 앉아 삿상 형식으로 예배를 드렸다. 방그라(bhangra, 뻔잡의 전통 민속춤) 없이 살 수 없는 현지인을 고려하여 예배 때마다 방그라 워십 댄스를 추게 했다. 물로 세례를 주는 것은 구루의 제자 입문식인 구루딕샤와 유사하기 때문에 거리낌 없이 공개적으로 했지만, 현지인들이 거부감을 느끼는 성찬식은 안수받은 목사를 불러 조심스럽게 비공개적으로 진행했다. 그리고 지역 축제에 맞춰 열리는 멜라 전도 집회 때에는 국회의원이나 뻔잡의 주 장관을 불러 특별 순서를 맡겼다. 그러다 보니 교회 개척 초기 겪었던 핍박과 갈등은 사라지고 대규모 전도 집회 때에는 경찰이 질서를 지켜주고 교회 건축을 할 때에는 주 장관이 헌금을 할 정도로 지역사회의 협조 속에 사역이 진행되었다.

이렇게 상하층을 막론하고 지역사람들이 데이빗의 사역에 호감을 가졌던 이유는 그들이 이 사역을 시크교의 구루 운동의 하나로 봤기 때문이다. 데이빗의 사역의 목표는 뻔잡인이 갈망하는 바와 일치했다. 그것은 그들에게 참된 구루를 찾아주는 일이었다. 뻔잡의 상층은 자트(Jatt), 카뜨리(Khatri), 아로라(Arora)인데 그들만이 구루를 가질 수 있었고, 하층인 마자비(Mazhabi) 카스트는 2천만 명에 달하는 사람들인데 그들에게는 구루가 허락되지 않았다. 원리적으로 시크교는 카스트 차별을 인정하지 않는 종교인데, 실제로 시크 구루 중에 마자비 카스트 배경의 사람은 아무도 없었다. 그래서 데이빗은 마자비 카스트 사람들에게 참 구루인 예수를 소개해 주었고, 복음을 전함으로써 사람들을 어두움에서 벗어나게 해주는 전도자를 작은 구루로 세워주었다. 마자비도 구루가 될 수 있다는 희망이 많은 사람들로 하여금 이 전도운동에 자발적으로 참여케 하는 원동력이 될 수 있었다. 상층 역시 그들의 마지막 구루는 구루 그란트 사힙인데, 그것이 인격을 가진 신이 아니라 하나의 책이었기 때문에 그들의 고민이나 하소연을 들어줄 수 없었다. 상층 카스트 역시 예수님을 통해서 진정한 구루를 발견할 수 있었다.

전도자를 '작은 구루'로 세움으로써 데이빗의 사역이 폭발적으로 성장하게 된 것에서 알 수 있듯이 그의 사역의 성공비결은 지역 리더십을 세우는 데 있었다. 그는 선교가 실패하는 주요한 이유는 언어도 안 되고 외부자의 문화를 갖고 들어와 그 문화를 강요하는 방식으로 선교하는 선교사에게 책임이 크다는 것을 사역 초기 깨닫게 되었다. 그래서 먼저 그는 자기를 고치기 위해 애썼다. 원래 따밀 사람인 그에게 남 뻔잡은 완전히 타문화권이었다. 언어, 음식, 기후, 종교, 문화 모든 것이 달랐다. 그러나 그는 자기를 부인하고 현지 문화에 자신을 동일시하기 위해 많은 노력을 기울였다. 4년간 집중적으로 현지 문화를 연구하고 새로이 이해한 현지 문화에 맞추어 기존 따밀 기독교인의 삶의 방식, 사역의 방식을 다 바꾸었다.

그는 사역 초기부터 현지인 리더십을 세우기 위해 북 뻔잡에서 그곳 출신 기독교인 몇을 불러와 그들을 훈련시켜 사역의 동역자로 얻었다. 또한 그는 개종자들 가운데 목사와 장로, 전도자를 세워 그들로 하여금 마을의 전도를 책임 맡게 했다. 데이빗은 구역을 책임 맡은 선교사들과 120명의 목사들 훈련에만 집중했다. 그 목사들은 모두 데이빗이 직접 전도하여 키운 제자들이다. 현지인들은 선교사, 목사, 장로, 전도인을 모두 '구루'로 불렀다.

데이빗의 재정 정책도 눈여겨볼 만한 점이 있는데 그것은 철저히 지역민들의 헌금으로 교회 건축과 사역자 급여 그리고 전도사역을 진행시켰다는 것이다. 데이빗의 제자들이 건축한 교회를 제외하고 그가 직접 건축한 교회는 48개이다. 교회 건축을 하는 시기는 지역교회 교인들이 스스로 6~10락(lakh, 1락은 10만 루피)을 모을 때인데, 그때가 되면 그가 속한 선교단체인 FMPB에서 격려금으로

4락을 지원해주어서 교회 건축이 진행된다. FMPB 역시 해외 지원을 거절하고 반드시 인도인의 헌금으로 선교하는 단체로 유명하다. FMPB는 선교사가 개척한 교회의 목사로 섬기는 자에게 처음에는 생활비의 50%를 지원하는데 나머지는 지역교회의 헌금으로 해결하다가 정해진 기한이 지나면 100% 자립하도록 하는 정책을 갖고 있다.

데이빗이 세운 교회는 선교단체에 의해 시작되었지만, 그 교회는 지역교회와의 협정으로 전부 북인도교회(CNI) 교단 교구로 편입시켰다. 그는 교회 재산과 사람을 기존 교단 교회에 다 넘기고 2만 5천 명이 출석하는 교회의 담임직도 사임한 후 지금은 다른 지역 선교사로 재배치되었다.

토의할 점

1. 따밀 출신의 타문화권 선교사로서 데이빗이 뻔잡의 시크교 선교의 어려웠던 점이 무엇이었는지 말해 보시오. 그럼에도 불구하고 자기를 부인하고 현지 문화에 적응해 간 데이빗에게 배울 점이 무엇인지 말해 보라.

2. 데이빗이 왜 교인들을 '쁘레미'라고 부르게 되었는지 그 배경을 설명해 보라. 쁘레미 전도의 특징에 대해 말해 보라. 이 쁘레미 전도를 뻔잡에서 만이 아니라 힌두교가 지배적인 다른 주에서 어떻게 적용할 수 있는지 토의해 보라.

선교 방식(10): 바잔을 사용한 전도

'바잔'(bhajan, '존경한다'는 의미)은 신앙을 주제로 하여 지역 언어로 부르는 신앙의 노래이다. 또한 바잔이라는 말은 음악과 함께 가끔 춤을 추기도 하면서 한 명 이상의 선창자가 노래를 부르면 나머지 사람들이 같이 따라서 종교적인 노래를 부르는 찬양 모임을 가리키기도 한다. 이러한 바잔 모임에는 따블라, 돌락, 또는 탬버린과 같은 타악기가 필수적이다.

오늘날 인도 시골의 작은 교회는 예배 때 따블라나 돌락과 같은 저렴한 전통 악기를 사용하지만 도시 교회는 대부분 서양 악기인 기타나 전자 키보드를 사용한다. 키보드나 피아노의 경우는 비용이 많이 들고, 건반을 칠 수 있는 사람도 구하기가 어렵다. 그래서 가성비 면에서 가장 선호되고 많이 쓰는 교회 악기는 아마도 기타일 것 같다. 어떤 악기를 사용하고 어떤 형태의 노래를 부르는가는 전도의 대상에 따라 적지 않은 영향을 끼칠 수 있다. 이 점에서 크리스 헤일(Chris Hale)의 '바잔 되찾기'에 관한 다음의 글은 숙고해 볼 만한 가치가 있다.[70]

"인도 전국에는 오십만 명에 달하는 젊은이들이 서양의 락 음악을 즐기는데 이러한 현상은 텔레비전(MTV, VTV)을 통해 빠르게 확

---

69 Chris Hale, "Reclaiming the Bhajan," *Mission Frontiers*, June 2001. 버클리 음대 출신인 크리스 헤일은 네팔에서 자라 인도에서 10년간 음악 선교를 한 음악인이다. 그는 현재 뉴욕에 살면서 힌디어 바잔을 만들어 미국에 사는 힌두들 대상으로 음악사역을 하고 있다.

산되고 있다. 백만이 넘는 사람들은 팝 음악에 열광한다. 이와 함께 인도 상층 클래스의 대다수는 그들이 좋아하는 힌디 팝 음악과 함께 서양의 빠른 댄스 음악에 맞춰 디스코에서 춤추기를 즐겨한다.

그런데 신앙과 예배의 영역으로 들어오면 힌두의 경건한 구도자들이 원하는 것은 전통적인 바잔이다. 그들은 단순한 멜로디의 가사와 함께 선창자를 따라 반복적으로 노래 부르는 것을 선호한다. 바잔 찬송은 주로 삿상 또는 종교 모임을 할 때 설교자가 성경 강해와 함께 신도들과 함께 부른다. 삿상은 사원이나 아쉬람, 그리고 부유한 신도의 집 밖에 친 큰 천막 밑에서 일 년 내내 특히 축제 기간에 진행되곤 한다.

도시에 사는 보통의 인도 사람은 서양 음악과 서양 음악에서 큰 영향을 받은 힌디 팝 음악을 매우 좋아한다. 그러나 이런 음악을 삿상과 같은 종교 모임에서 부르는 일은 전혀 없으며 만일 그런 일이 벌어진다면 참석한 청중들이 모임을 떠나며 아마도 이렇게 말할 것이다. '이런 음악이 몸을 움직이게는 만들지만, 영혼을 움직이게 하지는 못한다.'

바잔은 분명히 힌두들에게 특히 기독교와 서구의 영향이 강하게 거부되는 북인도의 힌두들에게 가장 도움이 되는 음악 형태이다. 바잔은 인도식 곡과 가사, 그리고 인도의 예배 형태에 맞는 노래이다. 역사적으로 바잔은 힌두 예배 때 사용되어 왔으나, 그 형태 자체가 전혀 비성경적인 것은 아니다. 바잔의 음악적 형태는 다음과 같은 점에서 성경적 명상에 도움이 된다. 첫째, 거기에는 설교자의 본문 강해의 내용이 포함되는데 이는 성령을 통해 사람들 마음에 깨달음을 준다. 둘째 바잔 찬송을 통해 성경적 사상을 반복적으로 부르다 보면 그것이 사람의 마음속으로 들어가고 감정과 의지에도 영향을 주게 된다. 바잔이 힌두 예배에 사용되던 것이기 때문에 처음에는 부정적인 느낌을 갖게 되는 것은 당연하다. 그러나 힌두 전도를 하려는 자 또는 힌두 구도자들에게 매력적인 예배 형태를 찾는 교회를 위해서 바잔 찬송은 언제나 추천되는 음악 형태이다. 셋째 바잔 찬송과 삿상은 지역 교회의 손길이 닿지 못하는 인도의 대부분의 지역에서 교회를 설립하는 데 필수적으로 사용되고 있다.

이상에서 알 수 있듯이 인도에 거주하는 대다수 힌두들은 카스트를 막론하고 종교와 예배 음악 형태에 관한 한 바잔 음악에 대한 선호도가 지배적이다. 이 점에서 세속 음악과 종교 음악이 뚜렷이 구분된다. 그러나 오늘날 영어를 사용하는 세속적 상층 클래스 힌두들의 경우는 이미 던져버린 과거의 전통보다는 서구식 음악과 예배 형태를 통한 영성에 더욱 개방적인 것이 사실이다. 또한 사역을 하면서 발견하게 되었는데 세속적 상층 클래스 배경의 사람들은 서구와 인도 악기를 같이 버무려 바잔 형태로 제시하면 매우 좋은 반응을 보인다. 이렇게 서구와 인도 악기를 섞는 형태의 바잔 찬송은 특히 해외에 거주하는 인도인들이 매력적으로 느낀다.

토의할 점

1. 인도인의 경우 일반 대중 음악과 종교 음악이 어떻게 구분되어 있는지 말해 보라. 삿상을 비롯한 종교 모임에서 바잔 음악이 어떤 점에서 경건한 힌두들에게 매력적인지 설명해 보라.

2. 교육받은 세속적인 상층 클래스의 사람들과 여타 클래스의 사람들에게 전도할 때는 각기 어떤 종류의 음악 형태가 전도에 도움이 되는지 말해 보라. 사람들의 선호하는 음악의 성향이 전도에 미치는 영향에 대해 토의해 보라.

상층 힌두 개종자 니디의 간증(1): 진짜 하나님을 만나다[71]

저의 이름은 니디 나약(Nidhi Nayak)으로 하리야나 주의 힌두 뻔자비 바티야(Bhatia) 가문 출신입니다. 저의 아버지는 동종 치료요법 의사로서 2000가지의 약을 제조하는 공장을 가지고 있습니다. 저희 가족은 독실한 힌두 신앙을 가진 경건한 가족으로 매년 하리드와, 바이슌데브, 아마란트, 차담 등과 같은 곳으로 성지 순례를 다녔습니다. 저희 가족 신은 시바신으로서 아버지는 저희 집 앞에 시바 사원을 지으실 정도로 헌신적인 분이셨습니다. 매일 월요일 아침이면 200여 명의 신자들이 저희 집을 방문합니다. 그러면 아버지는 그들에게 차와 스넥과, 무료 의약품과 돈도 나누어 주셨습니다.

많은 구루들이 우리 집에 방문해서 며칠씩 머무르곤 했습니다. 그런데 라마신을 따르는 구루는 라마를 찬양하면서 크리슈나의 약점을 공격했고, 크리슈나를 따르는 구루는 크리슈나는 찬양하지만 라마의 약점을 지적하는 것을 보았습니다. 그때 제 마음속에 한 가지 의문이 들었습니다. "신이 하나라면 왜 이렇게 구루의 가르침이 서로 다를까? 누가 진짜 하나님일까?"

11학년의 어느 날 저는 시장에 갔다가 예쁜 십자가 목걸이를 발견하고 디자인이 마음에 들어 나도 모르게 하나 샀습니다. 기독교에 대해서는 아무것도 몰랐지만, 그 목걸이를 보면서 이 사람은 무

---

70 이 글은 연합 성경 신학교 학생의 아내로서 학교 내에서 '선교'를 주제로 한 모임에서 발표한 내용이다.

70 이 글은 연합 성경 신학교 학생의 아내로서 학교 내에서 '선교'를 주제로 한 모임에서 발표한 내용이다.

슨 죄를 지었길래 이리도 무서운 십자가형을 받았나 하는 생각이 들었습니다. 1년 후 졸업을 한 뒤 한 컴퓨터 강좌를 듣게 되었는데, 그 학원 건물주가 마침 기독교인이었습니다. 그 사람의 초청으로 성금요일과 크리스마스 때 몇 번 나가보게 되었습니다. 그런데 거기에서 저는 하나님이 세상을 이처럼 사랑하사 그의 외아들을 보내셨고 그분이 우리 죄 때문에 십자가에 달리신 것을 알게 되었습니다. 이 사건이 있기 전 저는 기독교에 대해 아무것도 모르고, 단지 모든 종교는 하나라고만 알고 있었습니다.

저는 앞에서 말씀드린 대로 종교적으로 매우 엄격한 전통 가운데 성장했습니다. 그래서 아침저녁으로 매일같이 사원에 가서 예배드리지 않으면 야단맞아야 했습니다. 그런데 나에 대한 하나님의 사랑을 깨닫게 되면서부터 힌두 의식과 활동에 참여하는 것이 차츰 줄게 되었습니다. 저는 성경책을 사서 읽기 시작했으며 기독교 신앙을 더 알고자 하는 갈망으로 교회에 다니기 시작했습니다. 힌두 신앙과 여러 가지 관습에 대한 생각도 천천히 변하게 되었습니다.

이러한 저의 변화는 가족 가운데 큰 문젯거리가 되었습니다. 심한 핍박이 일어났습니다. 저는 공부를 중단하게 되었고 바깥출입도 금지되었습니다. 이후로 저는 네 차례 죽을 고비를 넘겼습니다. 누군지 비료를 주사제로 내 몸에 넣기도 하고, 음식에 독을 풀기도 하고, 전기 충격과 폭행을 가하기도 하였습니다. 그런데 엉뚱하게도 경찰은 내가 정신이상자라고 몰았습니다.

그러나 이 모든 일에도 불구하고 주님께 대한 나의 신앙은 흔들리지 않았고 여자의 몸이라 부모로부터 독립하는 데 12년의 세월이 걸렸습니다. 부모님은 기독교 신앙을 저버리지 않으면 유산은 커녕 돈은 한 푼도 주지 않겠다고 말씀하셨습니다. 그러나 저는 아무것도 원치 않는다고 말씀드렸습니다. 돈도 재산도 원하는 것은 없지만 한 가지 원하는 것은 예수님을 따르는 것이었습니다. 그 일 후로 저는 세례를 받고 교회에 정기적으로 다니기 시작했습니다.

그러다가 2006년 저는 크리스마스 예배에 참석하러 스쿠터를 타고 가는 도중 큰 사고를 만났습니다. 스쿠터는 크게 부서졌으며 사람들은 내가 죽은 줄 알았습니다. 그러나 어깨뼈 하나만 골절되었을 뿐 피 한 방울 흘리지 않았습니다. 아버지는 복합골절이 틀림없을 거라고 하셨지만 하나님은 이번에도 다시 한번 저를 도우사 순전히 회복이 되게 하셨습니다. 이 일 후로 아버지의 나에 대한 태도가 크게 달라지셨고 심지어 스쿠터 수리도 해주셨습니다. 이 사건은 저에게 큰 축복이었습니다. 이제 저는 더욱 담대히 하나님께서 나를 어떻게 치료하셨는가 간증하며 친척들에게 하나님을 증거하게 되었습니다.

그래서 이제는 모든 일가친척들이 저와 제 신앙을 존중하며 하나님이 나를 축복하셨음을 알게 되었습니다. 저는 저의 가족과 친척 모두가 참된 구원에 이를 수 있도록 기도하고 있습니다. 저는 이후로 진실한 신앙을 가진 기독교인 남편과 결혼하였는데 그는 목회자가 되고자 하는 소원으로 지금 신학 공부를 하고 있습니다. 저와 저의 가족을 향한 하나님의 사랑에 감사드리며 저와 저의 가족을 저와 같은 힌두 배경을 가진 사람들의 복의 근원으로 써주시기를 기도드립니다.

1. 인도도 종파에 따라 믿는 최고신이 다르기에 종파 간에 서로 갈등이 있다. 니디의 간증을 통해 이러한 문제가 어떻게 나타났는지 말해보고, 수많은 신들 속에 살면서 혼란 속에 참 신을 찾는 인도인의 고민과 필요에 대해 이야기를 나눠 보라.

2. 니디가 회심을 할 때 영향을 준 기독교 메시지가 무엇이었는지 말해 보라. 힌두 신과 교리에 대한 공격 또는 정죄보다 예수님을 통한 하나님의 사랑을 직접적으로 전하는 것이 어떤 점에서 사람들에게 호소력이 있는지 토의해 보라.

상층 힌두 다르마 두래의 간증(2): 힌두 제사장 가문에서 기독교 목사로[73]

제 이름은 다르마 두래(Dharma Durai)이고, 저의 고향은 따밀 나두의 띠루넬벨리(Tirunelveli)입니다. 저의 친할아버지는 마을의 지주로 1,000에이커의 땅이 있었고 5천 그루의 야자수를 길렀습니다. 할아버지는 본래 가톨릭 신앙을 가지고 계셨는데 알코올 중독이 있으셨고 늘 술에 빠져 사셨습니다. 할아버지 친구들 중에 이런 할아버지의 약점을 이용하여 재산을 빼앗고자 사기를 쳤습니다. 그들은 땅문서를 위조하였고, 집 위 베란다에 있던 할아버지를 땅으로 밀어 떨어뜨렸습니다. 그 결과 할아버지는 다리가 부러졌고 얼마 후 돌아가셨습니다. 이 사건으로 할머니 역시 정신이상이 되셨고 얼마 후 돌아가셨습니다. 저희 아버지와 삼촌들은 갑자기 고아가 되셨습니다. 그래서 친척들이 아버지를 데려다가 길렀습니다. 아버지는 친척의 중매로 힌두 어머니를 만나 결혼을 하게 되었고, 1985년 제가 태어나게 되었습니다.

제 어머니는 힌두 중에서도 제사장이었습니다. 이런 어머니를 만난 아버지는 가톨릭에서 힌두교로 개종을 했습니다. 어머니는 집에서 매일 아침 5시가 되면 목욕재계를 하고 예배를 드렸습니다. 그후에는 사원으로 가서 또 그곳의 예배를 인도하셨습니다. 왜냐

---

71 앞에서 언급한 연합 성경 신학교의 학생 선교 모임에서 발표한 또 다른 글이다.

하면 어머니는 비슈누의 아바타 신인 나라야나 사원의 제사장이셨기 때문입니다. 사원 예배뿐 아니라 마을 축제가 벌어지면 마을 제사장으로서 불을 담은 그릇을 들고 예배 의식을 인도했습니다. 특별히 어머니는 암만(Amman) 여신의 영을 가지고 있으셔서 날이 가물 때와 콜레라, 천연두, 수두가 돌 때 바쁘게 사람들에게 불려 다니셨습니다. 저는 이렇게 힌두 제사장인 어머니를 만나 어머니와 똑같이 아침 가정 예배와 사원 예배, 축제 의식에 다 참여하며 독실한 힌두로 성장하게 되었습니다.

그런데 제사장으로서 어머니의 명성이 퍼져 나가자, 이를 시기한 동료 제사장들이 작당하여 어머니는 하나님의 영이 아니라 악한 영에 사로잡힌 마귀라고 비방하기 시작했습니다. 이 일로 어머니는 큰 곤경에 처하셨고 외부에 다니는 것을 삼가셨습니다. 그러나 비방은 그치지 않았고 심지어 친척들까지도 어머니를 이상하게 보기 시작하였습니다. 어느 날인가는 우울증에 사로잡힌 어머니와 우리 가족이 같이 자살을 하려고 결심하기도 하였습니다. 그러나 그게 그리 쉬운 일은 아니어서 결행은 하지 못하고 하루하루 힘든 나날만 계속되었습니다.

그러던 어느 날 가톨릭이셨던 할아버지 쪽 고모(고모님은 개신교인) 한 분이 집에 찾아오셔서 초등학교 요리사 자리가 났는데 일을 해보겠느냐는 제안을 하셨습니다. 그 학교는 남인도교회(CSI) 교단에서 운영하는 마을의 기독교 학교로 제가 다녔던 학교였습니다. 어머니는 제사장 일을 할 수 없어서 일자리가 필요했기 때문에 그 제안을 좋게 받아들여 학교 요리사로 일을 하게 되었습니다. 고모는 이 기회를 잡아 매일 어머니에게 복음을 전하셨는데 이로 인해 어머니 마음속에 조금씩 신앙의 싹이 트게 되었습니다.

어머니가 기독교 교단 학교에서 일하게 되신 이후로 저도 기독교 고등학교에서 공부를 하게 되었는데, 저는 거기에서 성경 이야기도 듣고 기독교 찬양도 배우게 되었습니다. 그러나 저는 여전히 힌두 예배를 드렸는데 그것은 힌두 신이 참 신이라고 생각했기 때문이었습니다.

저는 고등학교를 다닐 때 점심시간마다 크리켓 게임을 하며 놀았습니다. 그런데 저의 제일친한 친구인 이삭이라는 이름의 아이는 크리켓을 하지 않고 꼭 채플 예배를 참석했습니다. 어느 날인가는 그를 따라서 한 번 예배에 참석했는데 말씀을 듣고 찬양을 할 때 이상하게 마음이 편해지고 기쁨이 생겼습니다. 제사장들의 비방으로 여전히 고통하시는 어머니로 인해 제 마음도 힘들었었는데, 예배하러 가기만 하면 마음에 위로가 되고 힘이 생겼습니다. 그래서 저는 예수 그리스도를 영접해야겠다고 생각했습니다. 그래서 선생님께 가서 예수님을 더 알고 그분을 따르고 싶다고 말씀드렸습니다. 선생님은 정기적으로 예배에 참석하라, 하나님께 기도드리라고 가르쳐 주셨습니다. 저는 이후로 말씀을 듣고 기도하는 생활을 하게 되었고 어머니를 위해서도 늘 기도하였습니다. 어머니 역시 고모로부터 계속 복음을 듣다가 마침내 2001년 4월 15일 온 가족이 예수님을 영접하고 세례를 받는 역사적 사건이 벌어지게 되었습니다.

우리 가족이 개종을 한 이후 친척들이 들고 일어나 우리를 대적했습니다. 힌두 배경을 가진 어머니 쪽 친척들이 우리를 괴롭혔을 뿐만 아니라 심지어 가톨릭 쪽인 아버지 쪽 친척들도 개신교 신앙을 가진 우리를 반대했습니다. 그렇지만 저희 부모님은 지금까지도 변함없이 주일 아침과 저녁으로 예배를 드리며 하나님을 신실하게 섬기고 계십니다.

저 역시 모든 예배와 모임을 다 참석하면서 신앙이 크게 성장하게 되었습니다. 아버지는 뭄바이 피복 공장에서 일하시다가 저희 교구 설립 기독교 대학의 정원사로 새로운 직장을 얻게 되었습니다. 저희 가족이 개종을 한 이후 저희들은 매일 저녁 8시면 모여 가족 예배를 드렸습니다. 가족 예배 때 아픈 사람들이 있으면 기도해 주곤 했는데, 이상하게 사람들이 좋아졌습니다. 그래서 아픈 사람들이 저를 찾아와 기도해 달라고 부탁을 했는데, 그때마다 사람들의 병이 치유되는 일이 벌어졌습니다. 그래서 저희 가족이 개종한 이후 12가정이 힌두교에서 기독교로 개종하는 역사가 일어났습니다. 그러면 그럴수록 동네 힌두들은 마을에 문제를 일으키는 저희 가족들을 계속 괴롭혔습니다.

그렇지만 핍박 속에서도 우리 가족은 평화를 누렸고, 기도의 체험이 깊어질수록 하나님께 대한 신앙이 깊어져 갔습니다. 그러다가 대학에 들어가서 코탈람이라고 하는 기독교 캠프에 참석하게 되었는데 거기에서 저는 저의 모든 삶을 예수 그리스도께 헌신해야 되겠다고 생각했습니다. 그 캠프에서 저는 예수님께서 "너는 내 아이라, 내가 너를 나의 종으로 택하였노라" 하는 음성을 들었기 때문입니다. 제가 이런 이야기를 친구에게 했더니 그들은 신앙 생활한 지 4년 밖에 안 되었는데 무슨 목사가 되겠다고 하냐며 웃었습니다. 그렇지만 저는 경영학 석사와 준박사 과정을 마치고 나서 2008년, 제가 속한 교구의 교리교사가 되었습니다. 그리고 2010년

제 아내 헵시와 결혼을 한 후 신학 공부를 하러 신학교에 입학하게 되었습니다. 힌두 제사장 가족이었던 저와 저희 가족에게 자비를 베푸사 변화시키시고, 이제는 그리스도의 제사장 삼아 주신 주님의 놀라우신 은혜에 감사 찬송을 드립니다!

토의할 점

1. 다르마 두래 가족의 회심에 있어서 기독교 학교의 역할에 대해 말해 보시오.

2. 알코올 중독, 사기, 폭행, 동료의 배신과 비방, 우울증 등으로 고통당하는 이웃(친척)에게 실제적인 도움과 함께 지속적으로 복음을 전한 고모를 통해 전도자로서 배울 점이 무엇인지 나눠 보라.

상층 힌두 개종자 간증(3): 크리슈나 박타에서 예수 박타로[73]

저는 남인도의 한 도시에서 브라민으로 태어나 영적인 관점이 삶의 모든 문제를 지배하는 부모님의 교육을 받으며 성장했습니다. 저의 어머니는 힌두의 창조신을 믿으시는 분으로서 세상 것들은 곧 사라질 것이요, 참되고 영원한 보배는 오직 신 안에만 있다고 가르치셨습니다. 이런 어머니의 영향으로 저는 어려서부터 영적인 문제에 깊은 관심을 가졌습니다. 새벽이면 일어나 부모님과 함께 예배를 드렸고 저녁에는 사원에 가서 구루가 가르치는 설교를 들었습니다. 저는 하나님과 대화하기를 즐겨했고 언제나 그분에 대해 더 많이 알기를 바랐습니다.

그러다가 12살 무렵쯤 신과 나 사이의 관계가 인생에서 가장 중요하다는 결론에 이르게 되었습니다. 그래서 저는 세속 일을 관두고 사냐시(세상을 버리고 목샤를 찾아다니는 사람)가 되어 풀타임으로 경전을 연구하며 영적인 훈련을 받고자 결심했습니다. 그런데 이 계획을 부모님께 말씀드렸더니 놀랍게도 그분들은 이 생각을 지지해 주지 않으셨습니다. 아들이 힘든 삶을 살까봐 염려하신 것이었습니다. 부모님은 제가 평범한 삶을 살기를 원하셨습니다. 부모님과 다른 친척 어른들로부터 많은 압력을 받은 끝에 저는 그 계획을 포

---

72 이 간증은 브라민 배경에서 예수를 따르는 라그하브 크리슈나(Raghav Krishna)가 다음 잡지에 발표한 글을 필자가 번역한 것이다. *International Society for Frontier Missiology*, September 15–17, 2007.

기하고 보통사람의 삶을 살기로 했습니다. 저는 오직 신을 알고 신을 섬기는 일만을 인생의 목표로 잡았었기 때문에 얼마 동안은 많이 힘들었습니다.

그러나 좋은 교육을 받아 사회에서 존경받는 삶을 살아야 한다는 부모님의 뜻을 좇아 저는 열심히 공부하여 공과대학에 진학했습니다. 그러는 사이에 신앙의 열정이 식어지고 종교 활동에는 단지 몸만 참석하게 되었습니다. 여전히 신들에게 기도를 하기는 했지만 대부분 시험이나 특별한 일이 있을 때로 그쳤습니다. 대학졸업 후에는 미국의 한 공대 대학원으로 유학을 갔습니다. 거기에서 미국 친구들을 사귀게 되었는데 그들은 신에 대한 관심이 많았고 신에 관한 이야기를 즐겨 했습니다. 그들과의 만남은 제가 가지고 있었던 과거의 관심사, 곧 신을 알고자 하는 갈망에 새로운 불을 지폈습니다. 그들을 통해 미국인의 신앙에 대해 알고자 하는 마음이 생겼는데 그들과의 대화를 통해 저는 그들의 신앙이 힌두교와 매우 유사한 것을 알았습니다. 신과 인간은 다르고, 천국이 있으며 신을 통해 구원을 받는다는 생각이 같아 보였습니다. 그런데 기독교인들이 살아야 하는 삶과 실제 그들이 살고 있는 삶 사이의 차이는 매우 적어 보였습니다. 반면 제 자신의 전통에서는 이상적인 것은 많았지만 실제 삶의 본보기는 많지 않아 그 차이가 매우 컸습니다.

이 무렵 저는 요한복음 성경공부에 참석하고 예수님에 관한 영화를 보며 예수님의 인격에 대해 배웠습니다. 예수님은 나를 완전히 매료시켰으며 특별히 그의 제자의 삶 속에 나타나는 능력을 보며 예수님은 단지 과거의 인물이 아니라 현재 살아있는 분이심을 깨닫게 되었습니다. 어느 날 친구랑 이야기하는 중에 그가 저에게 인생의 목적이 무엇이냐고 물었습니다. 저는 하나님을 만나고 그를 아는 지식 속에 자라는 것이라고 대답했습니다. 그런데 대학원 공부가 너무 부담되어 지금은 그 목적을 따라 살지 못하고 있다고 말했습니다. 친구는 시간이 없으면 없는 대로 네가 할 수 있는 것을 해보라고 조언해 주었습니다.

이 무렵 저는 인생문제에 대한 고민으로 내적으로 갈피를 잡지 못하고 있었습니다. 졸업하고 직장 잡고 결혼해서 애 낳고 은퇴한 후 손자를 보다가 결국에 죽게 될 내 인생. 그렇게 수고해서 공부하고 돈 벌었는데 이제 즐길 만하면 머리가 하얗게 되고 결국 모든 것을 뒤로 하고 죽음으로 끝날 인생을 생각하면 인생이 너무 허망한 것 같았습니다. 내면의 방황으로 공부할 의욕도 생기지 않았고 성적도 떨어지기 시작했습니다. 어릴 적 꿈대로 하나님만 추구하는 삶을 살고 싶었지만 마음에는 부담감만 늘었습니다. 마침내 저는 제 고민을 한 기독교인 친구에게 털어놓게 되었습니다. 그 친구는 제 이야기를 듣더니 무거운 짐에서 자유롭게 해 주시는 예수님 이야기를 해주며 하나님을 찾아보라고 조언해 주었습니다. 하루에 5분이라도 제가 이해하고 따를 수 있는 방법으로 만나게 해 달라고 기도해 보라고 했습니다. 이 제안을 따라 저는 저의 창조주 신에게 기도하기 시작했습니다. 물론 예수님이 아니라 십대 때 제가 알던 힌두의 그 신에게 2달 정도 간절하게, 때로는 울면서 기도했습니다. "왜 이 기독교인들은 제게는 없는 당신과의 관계를 갖고 있는 것입니까?"

어느 날 무거운 마음으로 기독교인 친구와 같이 기도하고 있을 때, 이상한 일이 일어났습니다. 몸에 경련 같은 것이 일어나면서 온

몸이 부들부들 떨리더니 숨도 쉬기 어려운 상태가 된 것입니다. 저는 마음속에 어떤 전투가 벌어지는 것을 느꼈습니다. 저는 제 몸과 마음을 통제하기를 바랬지만 도저히 그럴 수가 없었습니다. 저는 옆에 있던 친구에게 물었습니다. "예수님을 따르고 싶은데 어떻게 하면 되니?" 그러자 친구는 자신을 따라 기도하라고 했는데, 친구와 함께 기도를 마치자 놀라운 평화가 찾아오고 호흡도 정상이 되었습니다. 저는 밀려오는 기쁨에 친구와 함께 마구 웃음을 터뜨렸습니다. 이후로 저는 정기적으로 교회에 출석하기 시작했다. 마치 신혼여행을 하듯이 그리스도를 알고 배우는 것이 너무 행복했습니다.

그런데 8개월쯤 지나던 어느 날, 그리스도는 너무나 좋고 귀중한 분이시지만 교회 안에서 일어나는 여러 가지 일들로 인해 혼란스러움을 느꼈습니다. "왜 이 거룩한 예배처에서 남녀가 연애를 하지? 왜 모든 영적인 행사에 꼭 재미가 있어야 하지? 가족행사로 밤에 즐기는 모임은 잘 가지면서 기도 모임에 사람들을 모으기는 왜 그렇게 힘들지? 왜 교회 행사와 재정을 다룰 때 세상과 똑같은 마케팅 방법이 사용되는 거지?" 이런 질문들로 고민하다가 저는 거의 그리스도에 대한 신앙을 버릴 뻔했습니다. 마지막으로 목사와 만나봐서 확신을 갖게 되면 아무리 어려워도 끝까지 이 길을 가고, 의문이 풀리지 않으면 그만두어야겠다고 생각했습니다. 목사님이 뭐라 말했는지 구체적으로 생각이 나지는 않았지만, 그는 겸손히 저의 비판을 받아들이고 서구 기독교의 약점에 대해 사과했습니다. 그는 또한 문화권에 따라 여러 가지 문화적인 죄가 있다는 사실을 솔직히 인정하셨습니다. 그러나 사람들의 문제가 곧 우리 주님의 문제는 아니라고 말씀해 주셨습니다. 저는 그날 목사님 사무

실을 나오면서 그리스도가 이런 분이시라면 어떤 어려움이 있을지라도 따를 가치가 있고 오늘 이후로는 절대 뒤를 돌아보지 않겠다고 결심했습니다.

2달 후 저는 일시 귀국하여 인도의 집을 방문했습니다. 저는 여러 차례 미국에서 갖게 된 새로운 신앙에 대해 가족들에게 말하고자 했지만 그러지 못했습니다. 그런데 미국으로 되돌아가기 5일 전 어머니와 동생이 교통사고를 당해 8일 동안 병원에 있다가 둘 다 사망하고 말았습니다. 몇 달 동안 슬픔에 잠겨 보냈지만 이런 가운데 제 신앙이 자랐습니다. 힘들고 어려울 때 제가 힘과 위로를 얻은 것은 오직 예수님밖에는 아무도 없었습니다. 사람들이 저를 위로해 주려고 왔지만 비극적인 사고를 극복할 힘과 위로는 오직 성령 하나님께로부터 왔습니다. 그 후로 예수님은 제게 너무나 소중한 분이 되셨기 때문에 저는 아버지와 친구들에게 예수님을 증거할 수 있었습니다. 저는 기회만 있으면 사람들에게 예수님을 전하고자 애썼지만 그들은 대부분 반박하고 제 신앙을 반대했습니다.

학교를 마친 후 미국의 한 조그만 도시에서 저의 첫 번째 직장을 다니게 되었습니다. 하나님은 독실한 기독교인들을 제 삶에 붙여 주셨는데, 그들은 저에게 가족과 같이 되었습니다. 제가 슬픔으로 괴로워할 때나 신앙 안에서 성장할 때 그들은 저에게 언제나 큰 도움이 되었습니다. 다른 신자들과 긴밀한 교제를 나눔으로 감사하게도 주님은 저의 신앙을 견고히 세우셨다. 직장에서 몇몇 인도인 동료들을 알게 되었지만, 직장생활 3년간 저는 그들과는 거의 교제를 하지 않았습니다. 그러다가 어느 날 저는 갑자기 회사에서 해고를 당하게 되었습니다. 저는 고민을 하다가 이번 기회에 신학교에 들어가 목사로 살아볼까 생각을 했습니다. 그래서 이전에 저를 상담해 준 목사님에게 전화로 상담요청을 했습니다. 목사님은 제가 이 문제를 진지하게 생각해보도록 여러 가지 이야기를 해주었습니다.

예를 들어 그는 제가 왜 신학교에 갈 생각을 했느냐고 물었습니다. 그가 말하기를 신학교는 초대교회가 생긴 지 한참 후에 생기게 된 매우 서구적인 현상이라고 설명해 줬습니다. 만일 그게 꼭 필요한 일이었다면 사도 바울도 신학교를 세웠겠지만, 그는 그렇게 하지 않았다는 것입니다. 대신에 그는 가정 교회를 세웠다고 했습니다. 네가 만일 신학교를 가게 되면 네가 섬기기를 바라는 사람들과 단절될 것이라고 말해 주었습니다.

목사님은 제가 속한 사회의 문화에 뿌리를 내리는 것의 중요성에 대해 말해 준 것입니다. 그는 "우리 서양 사람은 비서구권 사람들을 그리스도께로 인도할 때 그들을 전통문화로부터 분리시키기를 잘했습니다. 그 결과 자신들의 공동체 내에서 소금과 빛으로서 해야 할 기회를 영구적으로 없애 버렸습니다."라고 말했습니다. 그는 또한 인도 문화를 보는 긍정적 관점에 대해서도 설명해 주었습니다. 예를 들어, 제가 서구 기독교 문화에 있는 것보다 제 자신의 확대 가족 문화 속에 살면서 겸손과 친절과 사랑으로 사람들을 섬기는 것이 훨씬 더 성경적이라고 했습니다.

결정적으로 그가 한 다음의 말은 저를 완전히 충격에 빠뜨렸습니다. "힌두 사회에서는 '기독교인'으로 칭하는 것이 많이 불편할 텐데 당신은 왜 당신 자신을 '기독교인'이라고 부르기를 원하는 것입니까? 그보다는 '그리스도를 따르는 사람'이라는 표현이 내가 누구인지 더 정확히 말해준다고 봅니다. 80퍼센트가 넘는 미국인들은 자신이 기독교인이라고 말합니다. 하지만 당신은 문화적으로 말하면 힌두이고, 인도인으로서 삶의 방식이 있는 줄 압니다. 그리스도가 얼마나 소중한 분이신지 이제 알았기 때문에 이후로는 힌두로서 그리스도를 따르면 좋을 것 같습니다."

이 대화 후에 목사님은 무슬림 세계에 들어가 일할 사역자를 준비시키는 9개월짜리 인턴 과정에 저를 초청해 주셨습니다. 저는 엔지니어로서 일자리를 찾아서 일을 계속하는 한편, 사역자 과정은 밤 시간에 하는 것으로 결정했습니다. 저는 선교 퍼스펙티브 코스도 듣고 가정 교회에도 참여했습니다. 그리하여 9개월의 이 기간은 예수님을 따르면서도 하나님이 주신 문화적 정체성을 지키는 문제에 대해 숙고하는 기간이 되었습니다. 사역자 과정을 마친 후에는 과거 거부했던 사람들에게로 되돌아가서 예수 박타[74]의 정체성을 기쁘게 받아들일 수 있었습니다.

저는 여기에서 기독교인으로서 그리스도를 따르는 것과 예수 박타로 사는 것 사이의 몇 가지 차이점을 소개하고 싶습니다. 첫째, 라이프 스타일과 예배 형태에서의 차이입니다. 일반 기독교인의 경우 먹는 음식에 무슨 제한 같은 것이란 없습니다. 그러나 대부분의 힌두 공동체에서 닭고기는 괜찮지만 소고기는 먹지 않으며, 많은 사람들이 순수 채식주의자들입니다. 예수 박타의 경우는 주일 아침에 교회에 가지 않습니다. 왜냐하면 일반 기독교인과 달리 힌두는 매주 반드시 사원에 가는 관습이 없기 때문입니다. 대신 예수

---

73 예수 박타(Yeshu Bhakta) 또는 크리스타 박타(Christa Bhakta)란 그리스도를 믿고 따르는 사람이라는 뜻이다. 예수 박타는 태어난 출생 공동체를 떠남이 없이 있는 자리에 머무르면서 그리스도를 따르고 증거하며 안으로부터 세상을 변화시키기를 시도한다.

박타는 매일 가정에서 예배를 드립니다. 공적 예배는 삿상이나 가정 교회의 형태가 힌두에게 어울립니다. 예수 박타는 또한 영국식 찬양보다 인도식 예배 음악인 바잔 형식으로 그리스도를 찬양하는 노래를 부릅니다.

기독교 교회에서 세례를 받는 것 역시 서구 '기독교인'이 하는 행위입니다. 구루를 따르는 힌두가 하는 입문식은 '구루 딕샤(Guru Deeksha)라고 하는데, 이는 제자로 허입된 사람에게 물을 뿌리는 의식입니다. 힌두 가족에게 있어서 교회에서 하는 세례는 개종자를 가족 공동체와 분리시키는 행위이기 때문에 반감이 큽니다. 예수 박타들은 주님의 십자가를 기억하며 코코넛을 깨뜨린 후 바나나와 우유로 성찬식을 합니다. 힌두 관점으로 볼 때 교회의 성찬식은 매우 외국적이고 부자연스러운 것입니다. 예수 박타는 자신을 힌두 공동체의 일부로 보기 때문에 공동체의 모든 축제에 참여합니다. 물론 축제에 참여한다고 하여 힌두들과 똑같이 모든 순서에 참여하는 것은 아닙니다. 예수 박타는 우상에게 절하는 행위는 결코 하지 않습니다. 인도에서는 힌두라고 해도 모시는 신들이 다 다르기 때문에 특정 신에게 반드시 절을 하지 않아도 전혀 문제가 되지 않습니다.

둘째, 정체성의 차이입니다. 예수 박타에게 있어서 핵심 문제는 정체성입니다. 라이프 스타일과 예배 방식은 선호도 문제로 볼 수도 있습니다. 그렇지만 자신을 기독교인이라 칭하기를 거절하고 힌두로 남는 문제는 전통적인 기독교인의 경우 이해가 안 됩니다. 그럼에도 불구하고 힌두로서 문화적 정체성을 지키는 것은 하나님이 예수 박타를 부르신 그곳에서 삶을 살아가기 위해서 필수적인 것입니다. 저는 다른 기독교인들과 똑같은 기독교인이 될 수 없고, 다른 힌두들과 같은 힌두가 될 수 없습니다. 왜냐하면 제가 만일 주일날 교회에 가고 쇠고기를 먹으며 세례를 받으면서 힌두라고 하면, 힌두들은 그런 일관성 없는 삶은 힌두를 개종시키기 위한 기만적인 전략일 것이라고 간주하기 때문입니다.

제가 기독교인으로 남기보다 예수 박타로 살고자 결심하는 이유를 요약하면 다음과 같습니다. 첫째로, 하나님이 저를 지으신 대로 온전히 살기 위해서입니다. 하나님이 저를 매우 경건한 힌두 가정에 태어나게 하신 것은 결코 실수일 수가 없습니다. 어머니의 태중에 있을 때부터 하나님은 제 인생 속에 역사해 오셨습니다. 오히려 힌두로서 예배드리고 헌신하는 삶을 살아왔기 때문에 저는 예수님을 더 깊게 체험할 수가 있었습니다. 물론 미국에서 살아봤기 때문에 서구 방식대로 살 수가 있고, 서구식으로 사역해서 성공을 할 수도 있지만 그것은 결코 편안한 방식이 아닙니다. 서양식 찬송가는, 바잔이 제 영혼의 심금을 울리는 것처럼 그렇게 제 마음에 감동을 주지 못합니다. 외국적인 정체성과 라이프 스타일은 그리스도를 체험하는 심오한 은혜를 내게서 빼앗아 가버리고 맙니다.

둘째로, 힌두 공동체의 진정한 일원이 되기 위해서입니다. 제가 만일 힌두 가족, 친구들과 기독교인으로서 관계를 맺었다면 저는 빵에 들어가는 효모가 되기보다는 물에 떠다니는 기름과 같이 되었을 것입니다. 외부자의 정체성을 가지는 한 제가 무엇을 해도 저는 언제나 외부자가 되는 것입니다. 제가 사랑하며 복음을 나누기를 원하는 공동체에 하나님께서 저를 보내셨는데, 제가 왜 거기를 떠났다가 그리스도를 전하기 위해서 다시 되돌아와야 합니까?

셋째로, 그리스도 안에서 성경적인 신앙생활을 하기 위해서입니다. 성경은 제가 소금과 이스트(누룩)가 되도록 나를 부르셨습니다. 그리스도는 제가 공동체와 갈라서기보다 모든 공동체에 하나님 왕국의 가치를 가져오기 위해 모든 공동체의 일원이 되도록 하셨습니다. 그리스도께서 자신을 상황화해서 우리와 같은 인간이 되사 우리와 관계를 맺으셨는데, 왜 우리가 그의 모본을 따르지 않습니까? 왜 우리가 그의 뜻대로 힌두 가족과 친구들 가운데 남아서 그들도 우리와 같이 그리스도를 따르게 하지 않습니까?

토의할 점

1. 크리슈나가 거듭난 후 인도의 종교 문화적 관점에서 미국 그리스도인을 보았을 때 이해할 수 없는 점이 무엇이었는지 말해 보라. 인도 문화를 잘 알고 적절한 카운슬링을 해준 목사를 통해 배울 점은 무엇인가 말해 보라.

2. 힌두 배경에서 태어나고 자란 사람이 그리스도를 따르게 될지라도 출생 공동체를 떠나지 않고 힌두로 살며 그리스도를 전해야 할 필연성에 대해 말해 보라. 예수 박타로 살 때의 장점과 문제점에 대해 토의해 보라.

부록 1:

에딘버러 보고서

1. 인도 선교의 장벽에 대하여:
에딘버러 보고서(1)

　1910년 에딘버러에서 160개국 세계 교회의 대표 1200명이 참석한 가운데 선교사 수양회를 가졌다. 당시는 서구의 세계 선교가 정점에 달하던 때였는데 선교지에서 발생한 선교사들의 공통 문제 해결을 위해 전문가들이 서로 머리를 맞대고 의논하고자 모인 것이다. 이를 위해 8개의 분과를 구성하여 사전에 각 주제에 대해 철저한 연구를 한 후 보고서(8권의 책)를 작성하였고 이를 기초로 오전과 오후 시간에 심도 깊은 논의가 이어졌다. 그 여덟 개 분과 중 4번째 분과의 주제는 "비기독교 종교와 관련된 선교사 메시지"였다.

　각 분과는 20명의 전문 위원들로 구성되었으며 분과의 주제에 맞는 질문지를 작성하여 전 세계 선교사들에게 보냈다. 4분과는 184명의 선교사로부터 답변과 보충 자료들을 받았으며, 많은 자료를 효과적으로 다루기 위해 종교별로 5개의 하위 분과를 만들었다. 5개 분과 중 힌두교 분과는 60명의 선교사들로부터 받은 답변서를 토대로 영국의 복음전파선교회(Society for the Propagation of the Gospel)

총무였던 찰스 로빈슨(Charles Robinson)이 위원장을 맡아 최종 보고서를 작성했다. 위원장은 자신의 신학적 입장에 따라 자유롭게 결론을 내릴 수는 있었지만 보고서의 본문은 반드시 답변서를 보낸 선교사의 대답에 기초해야 했다.

로빈슨이 작성한 아래의 보고서는 지금으로부터 110년 전에 작성한 것이지만, 힌두교와 관련하여 기독교 메시지를 전달하고자 하는 모든 선교사들에게 유용한 정보를 제공해 주고 있다. 이 자료가 지금도 도움이 되는 이유는 100년 전 힌두교의 모습이나 지금이나 본질적인 면에서 큰 차이가 없기 때문이다. 또한 이 보고서에 담긴 당시 지도적인 인도 선교사들의 고민과 사역의 경험을 참고로 하여 오늘날 힌두교에 대한 나의 선교사 메시지를 만드는 데 참고할 수 있기 때문이다.

1) 힌두교에 대한 기독교 메시지

힌두에게 힌두교 신앙과 관련된 기독교 메시지를 주기 어려운 것은, 힌두교가 하나의 종교가 아니라 여러 개이며 공식화된 교리나 신조 같은 것이 없기 때문이다. 힌두교 안에 여러 종교들은 일관성이 없고 서로 모순된다. "힌두교는 너무 애매모호하고 포괄적이어서 무엇을 빼든지 추가하든지 여전히 힌두 신앙의 범위 내에 속한다. 수많은 종파와 분파들은 서로 다르며 상호 충돌되기도 한다. 범신론자, 다신론자, 유일신론자 무신론자가 모두 똑같이 힌두라고 주장하며 모두 그렇게 받아들인다(F. W. Steinthal)." 그러나 잊지 말아야 할 것은 이러한 명백한 혼란에도 불구하고 힌두교에 특징적인 부분이 있다는 것이다. 슬레이터 선교사는 말하기를 "인도의 지배적인 사고는 범신론이다." 딜거 선교사는 또 이렇게 말했다. "힌두교의 지배적인 이상은 세상의 악으로부터 구원받는 것 또는 신과 연합함으로써 목샤(해방)에 이르는 것인데, 이는 지혜, 신앙 또는 업보를 통해서 가능한 것으로 여긴다."

이 모든 외관상의 차이에도 불구하고 종파와 개인에 따라 정도의 차이는 있지만 내적인 통일성이 발견된다. 선교사 매터스는 말했다. "힌두교를 하나의 종교로 이해하는 것은 오해이다. 인도의 종교들은 그 기원과 발전, 교리와 의식에 큰 다양성이 존재한다. 그러나 힌두교로 일컫는 모든 종교들은 매우 사변적이고 신비적인 고등 힌두교라는 점에서 일치한다. 이것은 역사적으로 베다의 자연 숭배를 기원으로 해서 다양한 단계로 발전하다가 현재에는 매우 사변적이고 자기 성찰적인 경건의 형태, 그리고 무의미하고 미신적인 관습이 혼합된 형태로 존재한다." 힌두를 함께 묶는 유일한 외적인 연결점은 카스트를 지키는 것이다.

"정통 브라마니즘(Brahmanism)과 애니미즘 사이에 있는 수백만의 사람들도 자신들을 힌두에 속한다고 말한다. 그러나 그들의 피의 제사, 마귀 달래기, 여신 숭배와 우상숭배는 브라마니즘보다는 애니미즘 쪽으로 향해 있다. 인도는 사실 모든 사람이 제대로 된 브라만 종교의 신앙을 갖고 있는 것은 아니다. 수드라와 불가촉천민의 다수는 힌두교에 대해 아무것도 알지 못하며 극히 부분적인 영향밖에 받은 것이 없다(J. A. Sharrock)." 그러기 때문에 1888년 런던 선교사 수양회의 보고서 중에는 이런 말이 있다. "남인도 기독교인 가운데 절대 다수를 차지하는 천민과 불가촉천민은 인도 사람이지만 힌두교에 전혀 매력을 느끼는 사람들이 아닙니다. 그러기 때문에 이들 가운데 헤아릴 수 없는 사람들이 개종되었다고 해도 여러분[선교사들]은 힌두교를 전혀 건드리지도 못한 것일 수 있습니다 (T. E. Slater)." 상황이 이렇게 복잡한 것을 고려한다면 2억 7백만의 힌두에게 '단순 복음'을 증거한다는 것은 지식과 경험이 증가하면 할수록 더욱 더 어려운 과업이라는 것을 깨닫게 될 것이다. 그러므로 선교사들은 청중들에게 기독교 신앙을 제대로 해석해 줄 필요가 있다. 다른 어떤 나라보다 인도는 선교사의 무지와 오류가 아주 해로운 결과를 낳을 수가 있기 때문이다. 라호르의 한 선교사는 이렇게 말했다. "하나님의 세계 섭리의 역사에서 가장 이상한 일 중의 하나는 인도의 복음화가 주로 영국인에게 맡겨졌다는 것이다. 기질이나 장점, 삶을 보는 관점이란 면에서 영국인과의 거리가 가장 먼데도 말이다."

지난 몇 년간 선교사협회들이 상층 클래스의 힌두들이 다니는 대학과 고등학교에 대부분의 시간과 관심을 집중한 것이 적절했는지에 대해서는 여러 가지 의문들이 있었다. 그들 가운데 기독교에 개종된 자들은 극소수에 불과하다. 그런데도 흥미로운 것은 보고서를 보낸 선교사들은 한결같이 이런 상층 배경 학생들에 초점을 둘 필요에 대해 역설한다는 것이다.

2) 종교로서 힌두교의 가치에 대한 선교사들의 이해

캘커타의 한 선교사는 말했다: "내가 보기에 힌두들이 자신들의 신앙 가운데 가장 큰 가치를 부여하는 부분은 신과 연합될 수 있는 기회를 가질 수 있다는 것이다. 그들의 교리 중 가장 좋은 부분은 이 기회가 다음 생으로 연기되거나 도달될 수 없는 조건으로 보지 않고 현재 경험할 수 있는 것으로 제시되고 있다는 것이다." 지식의 방법을 통해 신과 이런 연합에 이를 수 있다는 신앙은 비교적 소수의 교육받은 엘리트 계층만이 갖고 있는 견해이다.

이에 반해 박띠, 곧 신적 존재에 대한 믿음과 사랑의 방법으로 구원을 얻을 수 있다고 보는 견해는 매우 많은 사람들이 갖고 있는 견해이다. 이는 악한 세상에서 구원에 이르는 세 가지 방법 중 하나로서 이러한 견해는 기원전 5~2세기경 바가바드 기타에서 그 기원을 찾아볼 수 있다. 이와 함께 아마도 믿음에 대한 기독교의 가르침이 박띠 사상의 출현에 영향을 끼친 것으로 보인다. "직간접적인 기독교의 영향으로 지난 몇 세대 동안에 박띠 신앙은 크게 성장했으며, 교육받은 계층 가운데 가장 강력한 신앙으로 자리잡고 있다 (F. W. Steinthal)."

박띠 신앙은 대체로 인도의 유일신론 신앙에서 강조되고 있으며, 의심의 여지없이 오늘날 살아 있는 종교적인 힘이다. 서부 인도에서 사역하는 다른 선교사는 이렇게 말한다. "성자 투카람이 지은 시들은 유일신론 방향으로 가장 의미 있는 영향을 수많은 사람들에게 주고 있다. 거기에는 확실히 내면의 신앙에 대한 강조가 있다. 또한 모든 성자와 시인들은 박띠, 또는 사랑과 믿음의 방법이야말로 하나님께로 가까이 가는 참된 방법임을 제시하고 있다. 나는 내가 아는 모든 힌두 가운데 가장 학식이 있고 경건한 사람 중 한 사람을 본 적이 있는데, 그는 눈물이 가득한 눈으로 박띠의 성자 투카람의 노래를 부르고 있었다(N. Macnicol)."

기독교인이 성경을 사랑하듯 경건한 수많은 힌두들이 다른 무엇보다 사랑하는 책은 바가바드 기타이다. 기독교가 탄생하기 이전에 지어진 이 시는 교육받은 이나 그러지 않은 이에게나 모두 잘 알려져 있으며, 이 책을 상세히 연구함이 없이는 어떤 선교사도 결코 일반 대중들이 갖고 있는 종교적 힌두교를 이해할 수 없다. 기타는 힌두 철학의 근본 개념과 인간이 궁극적 만족에 이르는 길에 대해 가장 매력적인 설명을 하는 책이다. 물론 그 철학은 본질적으로 범신론적인 성격을 띠면서도, 다른 한편으로 신성을 가진 인간 구원자에 대한 신앙을 제시하고 있다. 그러기 때문에 이 책은 힌두교 가운데 있는 기독교 복음의 가장 좋은 준비라고 볼 수 있다. 그리스도 안에서만 만족될 수 있지만, 힌두들 역시 인간이 된 신을 갖고 싶은 갈망이 여기에 잘 나타나 있다(T. E. Slater). 바가바드 기타에서 크리슈나는 절대적인 신적 존재인 브라만이자, 예배와 기도의 대상이 되는 인격적 존재로 묘사되어진다. 기타는 삶의 모든 행동은 집착이 없이 행해져야 하며 행동의 결과에 대해서 어떤 열매도 바래서는 안 된다고 가르친다.

델리의 선교사 안드류스는 말했다. "나는 작년에 12개 이상의 신판 바가바드 기타를 보았다. 오늘날 힌두 복음이라 불릴 수 있는 책이 있다면 바로 이 책이다. 기타의 인기는 최근 급성장을 하고 있다. 기타는 이제 많은 힌두들이 사용하는 경건 서적이며 영적 도움과 위안을 얻기 위해 찾는 책이다. 힌두 수도승인 스와미들이 해석해주는 기타보다 더 많은 청중의 관심을 끄는 책은 없다." 그는 라마야나에 대해서도 말했다. "이 서사시는 놀라운 영향을 끼치고 있다. 만일 오늘날 바가바드 기타가 교육받은 힌두를 위한 신약의 복음서라면 라마야나와 마하바라타는 구약에 해당이 된다. 이 책들로부터 사람들은 이상적인 힌두 인간상과 신앙생활의 모범을 발견한다. 무엇보다도 이 책들에서 사람들은 완벽한 여성 시따를 통해 이상적인 힌두 여성의 모습을 찾고, 어머니와 아내에 대한 헌신의 태도를 배운다. 정숙한 힌두 가정생활은 주로 라마야나에 나오는 시따의 지극히 아름다운 모습에서 그 모델을 발견한다. 구약의 영웅들이 무의식적으로 모든 기독교 가정 아이들의 이상이 되듯이, 라마야나와 마하바라타는 교육을 받은 자든 못 받은 자든 모든 힌두 아이들의 이상이다. 특히 힌디어 라마야나는 힌두 경전 중에서 가장 인기가 많으며 오늘날 두드러지게 영향을 끼치는 책이다."

후퍼 박사는 말한다. "산스크리트어를 아는 자들에게 바가바드 기타가 성경인 것과 같이, 선교사들은 인도에 오래 살면 살수록 툴시 다스의 라마야나가 산스크리트어를 모르는 북인도 힌두들의 성경이라는 것을 깨닫게 된다. 이 두 책은 깊은 관심을 갖고 읽혀지며 각기 라마와 크리슈나에 대한 가장 깊은 헌신을 불러일으킨다."

3) 개종의 장벽들

첫째, 도덕적 장벽들. 기독교를 받아들이는 데 있어 주요한 장벽은 힌두들이 진정한 의미에서 죄책감을 가지지 않고 있다는 것이다. "기독교인에게 있어서 죄에 대한 개념은 하나님의 법을 의도적으로 어기는 것으로서 인간과 하나님 사이의 모든 관계의 뿌리에 해당이 된다. 그러나 스와미 비베까난다 같은 베단틴주의 힌두는 사람을 죄인이라고 말하는 것은 인간성에 대한 모독이라고 말한다

(마드라스 주교)."

또 다른 선교사는 말한다. "죄의식의 결여는 인도의 슬픈 현실이다. 하나님께 도덕적으로 큰 죄를 짓고 악행을 행하는 것에 대해 죄책감을 갖지 않는다. 힌두에게 있어서 그것은 오류나 실패 그리고 운명이다. 이처럼 죄의식이 결여됨으로써 말미암아 힌두는 구원을 위해 부르짖지 않는다. 특별히 부르짖으며 간구할 일이 없는 것이다(D. G. M. Leith)." 그렇지만 인도 종교의 폭이 워낙 넓고 다양하기 때문에 비록 많지는 않아도 죄의식을 느끼는 사람들도 있다는 것을 아는 것은 중요하다. 많은 이들이 죄사함을 갈구하며 신성한 장소로 순례를 떠나며 희생제사를 치른다. 또한 개인의 삶에 대한 전기나 그밖의 다른 문헌에서 볼 수 있는 대로 내적인 문제에 대한 고민 가운데 기독교로 개종한 기록들을 볼 수 있다(Dilger). 이들에게 있어서 죄에 대한 인식을 깨우치게 된 계기는 그리스도에 관한 지식이다.

"초기 베다시대에 '죄'와 '제사'라는 용어는 인도에서 자주 쓰던 말이었으며, 이후에도 박띠 신앙을 가진 힌두들의 경우는 죄에 대해 상당히 민감한 편이었다. 이는 많은 사람들의 신앙에 영향을 끼쳐 죄에 대한 형벌 개념이 업보나 윤회 교리에 구체화되었다. 범신론자들의 경우는 죄와 도덕적 악으로부터의 구원을 요청하기 위해 그 전제가 될 신의 거룩함이나 은혜에 관한 개념이 없었다. 그러나 기독교의 영향을 받은 것으로 보이는 힌두 종교개혁자 툴시 다스의 경우에는 윤리적인 가르침이 뚜렷하다. 그리스도의 복음이 힌두의 양심에 죄 사함의 필요를 깨우치게 될 때에 그리스도가 그들에게 구원의 메시지로 받아들여지게 된다(T. E. Slater)."

또 다른 도덕적 장애는 기독교인들이 소고기를 먹는 습관에 의해 초래된다. 종교적인 신앙과는 별도로, 영국에서 애완용 개를 아끼고 사랑하듯이 인도에서는 가축으로서 암소를 아끼고 사랑한다. 암소를 도살하고 먹는 행위는 기독교에 대한 큰 반감을 일으키는 경우가 너무 많아서 다른 어떤 것으로도 그에 대한 반감을 없앨 수가 없는 상황이다. 힌두들과 가까이 교제를 해본 경험이 있는 여러 선교사들은 힌두가 복음을 받아들임에 있어서 심각한 장애물을 제거하려면 무엇보다 소고기를 먹지 않고자 결심하는 것이 필요하다고 말한다. 한 선교사는 말했다. "선교사를 포함하여 우리 영국인들의 관습들은 인도인의 눈으로 볼 때 부정한 것으로 보이는데, 이것이 복음 전파에 큰 장벽이 된다. 우리는 암소를 도살하고 그것을 고기로 먹는다. 이 문제에 대한 힌두들의 혐오의 깊이는 거의 측량할 수 없을 정도이다. 힌두들에게 기독교인들은 전혀 소고기를 먹지 않는 사람들이라고 말할 수 있다면 선교사에 대한 부정적 편견을 크게 낮출 수가 있을 것이다(W. Bonnar)." 북인도에서 오랫동안 사역했던 한 선교사는 말했다. "힌두의 눈으로 볼 때 우리의 최악의 범죄는 아마도 암소를 도살하는 것일 것이다(G. H. Westcott)." 또 다른 선교사도 말했다. "탕자의 비유는, 심지어 교육받은 힌두들이라고 해도 송아지를 잡는다는 그 말 한마디에 말씀의 가치가 절반은 깎여진다. 성찬식 때 가나 혼인잔치를 언급하며 포도주를 마시라는 말이 시크교인에게 큰 걸림돌이 되는 것처럼, 그리스도의 가르침에서 소 잡는 것에 관련된 말씀은 힌두 선교에 최대의 걸림돌이다(C. F. Andrews)."

둘째, 사회적 장벽. 최대의 사회적 장벽은 카스트 제도이다. 카스트 제도를 긍정하고 그것을 버릴 준비가 안 된 자에게 세례를 줄 선교사도 있기는 하지만 많은 사람은 카스트 제도가 힌두교이고 힌두교가 카스트 제도라는 것에 동의한다. 로마 가톨릭 선교사들이 카스트 제도를 인정함으로써 나타난 재앙적인 결과는, 반기독교적 원칙에 조금이라도 타협하는 시도의 위험성에 대한 객관적인 교훈을 준다. 남인도 마을에는 카스트 수만큼 두 개, 세 개로 갈라진 가톨릭 교회를 볼 수가 있는데 그 결과 기독교 개종자들은 힌두와 전혀 구별이 되지 않는다.

북인도에서 교육받은 힌두들 가운데 카스트의 영향에 대해서 안드류스 선교사는 말했다. "카스트는 그 핵심 거점이 되는 결혼에 있어서는 거의 약화된 바가 없다. 먹고 마시고 접촉하는 문제에 있어서의 민감도는 사라져 가고 있으나 결혼에 대한 규정은 별반 달라진 것이 없다. 카스트를 넘어선 결혼이라든지 미성년자의 결혼에 대한 반대와 같은 개혁들이 많이 나오고 있지만 진실로 카스트는 여전히 힌두교에 있어서 교회와 같은 역할을 한다. 거기에는 교직자와 위원회와 규정들과 모임들, 그리고 도덕률이 있다. 위계질서의 상층에 있는 힌두들은 일정한 자유를 누리고 있지만, 나머지 다수의 하층이나 불가촉천민들은 여러 가지 제재와 규율에 얽매여 살아야 한다.

한편으로 부족과 부족, 공동체와 공동체는 스스로 새로운 카스트들을 만듦으로써 사회 종교적 사닥다리를 한 칸씩 올라가고 있다. 그들은 이를 위해 가난한 브라민 사제의 도움을 받아 가짜 카스트 족보를 만든다. 그리고는 기존 관습이었던 육식과 과부의 재혼, 늦은 결혼과 카스트 간 결혼을 거부하며 브라만들을 공궤하겠다는 약속을 한다. 새로운 카스트를 만드는 이러한 과정은 매우 급속도로 진행된다. 격리된 지역 사람들은 문명화된 힌두를 만나 그들이 카스트 사다리를 올라가게 된 비밀에 대해 듣기까지는 자신들이 그동안 얼마나 이단적이고 낮은 위치에 처해 있는가를 깨닫지 못한다. 그러므로 철도가 카스트를 무너뜨리고 있다는 말보다는 도리어 카스트를 강화하고 있다는 말이 더 진실에 가깝다. 먹고 마시는 것과 접촉에 대한 규정이 사라질 것인지에 대해서는 명확히 말할 수 없어도, 결혼 규정 배후에 깊이 자리잡고 있는 카스트가 예전대로 남아 있거나 심지어 더욱 더 강해질 수 있다는 것은 분명하다. 카스트는 죽었거나 무력한 것이 아니라 살아 있고 성장하는 제도인 것이다.

또 다른 사회적 장벽은 역시 카스트와 직접적으로 연관된 것이다. "기독교인으로 개종을 한 사람은 출교가 되므로 조직적인 전도 노력은 언제나 힌두 공동체 밖에서 이뤄지게 된다. 개종자는 어떤 의미에서는 심지어 외국인 또는 타 집단의 일원으로 인식된다. 외국인 취급을 받으니 어쩔 수 없이 외국인처럼 살게 되는 것이다. 이렇게 인도 기독교 공동체가 완전히 인도의 주류 공동체 밖에 처하게 된 것만큼 안타까운 일은 없다. 이제 2세대, 3세대 인도 기독교인은 외국 선교사보다 힌두교 내부에 대해 더 잘 아는 것이 없게 되었다(Edwin Greaves)."

셋째, 지적인 장벽. 기독교를 수용하는 데 방해되는 지적 장벽 중 가장 큰 것은 교육을 받지 못한 데에서 오는 대중의 무지라고 말할 수 있다. 물론 이것은 일반 교육의 확대로만 향상될 수 있을 것이다. 두 번째 지적 장벽은 의심의 여지없이 도덕적 진지함이 결여된 범신론의 만연이다. 라호르의 주교로 있는 선교사는 구체적인 어려움을 이렇게 지적한다. "교육받은 계층 사람들은 양립하기 어려운 서구와 아시아의 사상적 틀을 동시에 갖고 있다. 한 학생이 이 문제를 이렇게 표현했다. '대학에서 나는 서구의 과학을 신봉하는데 집으로 오면 전통적인 신앙을 따릅니다.' 이러한 습관이 있는 이유로 조상 때부터 내려온 신앙을 붙들면서도 동시에 기독교 진리를 받아들이는 것에 대해 힌두들은 아무런 모순이나 어려움을 느끼지 않는다."

또 다른 지적 장벽은 기독교 신앙의 역사적 성격과 관련이 있다. 앞의 선교사가 말했다. "기독교 신앙이 역사적 사실이기 때문에 진리라는 주장은 힌두들의 입장에서는 처음부터 크게 잘못된 것이다." 또 다른 선교사는 말한다. "지적으로 큰 장벽은 의심의 여지없이 역사의식과 실재에 대한 의식의 결여라고 할 수 있다. 인도인에게 유일한 실재는 영적인 생활이며 사실이라고 하는 것은 우연히 일어나는 현상에 불과한 것이다. 사상이 사실보다 중요하며, 신화가 논증과 동일한 가치를 갖는다(F. W. Steinthal)." 또 다른 선교사는 말했다. "힌두가 우연과 사건이 연속해서 일어나는 시간 속에서 영원한 진리의 확실한 토대를 찾는 것은 불가능한 것으로 보인다. 역사는 허구와 미몽의 영역에 속하는 것이다. 실재가 아닌 것과 잠시 있다 사라지는 것은 기록할 가치가 없는 것이다. 그들은, '하나님께 대한 우리의 신앙과 구원의 문제가 수 세기 전에 일어난 역사적 사실의 진실 여부에 달려 있다는 것이 정말 가능한 일인가?'라고 묻는다(T. E. Slater)."

"역사는 인도인에게 있어서 현상적 한계에 머무르는 것으로 이해된다. 세계 구원의 기초를 1,900년 전의 특정 사실 속에서 찾는다는 것은, 여타 지역에 사는 다른 나라 사람들의 종교에 대한 오만이요 터무니없는 행위로 본다. 또한 그것은 물질주의적인 서구가 영적인 문제를 거칠고 세상적인 방법으로 다루는 것으로 여긴다."

선교사들은 종종 힌두교에 내포된 진리의 요소를 기독교 신앙에 대한 장애물로 해석한다. 그래서 캘커타의 주교는 이런 말을 했다. "고등 힌두교의 영적인 경향과 불교의 도덕적 가르침들은 주요 지적 장벽들 중의 하나로 작동되어 왔다. 힌두들은 자신들의 신앙 속에 있는 선한 요소들을 근거로 기독교 가르침을 들을 필요가 없음을 증명하려고 한다. 그 선한 요소로 말미암아 오히려 기독교의 도덕적 가르침을 잘 따를 수 있는데 말이다. '불교는 기독교와 매우 비슷하다,' '힌두교는 기독교 안에 있는 선한 모든 것을 가지고 있다.' 이러한 주장들은 확신컨대 주요 지적인 장벽으로 작용하고 있다."

고난받는 신에 대한 개념 역시 심각한 장벽 중 하나이다. "힌두교에는 고난받는 신에 대해서 전혀 알려진 바가 없다. 그러기 때문에 십자가의 그리스도는 동양인에게 끊임없이 오해를 받는다. 수많은 인도의 성육신은 모두 마귀를 무찌르고 승리하는 성육신이며 인간을 위해 심각한 고난을 받은 성육신은 하나도 없다(J. P. Jones)."

힌두는 인과응보 법칙에 민감하다. 힌두의 업보론은 불완전하기는 하지만 "뿌린대로 거둔다."는 기독교 교리와 유사하다. 그러기에 그들은 비록 하나님의 성육신이라 해도 인간 행동의 결과를 약화시키기 위해 누군가가 대신 죽는다는 것을 받아들이기 어려워한다. 종종 곡물이나 동물 제물이 그리스도의 희생과 같은 효과를 발휘하여 인간을 죄로부터 해방시킬 수 있는 것처럼 말하는 경우가 있는데, 이는 기독교 복음 이해에 도움이 안 된다고 여러 선교사들이 말한다. 한 선교사는 말한다. "대체로 그리스도는 인도에서 인류를 위한 육체적 희생으로 설교되었다. 이는 무한자에 대한 유한적 형벌로서 유한자를 무한한 형벌로 다루는 것과 다를 바 없는 것이다. 이러한 개념은 힌두의 도덕으로부터 강한 저항을 받게 된다(A. G. Fraser)."

토의할 점

1. "다른 어떤 나라보다 인도는 선교사의 무지와 오류가 아주 해로운 결과를 낳을 수가 있다"고 했는데, 왜 그런지 구체적으로 말해 보시오. 왜 많은 인도인들이 범신론 신앙에서 만족을 얻지 못하고 박띠 신앙 안에서 도움과 위로를 받기를 원하는지 토의해 보라.

2. 가나 혼인 잔치와 탕자의 비유 말씀이 힌두들에게 왜 걸림돌이 될 수 있는지 말해 보라. 힌두들이 갖고 있는 도덕적, 사회적, 지적 장벽들을 낮추는 데 있어서 선교사가 할 수 있는 일이 무엇일지 토의해 보라.

2. 기독교와 힌두교 사이의 접촉점: 에딘버러 보고서(2)

1) 힌두교 신앙에 대한 불만족

상층 카스트 힌두는, 확실하게 기독교인이 되기까지는 자신의 종교가 어떤 점에서 불만족스러웠는지 거의 이야기하지 않는다. 그러나 그리스도를 만난 후에는 과거 자신이 오랫동안 어두움 속을 더듬으면서 평화와 확신을 찾고자 헛된 노력을 기울였었다고 고백한다. 반면 하층 카스트는 우상숭배가 얼마나 헛된 것이었는지 기꺼이 시인하지만 상층 카스트의 압력 때문에 기독교인이 되는 것을 방해받는다.

전반적으로 개종자들은 전통 종교에 불만족해서 만이 아니라 기독교 신앙이 주는 긍정적인 매력 때문에 기독교 신앙을 받아들인다. 이전 종교에 대한 불만족이 심해지는 것은 도리어 그들이 기독교인이 되고 난 후의 일이다. 한 선교사가 말했다. "처음부터 죄의식과 그로 인한 저주로부터 구원받고자 하는 소원을 갖는 사람은 만나본 적이 없다. 그것은 분명히 한참 지난 후의 일이다. 그러나 몇몇 젊은이들 가운데에는 예수님의 고결한 인격과 높은 도덕적 가르침에 매료되어 자신의 과거 종교는 이와 전혀 비교할 수 없으며, 죄의 속박으로부터 구원할 능력이 없는 것을 깨닫는 자들이 있다. 그러나 많은 경우 힌두 신앙에 대한 첫 번째 불만족은 그것이 죄로부터 구원을 줄 수 없기 때문에가 아니라, 하나님께 대한 참된 지식과 신과 하나 됨에 대한 약속을 얻지 못하기 때문이다(F. W. Steinthal)."

캘커타에서 오래 사역한 마드라스의 주교는 말한다. "캘커타의 벵골 학생 가운데 가장 흔히 볼 수 있는 힌두교에 대한 불만은 그것이 자신들의 도덕적 싸움을 돕는 데 실패한 것과 관련이 있다. 순수하게 사상적 또는 교리적 이유로 불만을 가진 경우는 매우 드물다. 내가 기억하는 거의 대부분의 불만의 이유는 순전히 도덕 문제였다. 한 학생은 도덕에 대한 가르침을 듣고 양심에 찔려 부정한 죄에 맞서 싸우려는 고귀한 시도를 시작했다. 그러다가 자신의 기존 신앙이 이 문제에 도움이 되지 않는 것을 발견했고, 이때 그는 자연스럽게 더 높은 도덕적 능력을 찾았다." 남인도의 불가촉천민 판차마에 대해 그는 이런 말을 했다. "사람에게 두려움을 주는 마귀와 달리 사랑하는 아버지로서의 신에 대한 기독교의 이야기는 가장 무지하고 타락한 삶을 사는 사람들에게도 가슴에 와 닿는 것이었다."

뗄루구 교회 선교회 구역 중 하나에서 판차마 대량 개종 운동을 시작한 벵카야의 이야기는 가장 하층의 사람이라고 해도 고등 진리를 사모하는 마음이 있다는 것을 보여준다. 그는 가족 문제가 있어 마을의 수호신들과 우상숭배를 버린 후 2년간 매일 기도를 드렸다. '오 하나님, 당신이 누구신지, 어디에 계시는지, 그리고 어떻게 해야 당신을 만날 수 있는지 가르쳐 주십시오.' 얼마 후 베즈와다로 내려갔는데 그곳의 크리슈나 강둑에 앉아 있다가 사람들이 신성한 강에서 몸을 씻는 것을 보았다. 한 힌두가 그에게 다가와 당신도 목욕할 거냐고 물어보았다. 그는 그런 것에 대한 신앙을 잃어버려서 지금은 참된 신을 찾고 있는 중이라고 대답했다. 그러자 그 사람은 언덕 위에 한 백인이 살고 있는데 그가 당신이 알고 싶어 하는 문제에 대해 말해줄지도 모르겠다고 이야기해 주었다. 벵카야는 친구들과 함께 그곳에 갔다가 선교사를 만나게 되었는데, 그 선교사로부터 우리 주님의 삶과 죽음과 부활에 대한 이야기를 듣게 되었다. 그러자 그는 곧 그분이 바로 자신이 찾던 신임을 깨달았다. 그는 세례를 받았고 곧 열렬한 복음전도자가 되었다. 이와 같은 예들은 뗄루구의 거의 모든 지역에서 발견된다. 우리는 현지인들에게 이러한 신앙과 영적 통찰력을 주신 것은 성령님의 직접적인 역사임을 인정하지 않을 수 없다."

그러나 힌두교의 가르침과 관습에 대한 불만만이 힌두들로 하여금 기독교를 영접하게 하는 일은 드물다. "힌두교는 정형화되지 않고 예배와 관습이 다양하기 때문에 어떤 사람은 만족스럽게 여겨 힌두교 안에 머물고 어떤 사람은 쉽게 비난과 정죄를 쏟아낸다. 결정적으로 힌두교에 치명적이며 전체 체계를 허물 수 있는 부분이 어떤 것인지 구체적으로 말하기는 쉽지 않다. 브라만의 주장과 특권과 악에 대해서는 비난하면서도 종교 자체에 대해서는 불만을 갖지 않는 사람들이 있을 수 있다(N. Macnicol)."

또 다른 선교사는 말한다. "힌두 사상 전체를 살펴보면 깊은 비관주의를 가진 것처럼 보인다. 힌두가 갈망하는 바는 이생이 아니라 더 많은 내생, 더욱 풍성한 삶이다. 또한 개인의 존재는 필연적으로 불안과 고통으로 가득 차 있기 때문에 개인적이고 의식적인 존재로부터 구원받는 일, 그리하여 존재의 바다 안으로 빠져들어가는 것을 목표로 한다(E. Greaves)."

"힌두 철학의 원천인 우빠니샤드의 가르침에 의하면 세계는 마야, 미몽, 그림자인 반면 유일한 실재인 브라만은 세계의 배후에 존재한다. 사람들은 브라만이라는 최고의 존재를 보지 못하며 보더라도 사랑하지 못한다. 그러므로 그들의 눈에는 삶이 실망과 사기, 무거운 짐, 답답한 수수께끼 그리고 헛된 꿈으로 보였다. 그러나 이제 첫 번째 빛이 희미하게 비추면서 어두움 속에서 운명을 개척하고자 걸어가는 자신들의 모습을 발견한다. 그러나 그 끝은 여전히 보이지 않고 시야가 흐리다(T. E. Slater)."

2) 힌두교에 대한 선교사의 태도

선교사들의 대답은 하나같이 인도의 고대 종교에 대해 공감적인 태도를 가져야 할 필요성에 대해 강조했다. 또한 그러한 공감이 감정이나 상상의 결과로서가 아니라 지식에 기초하기 위해서 선교사들이 지속적이고 인내심 있게 종교 연구를 할 필요에 대해서도 강조했다. 다른 어떤 나라에서보다 인도에서, 선교사들은 인도 종교의 고상한 측면은 인정함이 없이 지칠 줄 모르고 그것을 파괴하고자 힘씀으로 스스로 선교에 해를 끼쳐왔다. 캘커타의 한 선교사는 말했다. "선교사가 다른 사람의 신앙을 바꾸는 개종 사역을 할 때, 자신의 종교뿐만 아니라 상대방의 신앙에 대해서도 반드시 알아야 되는 것은 당연하다. 힌두로부터 존경과 신뢰를 얻으려면 힌두교를 연구하는 것이 선교사가 반드시 해야 하는 첫 번째 의무이다. 그것은 쉬운 일이 아니며 몇 달이나 몇 년 내에 될 수 있는 일도 아니다… 그러나 몇 년간 지속적으로 연구를 하다 보면 자신이 디딜 발밑의 견고한 근거가 무엇인지 알 수가 있으며 최소한 어디에다가 발을 디딜지 정도는 알게 된다. 공부해야 할 첫 번째는 힌두교의 역사, 기원, 발전, 주요 학파와 경전, 교리와 의식이다. 이중 많은 부분은 선교사로 파송되기 전 본국에서 배울 수 있기 때문에 가급적 배우고 와야 한다.

이렇게 선교사가 힌두 철학과 예식과 인간 삶의 거의 모든 부분에 이르기까지 실제 힌두교의 복잡한 내용을 어느 정도 알게 되더라도, 이 연구의 세 번째이자 가장 중요한 부분인 개개인의 종교적인 삶에 대해서는 여전히 외부자일 것이다. 이상하고 거의 이해할수 없는 언어의 수면 밑에는 신에 대한 필요로 신을 찾고 만나고 싶어 하는 인간의 영적인 삶이 있다. 여러 의식들과 교리 밑에 놓여 있는 사람들의 종교적인 삶을 어느 정도라도 이해하기 전까지는 우리는 힌두교가 정말 무엇인지, 그들의 종교생활에서 본질적으로 부족한 부분이 무엇인지 알 수가 없다. 그러나 이런 이해에 도달하려는 목표를 가지고 애쓰는 선교사는, 자신이 섬기는 사람들의 전통 종교를 존중해야 할 필요를 자연스럽게 깨닫게 된다. 사람들의 예배하는 모습이 때로는 매우 미신적이고 혐오스러우며, 그들의 교리가 사악하게 보일 수도 있다. 그럴지라도 그것은 사람들의 삶에 가장 높고 경건한 것에 대한 표현이자 아직도 남아 있는 하나님의 형상이며, 살아 있는 하나님을 찾는 시도이다. 나는 대부분의 기독교인에게서 발견되는 신앙생활에서와 같이 힌두와 브라만의 삶에서 깊고 진실하며 영적인 모습을 발견한다. 그들의 신앙은 비록 방향이 잘못되기는 했지만 신실하다(F. W. Steinthal)."

또 다른 선교사는 말한다. "우리는 다른 신앙을 비판하기 위해서가 아니라 그리스도를 전하기 위해 보냄 받은 것이다. 그러므로 가능한 한 그리스도에 대해 우리가 전하는 메시지에 감화를 받아 사람들 스스로가 자신을 돌아보게 만들어야 한다. 비록 우리의 비판이 흠 없이 정확하고 완벽한 방법으로 전달되었다고 해도 그 자체로 영혼이 그리스도께로 돌이켜지는 것은 아니다… 비록 기독교와 힌두교 사이의 차이는 매우 크고 역사적 연결점은 없을지라도 우리는 그리스도가 유대교에 가졌던 태도로 타종교를 바라봐야 한다(J. N. Farquhar)."

힌두들 가운데 사역하는 선교사는 두 가지 문제에 부딪힌다. 선교사는 자신이 영혼 깊숙이에서 이해하는 그대로 그리스도를 전하기를 원한다. 동시에 인도인에게 서양 문화의 형태로 그리스도를 전하는 것은 피하고 싶어 한다. 남인도대학의 한 교수 선교사는 말한다. "우리가 보기를 원하는 것은 단지 인도에서의 기독교가 아니라 인도의 기독교이다(A. G. Hogg)." 호그 선교사는 선교사들이 처음에 자신의 체험과 서양적 해석의 틀로 메시지 전하기를 시작하는 것을 이해한다. 그러나 인도의 기독교를 세우기 위해서는 시간이 가면서 동양인의 의식과 사고의 틀에 비추어 수정된 방식으로 그리스도를 전해야 한다고 강조했다.

또 다른 선교사는 말한다. "경멸과 적대적인 태도는 인도 선교의 현장에서 눈에 띄게 사라졌다. 그리고 공감적인 태도와 파괴를 지향하지 않는 방식의 필요는 더욱 커지고 있다. 진리를 제시하는 것이 오류에 대한 최상의 논박이다. 고등 힌두교를 다룸에 있어서 이러한 원칙은 더욱 중요하다(B. Lucas)." 루카스 선교사가 말한 대로 비기독교인의 종교를 파괴하거나 변혁시키기를 원하는 기독교 선교사는 자신이 제자 삼기를 원하는 사람들의 신앙에 대해 오랫동안의 공감적 연구를 할 필요가 있다.

"비공감적 태도로 복음서를 공부하는 사람은 그것을 잘못 해석하기 쉬운데, 같은 문제가 타종교를 연구할 때에도 생긴다. 타종교의 신앙을 전혀 모르는 사람은 자기 자신의 종교도 제대로 알기 어렵다. 우리 자신의 신앙의 체계에 대해 잘 모르면 그것이 목사의 창작물이라든지, 마귀의 작품이라는 식으로 여기게 되는 일이 왕왕 일어나게 되는 것이다. 우리가 다른 사람의 신앙을 연구할 때 명심해야 할 것은 그 신앙의 최상의 것에 대해 알기 전까지는 그 종교를 결코 알지 못한다는 것이다. 우리에게는 타종교의 신앙과 관습이 거짓되고 어리석고 해롭게 보일 수 있다. 그럴지라도 현지인들에게는 그것이 신성하며 사랑하는 신앙의 유산으로 받아들여지고 있는 것임을 기억해야 한다. 또한 하나님의 섭리에 의해 주어지고 발전되어 온 것이라는 것을 기억할 필요가 있다(T. E. Slater)."

라호르의 주교는 말한다. "나는 선교사가 타종교의 신앙에 접근할 때 가장 필요한 것이 공감적 태도라는 입장을 주저 없이 받아들인다." 그는 또한 선교사를 포함한 영국인들이 인도인을 보는 전반적 태도에 대해 이렇게 말했다. "선교사들은 인도인 특별히 인도 기독교인을 위한 넘치는 친절이 있고, 헌신적으로 수고하며, 자기 부인도 잘 한다. 그럼에도 불구하고 대부분의 선교사들은 밑바닥에 그들을 깔보는 태도, 오만한 태도를 숨기지 못한다. 또한 인도인들과 동등한 사람으로서 형제애에 기초한 좋은 관계를 맺지 못한다. 이는 몇 년 전 라호르에서 선교사들에게 전한 설교에 잘 표현된 바 있다. '선교사들이 형제에게 대하듯 다정하게 개종자의 목 위에 팔을 올리는 모습을 보는 것은 참으로 좋다. 그런데 올려진 팔은 언제나 영국인의 팔이지 그 반대로 올려진 인도인의 팔은 결코 본 적이 없다.'"

라호르 주교는 인도에 거주하는 인도인뿐만 아니라 영국의 인도인에 대해서도 해당될 수 있는 실제적인 제안에 대해 계속 말한다. "우리가 영국 친구에게 하듯이 자연스럽게 인도인에게도 좀 더 자주 집에 놀러 오라 초청하는 습관을 들일 수 있다면 얼마나 좋을까! 그렇게 한다면 우리가 그들로부터 얼마나 많은 것을 배울 수 있으며, 그들은 우리를 위해 얼마나 큰 기여를 할 수 있을 것인가! 나는 이것이 다른 무엇보다도 우리를 서로 가까운 친구로 만들 수 있는 좋은 예가 된다고 믿는다. 그리스도 안에서 비기독교 세계와 우리가 인종은 다르더라도 서로 하나가 되는 것이다."

다시 한번 라호르 주교는 겸손과 친절과 지혜가 결여된 탓으로 선교가 '상상할 수 없는 곤경'을 겪고 있다고 말했다. "우리 공동체 가운데 허세 부리기를 잘 하는 한두 명의 목사들이 생각난다. 그들은 우리 교구 중 한 곳에서 놀라운 일을 할 것 같이 보였으나 섬세함과 교육과 예의를 결여함으로써 그렇게 많은 주목을 받지 못했다. 그들은 겸손하고 예절바른 인도인조차 분노케 만들었다. 또한 가장 나쁜 방법으로 사이를 벌어지게 해서 사역을 하는 자체를 불가능하게 만들었다. 이런 사람들은 그들이 아무리 정직과 열심으로 주를 섬기기를 원할지라도 인도 안에서는 아무런 역할도 하지 못할 것이다."

이처럼 힌두교의 이상적인 부분에 대해 철저하고 공감적인 이해를 가져야 한다는 다수의 주장이 있는 한편 기독교 계시의 절대성에 대해서는 분명하게 해야 한다는 입장이 지배적이다. 답장을 보낸 선교사들은 인도 종교를 공정하게 다뤄야 할 필요성을 강조한다. 동시에 이 고대 종교의 가장 고상한 이상의 온전한 성취이며 그것을 온전히 대체할 기독교의 최상의 위치를 지키는 것의 중요성도 똑같이 강조했다. 이 두 가지 원리 중 어느 것을 강조하는가에 따라 다양한 답변을 내놓았지만 두 원리가 다 같이 받아들여졌다. 이 두 가지 원리를 잘 보여주는 답변은 딜거와 루카스에게서 볼 수 있다.

딜거는 말했다. "때때로 힌두의 신 개념, 또 죄와 구원의 개념은 기독교와 대조할 때 그 의미가 잘 드러난다. 특별히 해방(목샤)에 대한 힌두의 갈망은 그리스도 예수 안에 있는 구원의 진리만이 만족시켜 줄 수 있다고 믿는다. 그러나 나는 언제나 이것을 유화적인 태도로 제시하기 위해 최선을 다한다. 기독교의 신 개념을 베단타의 애매모호한 신비적 일원론과 유사한 것으로 소개하려는 시도는 분명히 치명적인 실수이다. 이 경우 우리는 하나님의 윤리적 인격성을 거의 잃어버리게 된다. 우리가 만일 그런 식의 일원론을 가르친다면, 도대체 선교사들이 왜 머나먼 미국이나 유럽으로부터 여기까지 와서 자신들이 가진 것과 똑같은 것을 전하느냐고 힌두들이 물어보아도 전혀 이상하지 않을 것이다. 만일 우리 선교사들이 힌두 철학에 기독교 진리를 너무 많이 맞춰서 전한다면 그것은 참으로 유감스러운 일이다. 그것은 기독교 복음을 변질시키는 결과를 낳게 될 것이다."

반면에 루카스는 이렇게 말했다. "우리가 여기에 온 것은 인도인들이 어린아이의 일을 버리도록 하기 위함이나 그들이 버리는 것은 더 나은 것을 얻기 위함이다. 이런 결과를 얻기 위해서는 새로운 진리가 손해가 아니라 이익이 되는 것을 보여줘야 한다. 선교사는 결코 우상숭배자가 되어서는 안 된다… 그러나 선교사는 이방의 제자들의 신앙에 공감의 마음을 갖고 그들이 무엇을 이루지 못했는가보다 그들이 얻으려고 했던 것을 바라보아야 선교의 결실을 얻을 것이다. 선교사가 매일 직면하는 힌두의 겉모습은 기괴하고 끔찍할지 모르나 지혜로운 선교사는 결코 그것을 조롱하지 않는다. 무엇보다도 그는 제자들이 표현하려고 한 것이 무엇인가를 이해하고 더 바른 표현을 할 수 있도록 도와야 한다." 이 답변의 강조는 다르나 원리적인 면에서 큰 차이는 없어 보인다.

3) 기독교와 힌두교 사이의 접촉점

인도 종교의 요소 가운데 기독교를 받아들이기 위한 준비가 될 수 있는 것들에 대해 중요성에 있어서는 차이가 있지만 여러 가지가 있다. 선교사들은 힌두의 삼위일체 개념, 성육신 개념, 제사와 다양한 종류의 의식들을 사례로 지적한다. 그러나 기독교를 위한 힌두교의 준비 가운데 최상의 것으로는 두 가지가 가장 많이 언급되는데 그 하나는 박띠(믿음)개념이고 다른 하나는 목샤(구원)이다. 유일신론 신앙에서 발견되는 이러한 접촉점이 정통 범신론 학파에 대한 반대로 일어난 것인지 아니면 그 자체에서 일어난 것인지에 대해서는 의견이 갈라진다.

델리의 선교사 안드류스는 말했다. "힌두교에서 가장 중요한 복음의 준비는 유일신론 신앙에서 발견된다. 유일신론의 기원은 아마도 리그베다 시대로까지 거슬러 올라가는데 이때로부터 놀라운 발전의 역사가 있다. 두 가지 흐름이 있는데 하나는 라마누자, 라만다 등의 철학적 유일신론이며, 다른 하나는 차이따냐, 까비르, 나낙, 투까람, 툴시 다스의 종교적 유일신론이다. 박띠와 아바타 개념은 교리적인 면에서 기독교와 접촉점을 갖게 해 준다는 점에서 힌두교의 가장 중요한 공헌이라고 할 수 있다. 베단타학파에서는 비교와 유사점 찾기가 쉽지 않다. 그럼에도 불구하고 베단타는 서구의 조금 거친 초월적 신 개념, 인격의 개인주의적 관념, 우주 창조 이론을 교정하는 데 도움이 되고, 더욱 균형 잡히고 완전한 기독교 철학을 세우는 데 기여할 수 있다. 이런 점에서 베단타 사상 역시 기독교의 좋은 준비가 된다."

이러한 유일신론 운동의 계승자는 오늘날 브라모 사마즈와 아리야 사마즈가 될 것인데, 이 운동은 유일신론을 바탕으로 정통 힌두교 내부에서 일어난 것이다. 이러한 유일신론 신앙의 특징은 신에 대한 신앙과 사랑을 통해 구원을 받는다는 개념에 있다. 박띠 개념의 유사성은 분명히 우리 선교사들에게 큰 영향을 끼쳤으며, 많은 사람들이 이것을 기독교 신앙을 받아들이는 데 좋은 준비라고 말하고 있다. 그러나 박띠의 길은 종종 왜곡되는 때가 있고 인도 종교 생활의 가장 고상하면서도 또한 가장 타락한 것들과도 연관이된다. 신자들의 마음을 끊임없이 정화시키고 고양시키는 신앙의 목적을 결여하고 있다는 점에서 힌두교가 갖고 있는 음란성과 폭력성의 경향은 명백하다. 그럼에도 불구하고 이 박띠 신앙은 인도 종교의 주요 흐름을 구성하고 있으며 기독교와 가장 가까운 요소로 보인다. 그 주요한 특징은 인격적인 신에 대한 믿음, 축복의 조건으로서 신과의 연합 그리고 그 연합을 이루는 수단으로서 신앙을 강조한다는 것이다. 바가바드 기타의 유명한 구절과 이 학파의 철학자인 라마누자의 다음 구절이 보여주는 대로 박띠는 일반적으로 아바타 또는 성육신 신앙과 관련이 된다. "최고신인 그는 무한한 은혜와 친절과 사랑 그리고 관대함을 가진 신으로서 신적 본성을 버림이 없이 시대시대마다 여러 가지 모습으로 성육신한다. 그리하여 그는 사람들의 신앙에 따라 부와 사랑과 구원의 복을 신자들에게 준다. 또한 그는 세상에 내려와 사람들을 무거운 세상 짐으로부터 자유롭게 하고 서로 사랑하게 함으로써 모든 사람들의 마음을 감격시키는 놀라운 일들을 많이 행했다. 물론 완전하고 제대로 된 유일신 신앙과 거리가 있는 것은 사실이지만, 그럼에도 불구하고 그와 같은 신앙이 힌두 예배자들의 경건한 신앙의 저변에 깔려 있는 것은 사실이다(N. Macnicol)."

이러한 박띠 개념 외에도 기독교를 위한 결정적 준비로서 많은 선교사들은 목샤 또는 악으로부터 해방의 개념을 강조하였다. 이 목샤 개념은 많은 유일신론 학파가 말하는 바로서 베단타를 고전적인 형태로 하는 정통 범신론 철학 중 가장 영향력 있는 개념 중 하나이다. 해방의 방법은 학파별로 신앙, 지식 그리고 행위의 방법을 제시하는데, 모든 학파마다 인간이 쏟는 노력의 궁극적 목표가 바로 목샤라고 한다. 딜거의 다음 인용문은 앞에서 안드류스가 한 말과 비교된다. "힌두교에서 가장 중요한 복음의 준비는 해방의 교리인 목샤(또는 묵띠)이다. 우빠니샤드 시대부터 오늘에 이르기까지 인도는 해방 즉 신과의 연합으로 말미암은 구원을 갈망해왔다. 그것은 실제로 윤회의 고통으로부터 영혼의 구원을 바라는 것이다. 또한 기독교 선교사가 볼 때는 오류에 차 있고 인간 영혼의 깊은 갈망을 채우기에는 부족한 것으로 보일 수 있지만, 범신론적 신과의 합일을 구하는 것이다. 그러나 그 교리의 핵심은 구원의 복음의 준비로서, 기독교와 힌두교 사이의 접촉점으로서, 대조에 의한 설명의 수단으로 매우 유용하다. 사실 힌두 청중의 관심을 불러일으키는 데 있어서 복음을 목샤의 메시지, 즉 신과의 연합을 통한 구원으로 제시하는 것보다 더 나은 것은 없는 것으로 알고 있다." 이 교리는 인격적 하나님을 믿음으로써 구원에 이르려고 하는 유일신론 신앙과 마찬가지로 정통 범신론 철학의 핵심 개념이다.

이렇게 많은 선교사들은 인도의 신앙과 철학이 기독교를 위한 유용한 접촉점과 준비를 제공하는 것으로 본다. 그런데 어떤 사람들은 이 모든 것이 기독교 안에서 성취되었고 그래서 기독교로 대체되어야 한다고 말하기도 한다. 이런 입장을 대표하는 사람은 캘커타의 파커(J. N. Farquhar, Y.M.C.A.) 선교사이다. 그는 인도에서 유일신론 개혁은 최고신의 인격성이 부정되고 진정한 예배와 기도의 가능성이 파괴된 데에서 일어났음을 지적한다. 그리하여 유일신론 신앙은 인간 영혼의 꺼지지 않는 신성한 본능으로 말미암아 인도 땅에서 살아남게 되었다는 것이다.

그러나 실제로 힌두의 신들은 각기 인격적인 신이기는 하지만 여러 신들 중의 하나이다. 알지 못하는 신 브라마 개념에 인격성을 하나 더 첨가했다고 해서 참된 유일신 신앙에서 볼 수 있는 최고의 인격을 낳을 수는 없다. 힌두교는 기독교 유일신론 신앙의 핵심인 보편적 인격성을 결코 제시하지 못했다. 이런 점에서 유일신론과 베단타는 기독교와 많은 접촉점을 갖고는 있지만 진리의 한 측면만을 불완전하게 보여줄 뿐이라고 파커 선교사는 말한다. 이와 달리 기독교는 단절되어 있으면서도 살아있는 모든 요소의 표준이며 종합이다.

인지 불가능한 보편적 브라마와 우주 질서를 창조하는 의지를 가진 보편적 인격의 개념은 서로 모순되지 않는다. 브라마 개념이 갖는 긍정적 요소는 연합, 보편성, 실재와 지성이다. 인도 초기철학은 이러한 최고 진리와 가치를 가진 신 개념을 깨달았기 때문에 폭풍 같은 변화에도 불구하고 변함없이 그것을 견지해 왔다. 유일신론 개혁자들은 이 진리를 힌두교의 중심으로 만들고자 많은 시도를 하였으나 만족할 만한 성과를 보여주지 못했다. 우빠니샤드와 유일신론자가 오랫동안 찾던 것은 바로 기독교의 하나님 안에서 그 완성을 발견할 수 있다.

이런 이유로 어떤 선교사들은 정통 범신론에서, 어떤 사람은 그것에 반대하는 유일신론 운동에서, 또 다른 이는 양쪽 흐름 모두에서 기독교 복음의 준비를 발견한다. 캘커타에서 교육받은 힌두 계층에서 사역하는 한 선교사는 말했다. "미몽과 고통, 자아의 저주로부터 영혼의 구원을 위한 갈망은, 인격성이 부정되는 범신론의 부패 안에서조차, 자유와 평화로운 삶을 향한 인간 영혼의 외침이 있다. 이처럼 신과의 합일의 개념은 다소 형이상학적 의미로 사용되지만 여전히 살아있는 신과의 교제를 향한 진정한 갈망을 가지고 있다."

그는 다시 말한다. "힌두의 트리무르띠(브라마, 비슈누, 시바)는 기독교와 다른 점이 있음에도 불구하고 인도인이 기독교의 삼위일체를 받아들일 매우 좋은 준비가 되는 것이 사실이다. 교리에서보다 더 나은 접촉점과 긍정적 준비는 오늘날 실제 힌두들의 종교 생활 안에서 발견될 수 있다. 모든 브라만은 그 매일 행하는 의식 가운데 죄를 고백하는데 이는 도덕적 실재로서 죄에 대한 인식이 있기 때문이다. 그러나 가장 깊고 직접적인 복음의 준비는, 개개인이 신앙심으로 신에게 복종하는 영적인 성격과 신실성을 특별히 강조하는 박띠 운동의 증가에서 찾을 수 있다. 물론 이 같은 준비도 있지만 그와 함께 많은 오류도 포함이 되며, 참 신에 대한 인격적 관계보다는 종종 황홀경으로 인도하기도 한다. 대부분의 박띠 신자들은 자신들이 알지 못하는 신에게 예배한다. 그러나 모든 의식주의와 주지주의를 깨뜨리고 신령과 진정으로 예배드리려고 하는 개개인의 시도들은 참된 계시를 위한 길을 준비하지 않을 수 없다(F. W. Steinthal)."

그러나 우리 선교사들은 베단타주의자와 유일신론 운동이 그 주위에 둘러싸여 있는 힌두교 전체 사상과 결별함이 없이는 결코 그 성숙함에 이를 수 없음을 지적한다. 유일신론 운동이 베단타주의보다는 낫지만 결국 실패를 피할 수 없는 것은 그 운동의 전제조건 때문이다. "모든 인도 사상가들은 업보와 윤회라는 전제조건 안에 갇혀 있다. 그러기 때문에 그 어느 누구도 자유롭고 인격적이며 독립적인 존재로서 윤리적 목적을 실행하는 신이라는 개념은 생각해내지 못했던 것이다. 그러므로 힌두교 내의 유일신 신앙 운동은 실제로 힌두 신들의 재배치 작업에 불과했던 것이다. 이 모든 것의 배후에는 비인격적 신 브라마가 있다."

"힌두교 내에 진정한 유일신교를 만드는 것이 불가능한 마지막 증거는 진정으로 유일신교적 운동이었던 브라모 사마즈 운동이다. 만일 이 운동이 힌두 사상과 사회 속에 살아남는 것이 가능했다면, 인도 영적 유산의 진정한 후계자임을 입증하기를 열망하던 그 지도자들이 그 운동을 위해 힌두 진영 밖으로 나가지는 않았을 것이다(Farquhar)." 심지어 이슬람과의 접촉에서 일어난 보다 철저한 형태의 유일신론에서조차 힌두교의 영향으로 그 고귀한 성향이 밑으로 끌어내려졌다. 예를 들면 우상숭배에 반대해서 가장 강력하게 유일신 신앙을 주장한 사람은 16세기 시크교의 설립자 나낙이었다. 그러나 암리짜르의 황금사원을 가보라. 그곳에서 시크교의 신성한 책 그란트는 오늘날 거의 우상과 다를 바 없는 숭배를 받고 있다. 그란트는 하루 종일 제사장들의 부채질을 받고 있으며 사람들이 꽃들을 바치고 있다. 그나마 나낙의 유일신 신앙운동이 일어날 희망을 어느 정도 가질 수 있는 곳이 뻰잡지역이라는 것은 흥미로운 일이다.

인도 유일신론 안에 있는 유사한 문제가 베단타 사상 안에도 나타난다. 힌두교 신앙에는 많은 긍정적인 요소가 있다. 인간은 신의 일부로서 완전히 하나가 될 희망이 있으며, 업보와 윤회 교리의 결과로서 비관주의에 대한 무의식적 저항이 내재되어 있다. 신과의 완전한 연합에 도달함으로써 절망으로부터 벗어날 유일한 희망을 발견하는 것이다(A. Hogg, 『업보와 구속』).

베단타주의는 업보로 인한 무시무시한 고통과 수치가 끝없이 계속되는 윤회의 짐으로부터 벗어나고자 하는 갈망이 그 기저에 깔려 있다. 이와 연관되어 부정적이고 비관적인 신 개념이 유래되었는데 철학적으로 인상적인 것은 영혼의 영적 필요로서는 너무 단순하다는 것이다. 이렇게 복잡하게 꼬인 힌두의 지성은 무엇으로 구원할 것인가? 업보와 윤회 개념 전체를 다룬 호그 선교사는 힌두교의 어떤 요소가 기독교와 접촉점이 있고 복음의 준비가 되는지를 묻지 않는다. 대신 '힌두 의식 중 어느 곳에서 기독교와의 접촉점을 용이하게 만들 수 있으며, 그럼으로써 인도식 기독교를 위한 길을 준비할 수 있을까?'라고 물어보았더라면 훨씬 더 나은 결과를 얻을 수 있었을 것이라고 말했다.

호그는 힌두 범신론의 기초인 업보론을 단지 무너뜨리기만 할 뿐아니라 인도주의적 개혁을 촉진시킴으로써 구원에 대한 개개인의 불만족을 일깨우는 것이 정말 좋은 방법이라고 한다. 그는 말했다. "조용한 기질을 가진 사람이거나 삶의 허상에 빠진 자 그리고 유한자가 사는 세상으로부터의 해방을 갈구하는 자를 위해서는 힌두의 종교철학이 어느 정도 만족스럽게 보일지 모른다. 그러나 그 기저 깊숙이에서 정말 갈망하던 것들이 일깨워지면 궁극적으로 기독교 외에는 그 어느 것으로도 종교적 만족을 채울 수 없게 될 것이다. 그러기에 선교사들이 힘써야 할 것은 삶에 대한 힌두의 불만감을 증폭시키는 것이다. 힌두들이 벗어나기를 바라는 무거운 짐과 깊은 불만족, 바로 그 지점을 강화시키는 것이다. 힌두의 이상은 너무 편협하며 막상 그 이상을 이뤄본들 고통과 악으로부터 결코 벗어나지 못하게 되는 것을 힌두들이 깨우치면, 바로 거기에서 하나님의 왕국에 이르는 좋은 길이 준비된 것을 발견하게 될 것이다."

챔벌린(L. B. Chamberlain) 선교사는 이에 대해 이렇게 말했다. "사회제도의 혁신, 영혼의 만족 그리고 나라의 부흥에 있어 힌두교로는 안 된다는 것이 전반적으로 깨달아지고 있다. 사회개혁 운동은 힌두교의 가르침과 관습에 대한 불만족의 결과인 것이다."

어떤 면에서 가장 중요한 기독교와의 접촉점은 "초자연적 존재에 대한 신앙이다." 힌두는 초월적 존재, 또 다른 세계, 내생, 보상과 형벌에 대해서 의심하지 않는다. 물론 이런 것들에 대한 신앙이 막연하기는 하지만 그것을 의심하는 사람은 없다. 동양인들 모두가 이런 것들을 당연하게 받아들이는 것은 우리가 접근하기에 유리한 좋은 준비가 된다. 우리는 보이지 않는 신과 영원의 존재를 논증하는 데 시간을 보낼 필요가 없는 것이다.

루카스 선교사는 위에서 언급한 내용을 이렇게 요약했다. "기독교와 힌두교 사이의 접촉점에 대한 대답으로 나는 가장 먼저 삶에 대한 인도인의 영적인 견해를 들겠다. 이는 서구의 물질주의적 개념과 대조적인 부분이다. 물론 영적인 관점이라고 해도 질적으로는 부족하고 많은 오류를 내포하지만 힌두들에게 있어 언제나 최고의 관심사가 종교라는 것은 의심의 여지가 없다. 보이는 것은 잠시 잠깐이고 보이지 않는 것들이 영원하다는 것은 힌두의 의식 속에 깊이 새겨져 있다. 비록 그들이 신과의 합일이라고 하는 범신론에 매여 있기는 하지만 그럼에도 불구하고 그것은 종교적 자산이며 인도 기독교의 미래를 위해 엄청난 가치가 있다는 것은 명백하다. 인도의 범신론은 범신에 대한 강조보다는 유일신론쪽에 가깝다. '모든'의 개념보다는 '신'에 대한 개념의 증거가 더 많다. 그뿐만 아니라 비록 두드러진 결함과 오해가 있기는 하지만 성육신 개념이 인도에서는 낯선 개념이 아니다. 이 개념은 인류 구원을 위한 신의 행동이라는 사상과 연관이 되어 있으며, 박띠의 길은 신의 은총, 그리고 신에 대한 사랑과 헌신이라는 기독교의 개념과 상당히 유사하다. 비록 구원(목샤) 개념이 언제나 환생 개념과 연관되기는 하지만 그것은 또한 그들이 신과의 연합에 대한 진지하고 열정적인 갈망이 있음을 말해 준다. 만일 공감적인 마음을 가지기만 한다면 우리는 힌두교 사상 안에서 수많은 복음의 준비들을 발견할 텐데, 이는 오직 그리스도 안에서만 그 온전한 성취를 기대할 수 있다."

토의할 점

1. 힌두들은 자신의 신앙의 어떤 점에 대해 특히 불만을 가지고 있는 것으로 선교사들은 보았는가? 선교사가 기독 신앙뿐 아니라 힌두 신앙에 대해서도 연구해야 할 이유 특히 공감적 태도를 갖는 것이 개종 사역에 종사하는 선교사에게 필수적인 이유에 대해 토의해 보라.

2. 힌두교 안에 기독교 복음과 선교의 접촉점들로 어떤 것들이 있는지 말해 보라. 힌두교를 다 파괴시켜 버려야 할 마귀의 사상이라 보는 관점과, 복음의 준비라고 보는 것은 기독교 복음 전파와 인도 기독교를 만듦에 있어서 어떤 점에서 중요한지 토의해 보라.

3. 힌두가 느끼는 기독교의 매력과 반감: 에딘버러 보고서(3)

1) 기독교의 매력과 반감

선교사들의 답변은 거의 예외 없이 그리스도의 삶과 인격이 힌두들에게 큰 매력을 준다고 말한다. 이러한 긍정적인 요인이 지난 세기 동안 큰 영향을 끼쳐왔으며 그 결과 인도가 언젠가 기독교 나라가 될 희망을 지금 보여주고 있다고 한다.

남인도의 주교인 콜드웰은 "머리로 동의하는 것과 확신, 그리고 확신과 행동 사이에는 큰 차이가 있다."고 말한다. 그럼에도 불구하고 그리스도가 이상적인 인간이라는 주장에 대한 동의는 조만간 그가 인도의 구주시라는 주장을 받아들이게 될 것이다.

남인도에서 오랜 경험을 가진 한 선교사는 말했다. "대부분의 힌두들의 마음을 끄는 요소는 죄 없는 그리스도의 삶, 그의 고귀한 가르침 그리고 인류를 위한 그의 희생이다. 탕자의 비유에 잘 나타나는 죄 사함, 온유와 인내는 힌두의 가르침과도 일치하기 때문에 그들에게 호소력 있는 메시지이다. 그러나 예수 그리스도가 세상의 유일한 구주라는 배타적, 보편적 주장에 대해서 힌두들은 크게 분개하는 경향이 있다. 한 브라만이 나에게 말한 적이 있다. '그리스도와 기독교의 탁월함에 대한 설교를 일주일 내내 해도 우리는 기쁘게 들을 것이다. 그러나 당신이 그리스도가 유일한 구주라든가 기독교가 힌두교보다 우월하다느니 이런 이야기를 한다면 당장 설교 듣기를 중지할 것이다'(J. A. Sharrock)."

또 다른 선교사는 말한다. "가장 강력한 호소력이 있으며, 가장 힘이 있는 것은 그리스도의 인격에 관한 말씀이다. 그리스도의 이야기는 우리가 갖고 있는 가장 강력한 자산이다(A. G. Fraser)." 한 인도 기독교인 교수는 그리스도의 매력적인 인격이 주는 영향에 대해 이렇게 말한 바 있다. "가장 강력한 힘은 먼저 그리스도의 성품이다. 그리스도의 온유함, 순결하심, 희생정신, 그리고 용서와 같은 그분의 성품은 조용하지만 강력히 모든 사람들의 마음에 영향을 준다(N. C. Mukerjee)."

인도인들의 역사의식의 결여에 대해서는 이미 언급한 바 있다. 기독교 신앙의 근거가 되는 역사적 사실에 대한 강조는 실제로 힌두들의 마음을 잘 움직이지 못한다. "심리학 특히 인종과 민족 심리학이 더욱 발전하면 의심의 여지없이 선교 사역과 선교사 훈련에 큰 도움이 될 것이다. 그러나 복음의 역사적인 요소가 힌두들에게 별다른 영향을 끼칠 것으로 기대되지는 않는다. 그리스도에 관한 사실, 그분의 공생애의 실제와 기적, 고난, 죽음과 부활이 서구인에게는 매력적일지라도 인도 사람에게는 그리 인상적인 것으로 들리지 않는다. 사실과 상상이 그들에게는 똑같은 가치로 받아들여지기 때문이다.

힌두들, 적어도 교육받은 힌두의 마음을 움직이는 것은 분명히 복음이 가진 능력이다. 다시 말하면 그리스도의 성품, 그의 순결하고 고상한 도덕적 가르침 그리고 사랑 안에서 하나님과 하나 됨과 같은 부분을 인상 깊게 받아들인다. 경건한 인도인과 함께 산상수훈을 읽는 것은 커다란 특권이다. 그들에게 산상수훈은 도덕적 교훈이나 유대교와 기독교의 관계에 대한 설명 같은 것이 아니다. 그것은 삶에 새로운 의미와 높은 가치를 제공하는 새로운 윤리적 비전이 담긴 계시이다. 그러한 비전은 그들을 새로운 세상으로 눈 뜨게 한다. 그들은 사죄의 말씀보다는 삶의 유혹을 극복케 해주는 힘을 발견할 때 감복한다. 그들은 시편에서 매력을 느끼며, 토마스 아켐피스와 로렌스 형제의 '하나님 존재의 실제' 그리고 과거와 최근의 기독교 신비주의를 좋아한다(F. W. Steinthal)."

또 다른 선교사는 말했다. "내가 관찰한 가장 놀라운 것은 산상수훈이 가진 힘이다. 고레 신부, 이마드 우드 딘 박사의 경우에서 볼 수 있는 대로 거의 모든 북인도 기독교 지도자들의 개종에 큰 영향을 준 것은 바로 산상수훈이었다. 복음서에 나오는 예수 그리스도의 순결하고 이상적이며 윤리적인 모습이 교육받은 힌두들을 기독교 신앙으로 이끄는 최대 매력이라고 믿는다(C. F. Andrews)."

후퍼(Hooper) 박사는 또 다른 흥미로운 이야기를 한다. "산상수훈에 나오는 그리스도의 도덕법칙은 일반 인도인의 마음에 크게 호소하는 힘이 있다. 그러나 베단타주의자와 신비주의 성향을 가진 사람들에게는 요한복음이, 성경의 다른 어떤 부분보다 훨씬 더 마음을 끈다. 자신들이 신비주의를 이해하는 것보다 요한복음서가 더 잘 이해하는 것 같다고 말한다."

선교사와 전도자로서 오랜 경험이 있는 또 다른 선교사가 말했다. "하나님의 아버지 되심은 다른 무엇보다도 청중들의 마음을 사로잡는 교리이다. 절대적이며 초연하고 감정이 없는 형이상학적 베단타주의 신 개념을 가진 사람이라도, 하나님의 아버지 되심에 대한 교리는 모든 계층의 사람들이 좋게 생각한다."

다른 한편으로 하나님의 은혜를 드러내는 십자가가 가장 능력이 있다는 간증도 많다. 이것은 거의 모든 사람들이 공통적으로 하는 말이다. 물론 이 십자가의 메시지가 행위와 보상을 주는 업보론과 충돌되기 때문에 적대감을 일으킨다는 점에 대해서는 동의한다. 그러나 다른 한편으로 행위구원의 개념에 만족하지 못하는 사람들은 십자가의 메시지를 신적 능력으로 받아들인다. 십자가가 죄를 용서하는 하나님의 사랑의 표현이라는 것은 속죄의 이론과는 상당한 차이가 있다. 한 남인도 선교사(W. B. Boggs)는 말했다. "다른 모든 나라에서와 마찬가지로 인도에서 가장 호소력 있는 말씀은 그리스도께서 하나님의 사랑을 품고 정죄 받은 죄인을 위해 희생제물로 대신 목숨을 버리셨다는 것이다."

그러나 많은 선교사들은 그리스도의 대속적 죽음에 대한 이러한 법적인 견해가 인도인의 마음을 끌기보다는 도리어 거부감을 준다고 말한다. 딜거 선교사는 말했다. "힌두에게 주요한 도덕적, 지적 장애는 그리스도의 속죄의 교리와 십자가에 달린 그리스도를 믿음으로 얻어지는 의의 개념이다. 이는 힌두의 업보론 그리고 윤회를 통한 보상의 원리와 정확히 상충된다. 그러나 힌두의 교리 배경에 맞춰 기독교 진리를 피상적으로 전달하는 것은 아무것도 얻는 것이 없을뿐더러 인도 기독교 선교에 회복할 수 없는 큰 손실이라는 것은 명확하다. 그렇다고 해서 캔터베리의 안셀름 주교가 제시한 대로 대속적 형벌이론을 설파해야 한다고 말하는 것은 아니다." 호웰즈 교장은 말했다. "속죄의 교리는 때때로 하나님의 아버지 되심과 화해하기 어려운 것으로 제시되며 그에 대해 강하게 반대하는 말을 들었다. 그러나 그 반대는 교리 자체에 대해서라기보다는 그것을 적절하게 다듬지 못한 방식 때문이라고 본다." 또 다른 선교사는 말한다. "십자가의 교리를 어떤 방법으로 제시하면 좋은가? 내 경험은 십자가의 도의 의미를 확장하여 제시하면 그 확장된 부분에 대해 관심이 돌려지게 되며, 결국 이 때문에 하나님의 위엄이 크게 훼손된다(E. Greaves)." 웨스트코트 선교사는 말했다. "내 경험으로 속죄교리는 희생 개념과 관련해서 조심스럽게 가르쳐야 한다. 대속교리는 인도인으로 하여금 기독교 신앙으로부터 멀어지게 하는 것으로 안다. 업보론에 따라 죄를 지은 자는 벌을 받아야 되고 범죄자는 거기에서 결코 벗어날 수 없다고 인도인들은 굳게 믿고 있다."

전반적으로 인도인들은 업보라고 하는 개념에서 벗어나야지만 그리스도의 십자가 안에 있는 사랑의 계시 안에서 삶과 빛을 찾을 수 있다. 그러나 그것을 서구교회 신학의 법률적 용어로 설명하는 것은 인도에서 자연스럽지가 않다.

슬레이터 선교사는 기독교 복음에 대한 힌두들의 반감에 대해 이런 언급을 했다. "그리스도가 다른 종교에서는 결코 찾을 수 없는 유일한 구주요, 하나님과 인간 사이의 유일한 중보자라는 이 배타적인 주장은 언제나 가장 큰 반감을 불러일으킨다. 왜냐하면 힌두의 주장은 매우 관용적이며, 길은 달라도 모든 길은 같은 목적지를 향한다고 보기 때문이다. 신이 시대와 지역에 따라 지속적으로 있어 왔기 때문에 여러 중보자와 많은 성육신이 있다고 믿는 것이다. 힌두에게 있어서 거짓 종교라는 것은 없으며 진지하게 믿는 신자라면 모든 신앙이 다 진리라고 본다. 그러기에 그들은 바다 건너 다른 나라로 가서 거기에 사는 누군가를 개종시키려는 것을 전혀 이해하지 못하며 강하게 비난한다." 선교사 제임스는 말했다. "기독교의 교리 가운데 배타적 주장만큼 힌두들의 마음에 거부감을 갖게 하는 것은 없다. 힌두는 자신들의 만신전의 자리 중 하나에 그리스도를 기꺼이 내어줄 수 있고, 자신의 여러 신 중 하나로 숭배하는 데 어려움이 없다. 그들이 분개하는 것은 단지 그리스도가 유일한 구주이며 다른 이로는 구원이 없다는 것이다. 다른 말로 하면 그리스도를 비그리스도화 하면 그를 영접할 것이라는 것이다."

교육받은 계층 가운데 사역하는 또 다른 선교사는 힌두가 갖는 적대감의 다른 이유에 대해 이렇게 말했다. "특별한 불신을 불러일으키는 기독교 가르침은 생이 한 번뿐이라는 것과 그 후에는 심판이 있다는 것이다. 힌두들은 '한 번뿐인 인생 체계'라는 것은 전혀 이치에 맞지 않는다고 본다. 또한 창조 개념과 악의 존재 역시 양립 불가한 개념이라고 보아 반대하는 경향이 있다. 죄 없이 고난받는다는 교리 또한 유사한 어려움이 있다. 이와 같은 어려움을 선교사들은 종종 느끼지만, 이것을 하나님의 신비라는 말로 넘어가려는 시도는 고난에 대한 이론이 확고부동하게 자리 잡고 있는 인도에서는 통하지 않는다(A. G. Hogg)."

앞의 '일회적 인생이론'은 힌두들이 분개하는 이유 중 하나라고 여러 선교사들이 말하고 있다. 그래서 또 다른 선교사는 말한다. "기독교가 인생은 일회적이라고 강조하는 교리는 힌두들의 마음을 충족시키지 못한다. 인간 영혼의 환생에 대한 믿음은 힌두들에게 매우 중요하며 이는 업보론과 연결되어 있다. 어떤 사람이 자기 행위의 대가를 다 지불한 후 구원에 이르려면, 이 결과를 얻기 위해 여러 번 지상에 태어나야 한다. 만일 어떤 집행유예나 변경의 기회도 없이 단 한 번의 생으로 천국이나 지옥에서의 영원한 삶이 결정된다면 그런 신앙은 믿을 가치가 없다고 본다. 힌두들에게 접근하여 마음을 얻는 데 가장 큰 어려움을 주는 교리는 바로 이것이라고 생각한다(J. P. Jones)."

한 사람 이상의 선교사가, 영원한 형벌 교리를 주장함으로 야기되는 기독교 신앙의 반대에 대해 언급했다. 지옥에 대한 가르침은 한 세대 전만해도 선교사들의 주요 전도 메시지였으며 지금도 꽤 많은 선교사들이 선호하는 메시지이다. 한 선교사가 말했다. "악을 행한 자들을 창조주로부터 영원히 분리시켜 지옥의 형벌을 받게 한다는 전통적인 가르침만큼 힌두의 격렬한 저항을 불러일으킨 것은 없었다. 흔한 질문 중 하나는 이것이다. '한 번의 짧은 지상의 삶의 기간과 죽음 이후 주어질 영원한 행복 또는 영원한 고통이 서로 양립할 수 있는가?' 전통적인 견해는 선교사들의 가르침 중에 결코 전면으로 내세워서는 안 된다고 본다(T. E. Slater)."

슬레이터 선교사는 알렉산드리아 교부들의 신적 로고스와 달리 힌두 브라마 신은 본질적으로 비인격적이라고 말하며 힌두 신앙을 만날 때 기독교 선교사가 취할 태도에 대해 유용한 제안을 했다. "힌두의 종교적 심성에도 맞고 설득력을 가지려면 우리의 위대한 메시지를 힌두 사상에 이질적인 것으로서가 아니라, 그들이 간절하게 추구하던 것의 완성으로 제시해야 한다. 우리의 하나님은 본성상 영원히 인격적이신 데 반해 힌두교에서는 기독교의 성육신에서 그 완전한 표현을 찾기까지 비인격적 신 개념이 지배적이었다. 그러다가 신적 이성 또는 로고스로서 세계 속에 비인격적으로 내재하셨던 아들이 인간이 되어 세상에서 활동을 하게 된 것이다. 우리가 아는 것은 적어도 비기독교 세계가 그리스도가 나타나기까지는 신의 인격적 성품을 알지 못했다는 것이다. 이런 견해는 그 사상의 뿌리에 절대자의 비인격성을 갖고 있는 힌두교에 상당한 빛을 비춰주고 있다. 다른 한편으로 힌두교는 인격적인 신을 찾기 위해서 늘 힘써 왔다. 그러나 때가 차자 신이 세상 안으로 들어오셨다. 이 [기독교의] 신은 그동안의 신 개념과 맞지 않았기 때문에 힌두들의 마음이 흔들리게 되었다.”

기독교 신앙의 전파에 가장 심각한 장애가 되는 도덕적 장애에 대해 또 다른 선교사는 이렇게 말했다. “신의 가르침에 저항하고 신이 요구하는 것에서 벗어나고자 하는 성향이 큰 장애가 된다고 할 수 있다. 사람은 빛보다 어두움을 사랑하는 것이다! 자신들의 행위가 악하기 때문에, 악한 습관과 타협하기 위해 기독교를 거절하고 미워하는 것이다(W. H. Campbell).”

마드라스의 주교는 인간이 상호 형제라는 교리는 한편으로 사람을 끄는 요인도 되지만 동시에 힌두들을 화나게 하는 요인도 된다고 지적한다. “캘커타에서 가장 오래되고 존경받는 목회자 중 한 사람은 브라만 개종자인데, 그는 자신이 개종으로 향하는 첫 번째 발걸음을 딛게 된 것이 캘커타 거리의 기독교 설교자가 산상수훈을 낭독하는 것을 들었을 때라고 말했다. 형제애의 교리는 인도 모든 계층의 사람들을 감화시키는 매우 강력한 힘이 있다. 그러나 불행히도 그 형제애는 인도 교회 생활에서 그 구체적인 결실을 맺지 못한다. 이슬람교의 형제애는 북인도 특히 동 벵골 지역 수십만 하층 카스트를 얻는 강력한 수단이었었다. 만일 그 교리가 교회 내에서 좀 더 피부에 와 닿게 느껴졌었더라면, 그리스도의 형제애는 전 인도의 동일 계층 가운데 더욱더 강력한 영향을 끼쳤을 것이다. 그러나 안타깝게도 가톨릭 교회의 형제애는 힌두 상층 카스트 사람들로부터 매우 강력한 저항을 받았다. 카스트 시스템과 격렬한 충돌을 가져왔기 때문이다.

어떤 행동이나 삶의 변화를 요구하지만 않는다면 힌두들이 아무런 반대 없이 주의깊게 들을 수 있는 많은 기독교 교리가 있다. "반대는 교리 때문이 아니라 교리가 삶에 영향을 줄 때 일어난다. 하나님의 아버지 되심과 인간 상호간의 형제애에 관한 교리는 사람들이 잘 받아들인다. 그러나 그것을 실제 삶에 적용시키려고 시도하기만 하면 문제가 생긴다. 신과 하나 됨에 대한 개념 역시 아무런 저항이 없다. 그러다가 우상을 섬기는 일을 소홀히 하게 되면 뚜렷한 반대에 직면하게 된다(B. Lucas)."

2) 신과 영원에 대한 신앙

많은 선교사들은 비록 힌두교에 범신론적인 경향이 있을지라도 힌두의 대부분은 실제적으로 인격적인 신과 하나의 최고신의 존재를 받아들이는 것으로 말한다. 지난번 정부 인구조사에서 그리어

슨(G. A. Grierson) 박사는 인도의 여러 종교들에 대한 보고서를 작성한 바 있다. 그는 많은 북인도의 힌두들이 툴시 다스의 영향으로 사람이 죽은 후에는 인격적인 신의 품 안에 안겨 영생을 누릴 것을 실제로 믿는다고 말했다. 바가바드 기타에서 크리슈나는 절대적 존재인 브라마요 제사와 기도의 대상이 되는 하나의 인격신으로 제시되고 있다.

교육받은 계층 가운데서 일하는 한 선교사는 사람이 죽은 다음의 세상에 대해 힌두교는 아무런 희망도 주지 못하며 동일시나 흡수의 방법 외에는 신과 인격적 관계를 맺을 가능성이 전혀 없으므로 개인적으로 영생에 대한 어떤 실제적 신앙을 가질 수 없다고 말한다. "교육받은 계층 가운데 상당히 잘 정의된 유일신론 신앙의 경향이 점진적으로 늘어나는 추세에 있다. 이들은 하나의 참된 신을 믿으며 그 신과 인간 사이의 인격적 관계에 대한 개념을 갖고 있다. 이는 의심의 여지없이 전반적으로 서구 문헌과 철학의 영향이며 기독교의 가르침을 향해 있다. 힌두교는 모든 것을 흡수하고 포용하는 특성을 가지고 있으므로 이러한 유일신론 신앙은 인도의 다른 교리에도 점차 영향을 줌으로써, 인도에서 그리스도의 왕국을 세우는 데 언제나 큰 장애가 되어 왔던 범신론 개념의 타파에 도움이 될 것이다(F. W. Steinthal)."

남인도의 또 다른 선교사는 말한다. "힌두는 아마도 세계에서 영혼의 불멸성을 믿는 가장 강력한 신앙인들일 것이다. 그러나 그들은 인격의 영원성을 믿지 않는다. 지복 중에 있는 영혼은 바다에 떨어진 물방울과 같이 절대자 안으로 들어감으로 개개인의 독립된 인격은 사라지고 마는 것이다."

서부 인도의 뿌나에서 사역하는 한 선교사는 자신이 사역하는 시골 지역의 단순한 사람들로부터 신과 영생의 문제에 대해 문답한 후 이렇게 대답했다. "서부 가우츠 지역에 몇 주간에 걸쳐 다니면서 각 계층을 대표하는 시골 사람들에게 사후 삶에 대한 질문을 했는데 단지 2명만이 인격적 신을 통해 자신이 누릴 영생에 대한 믿음을 고백했다. 그러나 남녀노소, 출신과 교육 여부를 막론하고 거의 대부분의 사람들은 자신이 전혀 알지 못하고 관계도 없는 모습으로 환생할 것으로 믿고 있었다. 전반적으로 이런 신앙의 결과 힌두는 의로운 생활과 도덕에 관심이 없으며 죽음 이후 부딪히게 될 문제에 무관심하다고 말할 수 있다(N. Macnicol)."

북인도의 교육받은 힌두들 가운데서 일하는 또 다른 선교사는 최고신에 대한 신앙에 대해 이런 대답을 했다. "베단타주의자들은 언제나 비인격신에 대해 말한다. 그러나 점점 더 유일신론 신앙에 대해 생각하는 사람들이 늘고 있다. 인도 대중들은 일반적으로 다신교 신앙을 가지고 있는 것으로 보이나, 그들의 마음 깊은 곳에는 희미하기는 하지만 최고신에 대한 인식을 가지고 있다. 그 최고신은 모든 것 위에 초월적으로 존재하면서도 인격을 가지고 있으며 사람들의 문제를 외면하지 않는 것으로 믿는다(E. Greaves)."

교육받은 힌두들은 상대적으로 영생에 대한 갈망이나 소원이 적다. 그래서 한 선교사는 말한다. "영생에 대한 믿음은 명확하게 정의된 힌두의 주요한 사상은 아니다. 영국의 시인 테니슨이 자신의 가까운 친구였던 할람과의 개인적이고 인격적인 재결합을 갈망하는 열정 같은 것에 대해 공감하는 사람들이 인도에서는 얼마나 적은가 발견하고 깜짝 놀라게 된다(C. F. Andrews)."

기독교의 인격적 영생의 교리와 대비되는 힌두의 신앙에 대해서 슬레이터 선교사는 이렇게 말했다. "번아우프에 따르면 불멸에 대한 신앙은 인도에서 단 한 번도 정지되어 본 적이 없다. 초기 베다의 노래 가운데 많이 나타나고 브라마나에서는 이것이 더욱 정교해졌다. 그것은 피뜨리 또는 신자의 조상에 대한 기억과 연관이 되는데, 조상들은 여전히 살아 있으며, 도움이 필요할 때마다 부를 수 있는 것으로 믿어지고 있다. 그것은 모든 힌두 남자의 의무인 쉬라다 곧 아버지의 영에게 바치는 의식 가운데 잘 나타난다.(산스크리프트어로 아들은 푸뜨라인데 이는 문자적으로 지옥에서 구원하는 자라는 뜻이다.) 천국에 가도 친구를 알아볼 수 있는데 장례식사에 나오는 다음 표현을 통해 알 수 있다. '우리의 훌륭한 친구가 이 땅의 연약한 몸을 뒤로 하고 천국에 들어가 지복을 누리게 되었습니다. 우리는 거기에서 우리의 부모를 보고 우리의 아이들을 봅니다…' 마지막으로 힌두의 모든 철학에 나오는 윤회에 대한 신앙은 미래의 삶에서도 상호 인격적으로 소통 가능하며, 영혼이 지속적으로 존재함을 증거한다."

인격신에 대한 힌두의 입장은 또 다른 선교사에 의해 다음과 같이 정리된다. "모든 이가 하나의 최고신을 믿는다. 그러나 그 신은 '당신'이 아니라 '그것'이다. 그들은 인격성을 가진 신의 존재를 결연히 부정한다. 유일신론 사고로 들어오기는 했으나 그들의 개념이 아직 혼란스러운 것이다. 모든 이들이 빠르메쉬와르(최고신)에 대한 신앙을 인정한다. 그러나 그들은 본능적으로 '그것'에 대해 말하는데 이는 범신론을 긍정하는 것이다(W. E. S. Holland)."

1. 기독교의 유일한 구주, 유일한 구원의 길에 대한 배타적 주장이 힌두에게 어려운 이유가 무엇인지 말해 보라. 예수님의 고난과 대속의 죽음에 대한 속죄론이 힌두에게 수용하기 어려운 이유는 무엇인가? 기독교 복음을 힌두에게 어떻게 반감이 아니라 매력과 호소력을 가진 것으로 제시할 수 있는지 토의해 보라.

2. 기독교의 영생론과 힌두의 범신론적 영혼불멸론 사이에 있는 유사점과 차이점을 말해 보라. 범신론 또는 다신교적 개념뿐만 아니라 그와 함께 최고신 또는 유일신 개념이 서로 섞여 있는 힌두교 신 개념의 특징에 대해 말해보고, 이것을 힌두 복음전도에 어떻게 유리하게 활용할 수 있는지 토의해 보라.

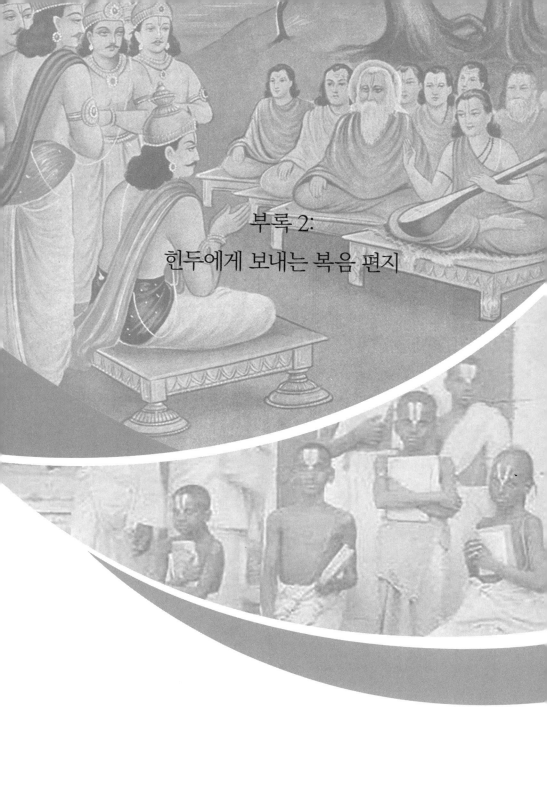

부록 2:
힌두에게 보내는 복음 편지

복음 편지

아래의 글은 미국 로스앤젤레스를 기반으로 전 세계 사람들에게 이메일로 기독교 복음 편지를 전달하는 사역을 섬기는 어떤 목사의 요청으로 필자가 작성한 복음 편지이다. 그는 인도인이 가능하면 거부감 없이 이해되고 받아들일 수 있는 복음 메시지를 만들어 주기를 바랐다. 그래서 나는 인도에서 이메일 계정을 갖고 있으며 영어를 읽을 수 있는 평균적인 사람들은 교육받은 힌두/중산층/상층 카스트 사람들일 것으로 가정하여 이들을 편지의 주 대상으로 삼았다. 복음에 대한 이해가 전혀 없으며 도리어 전통적인 기독교에 대해 부정적인 편견을 가지고 있을 힌두의 마음 문을 열고 예수 그리스도에 대해 알고자 하는 소원을 갖게 하기란 쉬운 일이 아니다. 쉽지 않지만 이 편지를 통해 기독교가 단지 소고기를 먹는 종교가 아니라 뭔가 특별한 가치, 어쩌면 그들이 마음 깊이 갈망하는 것을 채울 참 진리/구루일 수 있다는 것을 소개해 보고자 시도했다. 외부자의 목소리가 아니라 가능하면 힌두 배경을 가진 사람의 목소리를 통해 말하고자 했다. 이론적 설명보다는 예수 그리스도를 믿는 신앙이 어떻게 자신의 삶에 변화를 주었는지 체험을 나누는 방식을 사용했다. 기독교적인 용어는 가능한 배제하고 힌두가 이해할 수 있는 용어를 사용하였다. 이 복음 편지는 정기적으로 만날 수 없는 경우, 잠시 이야기할 기회밖에 없는 대상에게 전도할 때 활용할 수 있겠다.

코로나 바이러스 사태로 어려운 시기에 하나님의 보호하심과 평화가 댁내에 가득하시기를 빕니다. 잠시만 시간을 내어서 이 편지를 읽어 주시면 감사하겠습니다. 처음에는 마스크에 가려진 것처럼 잘 안 보일 수 있지만, 혹시 이 편지가 당신을 찾아오시는 하나님을 발견하는 계기가 될지도 모르겠습니다. 찬찬히 이 글을 읽어 보시는 가운데 마스크가 사라지고 그 자리에서 참 구루를 만나는 일이 있으시기를 바랍니다.

라마크리슈나가 이렇게 말한 적이 있습니다. "사람들은 자신의 아내와 자녀들이 죽을 때, 그리고 돈과 재산을 잃을 때 슬퍼하며 많은 눈물을 흘립니다. 그러나 하나님을 깨닫지 못한다고 하여 그렇게 눈물 흘리는 사람은 있을까요?" 어쩌면 당신은 그들과 달리 만달과 모스크와 구루두와라와 가정에서의 뿌자를 통해 이미 하나님을 만난 경험이 있을지도 모릅니다. 그러나 신 깨닫기 또는 목샤의 체험은 실제로 세상 모든 사람이 할 수 있는 것은 아닐 겁니다. 그래서 한 번은 어떤 제자가 자신의 구루에게 물어보았습니다. "얼마나 많은 사람들이 신을 깨달았다고 할 수 있겠습니까?" 구루는 대답했습니다. "그건 답하기 어렵구나. 깨달은 자라고 해서 겉으로 드러나는 표식이 있는 것은 아니니까!" 그렇습니다. 바람이 눈에 보이지 않는 것처럼 사람이 마음속에 무슨 일이 일어났는지 볼 수 있는 방법은 없습니다. 그럼에도 불구하고 태풍이 지나간 자리에 소리가 나고 나무가 쓰러지듯이 바람이 지나간 자리에는 그 자취가 남는 법입니다. 마찬가지로 하나님을 발견한 사람도 그들의 변화된 삶과 인격을 통해서 사람의 내부에서 일어난 일을 보거나 느낄 수 있게 되는 것입니다.

인도의 저명한 지성인 수다커(P. Sudhakar)라는 분은 자신의 영적 체험을 이렇게 이야기했습니다. "저는 힌두 가정에서 태어났습니다. 아버지는 매우 독실한 힌두였고 어머니 역시 매일 바가바드 기타를 낭송하시던 분이셨습니다. 그러나 제 나이 여덟에 아버지가 돌아가셨고 이로 인해 제 가슴 한쪽에 깊은 상실감이 생기게 되었습니다. 저는 종교에 마음을 쏟아 삶과 죽음의 의미를 탐구했습니다. 힌두 경전을 읽으면서 인생의 고통문제를 해결하기를 원했습니다. 그리고 베다, 우빠니샤드, 기타의 가르침에 일치하는 삶을 살기에 힘썼습니다. 대학공부를 하면서 저는 라다끄리슈난의 철학에 깊이 빠졌습니다. 그리고 그를 통해 저는 뜻하지 않게 우파니샤드의 가르침에 일치하는 삶을 살았던 위대한 구루 '예수' 스와미[75]를 알게 되었습니다.

우리나라에서 예수 다르마는 하층 카스트의 종교, 그리고 서구 종교로 잘 알려져 있습니다. 이질적인 종교 의식, 예배, 설교 그리고 서구의 돈에 의존적인 교회, 이 모든 것은 저로 하여금 예수 다

---

74 '주(主)'라는 의미, 또는 존경의 의미.

르마는 인도의 종교 유산과는 관계가 없는 것으로 여기게 했습니다. 외국인에 의해 강요된 신앙으로 생각했습니다. 하지만 예수 스와미에 대해서는 개인적으로 그분이 어떤 분인가 알고 싶은 마음이 있었습니다. 1,900년 동안 예수 박타들은 예수를 믿어왔으며 많은 이들이 그를 실제 살아있는 분으로 예배하고 있습니다. 저는 도대체 그 사람들은 왜 예수 스와미를 믿는 것일까 알고 싶은 마음에서 성경을 읽기 시작했습니다.

구약은 이해하기 어려웠습니다. 그래서 신약성경의 첫 책 마태복음부터 읽기 시작했는데, 예수 스와미의 족보를 읽다가 갑자기 새로운 깨달음이 생겼습니다. 처음으로 저는 예수의 말씀은 비유나 전설, 신화와는 달리 역사적 계시임을 알게 된 것입니다. 저는 하나님이 예수님을 가르켜 하신 말씀, "이는 내 사랑하는 아들이니 내가 저를 기뻐하노라"는 말씀을 묵상하다가 갑자기 제 자신이 매우 죄악된 것을 깨달았습니다. 그때까지 저는 힌두 신앙의 가르침을 따라 순결한 삶을 살고자 힘써 왔기 때문에 이전에는 결코 느껴보지 못했던 것이었습니다. 저는 서서히 예수 스와미는 세상에 내려와 가장 낮은 인간이 되셨지만 실상 가장 높으신 하나님이심을 깨닫게 되었습니다. 예수 스와미 안에서 하나님과 사람 사이 만남의 접촉점을 발견하게 된 것입니다.

이 진리를 발견하게 되었을 때 저는 왠지 불안해지기 시작했습니다. 저는 아직 그 진리를 받아들일 준비가 안 되었습니다. 저는 자칫 예수 다르마[76]를 받아들였다가 다른 예수 박타처럼 하층민 신

---

75 '예수 다르마'는 예수를 따르는 종교라는 의미로 기독교를 지칭하는 말.

분이 되고 싶지 않았고 서구 식민주의에 협력하고 싶지도 않았습니다. 힌두교의 진리를 경시하는 이들과 하나가 된다는 생각을 결코 용납할 수가 없었습니다. 그러나 두 달 후 홀로 내 방에 있다가 한 음성을 들었습니다. '혈과 육으로는 나를 알 수 없고 오직 하나님만이 하시느니라.' 이 말씀을 듣고 저는 예수 스와미에게 무릎을 꿇고 하나님을 내 이성에 굴복시키는 것이 아니라 내 이성을 하나님께 굴복시키겠다고 약속했습니다. 그 날 밤 저는 믿음으로 말미암아 완전히 다른 사람이 되었습니다. 평화와 기쁨이 물밀 듯이 밀려왔습니다."

나라얀 띨락(Narayan V. Tilak)이라는 치뜨빠완 브라민 출신의 저명한 마라티 시인이 있었는데 그 역시 마태복음을 읽다가 힌두 철학에서 가장 어려운 문제에 대한 해답을 찾았다고 합니다. 띨락은 말했습니다. "나는 예수 안에서 윤회의 무거운 짐이 완전히 해결되는 것을 보고 깜짝 놀랐다. 그래서 예수 스와미에 대해 더욱더 알고자 하는 소원을 가졌다. 나는 성경을 처음부터 끝까지 열심히 읽었다. 그러던 어느 날 예수 박타 경찰서장이 나에게 작은 책과 한 묶음의 소책자를 주었다. 나는 거기에서 '예수님의 인격'이라는 책을 발견하고 읽게 되었는데, 책을 다 읽고 나니 예수 스와미의 생애에 대해 더 알고자 하는 갈증이 생겼다. 그래서 다른 예수 박타와 함께 성경을 공부하다가 인도인의 영혼의 갈증을 온전히 채워주실 수 있는 예수야말로 인도가 그토록 찾기를 원하는 참 구루라는 것을 깨달았다."

간디가 이런 말을 한 적이 있습니다. "힌두들도 존경하는 마음으로 예수의 가르침을 공부하면 큰 배움을 얻을 것이다." 예수 스와미의 가르침 중 핵심을 몇 가지로만 말씀드려 보겠습니다. 요한복음 15:4,5절은 이렇게 말합니다. '내가 너희 안에 거하는 것 같이 너희도 내 안에 거하라. 너희가 내 안에 거하고 내가 너희 안에 거하면, 너희는 많은 열매를 맺으리라.' 예수 스와미는 우리가 그와 연합함으로써 이 생이든 다음 생에서든 삿싯아난드[77]와 함께 영원히 행복하게 살게 되리라고 하셨습니다. 그는 우리의 모든 짐을 벗기고 참 쉼을 주시는 분이십니다. 마태복음 11:28절에서 그분은 말씀하셨습니다. '수고하고 무거운 짐 진 자여 모두 내게로 오라. 내가 너희를 쉬게 하리라.'

우리의 무거운 짐을 벗기고 참 쉼과 평화를 주기 위해서 예수님은 십자가에 못 박혀 죽으셨습니다. 예수님이 죽으신 것은 자기 죄 때문이 아니라 인류의 죄를 사해 주기 위해서 자기 목숨을 대신 코코넛 같이 깨버리신 것입니다. 그 분이 코코넛 물과 같이 흘린 피는 하나님의 진노를 달래기 위함이 아니라 죄인에 대한 하나님의 사랑을 보여주기 위해서입니다. 예수님은 십자가에 죽으셨지만 사흘 만에 육체로 부활하심으로 죽음과 마귀의 세력을 파하는 하나님의 전능하심을 나타내셨습니다. 이 예수 스와미가 지금도 그의 영으로 우리와 늘 함께 하십니다. 우리가 어떤 문제를 갖고 있던 그 문제를 들고 나오면 그를 통해 우리를 만나 주기를 원하십니다. 이 예수님을 통해 목샤의 체험, 죄사함과 평화의 체험을 하시기를 빕니다.

예수님의 관점으로 아래의 만트라를 읽어보시고 묵상하시며 하

---

76 Satcitananda 이는 힌두의 삼위일체 신명.

나님께 기도드리기를 바랍니다. "나를 미몽에서 진리로 이끄시며, 어두움에서 빛으로 인도하소서. 또한 죽음에서 영원한 생명으로 이끌어 주소서. 평화, 평화, 평화(브리하다라니야카 우빠니샤드 1.3.28.)."

토의할 점

1. 이 복음편지에서 예수님이 유일한 길과 구원자라는 것을 밝히기보다 힌두의 신을 찾고자 하는 갈망, 그리고 힌두 경전의 이상을 실현하는 분으로서 예수님을 강조하는 이유가 무엇이라고 보는가? 상층 카스트 배경의 힌두들의 간증, 그리고 라다끄리슈난과 간디의 말을 인용한 이유는 무엇이라고 보는가?

2. 힌두의 용어를 많이 사용한 이유는 무엇일까? 공동체 정체성과 문화(사마즈 다르마)는 바꾸지 말고 마음의 변화만을 권면한 이유에 대해서 토의해 보라. 이 편지에서 인용하는 성경 구절들은 어떤 점에서 힌두들에게도 호소력 있게 들릴 수 있을지 말해 보라.

Protection and peace be upon you in this tough season of corona-virus. Please bear with me just for a few minutes. Though this letter may be seen blurry to you at first, as if it is covered by a mask, this letter can lead you to God. While you read this letter carefully, I hope that a mask will be taken away, and you will meet the Sadhguru.

Ramakrishna said, "People grieve and shed potful tears at the death of their wives and sons, and behave in the same way for the sake of money or property. But, who does so because he cannot realize God." However, unlike them, you might have already experienced your God in temples, mosques, guruduwara, and your home puja. The problem is, however, most people have not achieved God—realization and moksha—experience in real life. Hence, one day a shishya raised a question to his guru, "How many self—realized people are there?" The guru answered, "That is impossible to say. It is because they don't have outward distinguishing marks!" It is true what is realized inside of man is hardly noticeable, just as the wind is not seen. Nonetheless, the wind certainly produces effects that can be seen and felt. In the same manner the effects of self—realized persons can be seen and felt through their transformed personality and life.

A well—known intellectual P. Sudhakar testified his spiritual experience, "I was born of devoted Hindu parents. However, when I was a child, the death of my father left a deep void in my life. I turned to religion to know the meaning of life and death. I endeavored to live in accordance with the teachings of Hindi scriptures, namely the Vedas, the Upanishads, and the Gita. While studying the philosophy of Radhakrishna in the University, as it so happens, I first came to know of Yeshu swami, the great teacher, who in His person fulfills the qualifications of the great Guru, the teacher of the Upanishads.

"In my part of the country, I had negative preconceptions about Yeshu Dharma who has been well known as the lower Castes' religion and Western religion. Nevertheless, I had a strong desire to know who Yeshu is because Yeshu Bhaktas have believed in him for nineteen hundred years, and many people have worshipped him as their Lord.

"I began reading the Gospel of Matthew, the first book of the New Testament. While reading the genealogy of Yeshu swami slowly, suddenly I came to realize that the words of Yeshu are historical revelations, different from allegory, legend, and myths. I could find the Hinduism's three paths to God such as jnana(knowledge), bhakti(devotion), and karma(action) in the teachings of Yeshu. While I meditated, the voice from heaven onto Yeshu said, 'This is my Son, the Beloved, with whom I am well pleased.' I realized myself sinful, though until then I thought I had lived a pure and normal life according to the light of Hinduism. Slowly the realization came to me that Yeshu swami came from God and became a human. He is the mediator between God and men.

"Since I realized this truth, I had fallen into a big mental conflict, as I was not ready to accept the truth. I did not want to be with the lower caste people like other Yeshu bhaktas, or belong in Western religion. After two months, however, in the desperation of my soul, I heard a voice speaking to me, 'Flesh and blood will not reveal myself to you, but only my Father will.' I surrendered to Yeshu swami, and I yielded my thoughts and will to God. I became a different person that night. Peace and joy flooded into my soul." (Some words and sentences were altered to condense contents without changing the thought)

Narayan V. Tilak, a well-known poet from Chitpavan brahmin family, also confessed that he had found the answer to the hardest questions in Hindu philosophy in the Gospel of Matthew. "I was most astonished to see problems like that of samsara (re-birth) fully resolved, and filled with desire for more knowledge of Yeshu swami. I read eagerly on to the end of the Bible. One day I got and read the book, *The Character of Jesus*. After reading it, my hunger for Yeshu swami grew. I studied the Bible with other Yeshu Bhaktas. I was awoken to find that Yeshu is the Sadhguru India needs desperately because He fully satisfies the hunger of souls in His grace."

Gandiji commented, "I shall tell the Hindus, 'Your lives will be incomplete unless you reverently study the teachings of Yeshu.'" This letter introduces Yeshu swami briefly.

1. As Yeshu swami came from God, He is the way to God

If human's utmost aim is Moksha and to live in God eternally, only someone who came from God would know the way to God: the eternally pre—existent Son of God who stepped into human history to bring God's saving love to us. (John 1:2—11) One of the biggest festivals of mankind is Yeshu Jayanti which is the day we celebrate the birth of Jesus Christ. Did you know that your birthday is the date of the year, starting on the day Yeshu swami was born on Earth? This is God's providence which reminds us of the significance of this amazing event.

Yeshu swami said: "I was with the Father (God) before the world existed (John 17:5). If anyone acknowledges that Yeshu is the Son of God, God lives in him and he in God (1John4:15). Yeshu swami leads you to God and makes you enjoy the close fellowship with the Satcitanand forever and ever, whether you live in this life or in the afterlife.

2. He showed the visible proof so that you can believe in Him

As He had done great works that no one else had in human history, He showed a visible proof that He came from God(John 15:24).

By His miracles and teachings, He makes known who He is. Just to name a few: He said, "I am the resurrection and the life" when He resuscitated a dead man whose body was decaying in a tomb(John 11). He said, "I am the bread of life: he who comes to me will not hunger nor thirst"(John 6). He declared, "I am the light of the world" as He healed a man born blind (John 9). He manifested that He is the true doctor through the healing of a demon—possessed man and the healing of sick people(Mark 5). People were amazingly astonished at His plain teachings about the Kingdom of Heaven. You can read all His works and teachings in the first four Gospels of the New Testament.

3. He is the Lord of Peace who liberates you from sins, death, the fear of samsara, and the domination of demon

Yeshu swami died on the cross not because of his own sin but of his sacrifice like a broken coconut on behalf of the mankind. He said to His disciples at a last supper, "My blood would pour out for many for the forgiveness of sins" (Matt 26:28). His blood is not meant to calm down the wrath of God, but to reveal the immeasurable love of God for the sinners. Like the Ganges River his holy blood wash out all sins and transgressions of the people who believe in Him. His cross is a bridge of peace between the holy God in Heaven and sinful human beings on earth.

Three days after He was buried, Yeshu swami was resurrected. He destroyed the power of death. It is the declaration of liberation from fatalism, karma, death, the fear of samsara follows after-life, and the domination of demon for the people who believe in him. Yeshu swami said, "You will know the truth, and the truth will set you free (John 8:32). My peace I give to you; not as world gives do I give to you. Let not your heart be troubled, neither let it be afraid (John 14:27). He ascended to Heaven as the disciples were watching. According to His promise, He sent the Holy Spirit to Earth. The Holy Spirit resides in believers' hearts and gives an experience of liberation (Moksha). The Holy Spirit encourages and guides them on earth.

Now, please recite and meditate this great Mantra in the light of
Yeshu swami.

The Pavamana Mantra

Om, from illusion lead me to truth;

From darkness lead me to the light;

From death lead me to immortality.

Om peace peace peace

(Bṛhadāraṇyaka Upaniṣad 1.3.28.)

Prayer

Yeshu swami, please open my eyes to the truth. Teach me who You are. I humbly invite You into my heart as the Sadhguru and my Ishta Devata. Please wash out all my sins and transgressions with Your holy blood that You shed on the cross. Set me free from false-hood, fear, and death. Lead and guide me to the light and eternal life in God. Amen.

참고문헌

I. 국문

김경학. 『인도문화와 카스트 구조』. 광주: 전남대학교 출판부, 2001.

김경학, 이광수. 『인도의 두 어머니 암소와 갠지스』 부산: 산지니, 2006.

진기영. "인도 오릿사 기독교인 박해와 향후 선교적 과제-2008년 사건을 중심으로." 『선교 신학』. 20집 1권, 2009.

_____. "한국 교회의 인도선교 패러다임 전환". 『선교신학』 23집 1권, 2010.

_____. "1910년 에딘버러 선교대회 신학의 재발견." 『선교신학』. 23집, 2010.

_____. 인도 박띠 신앙에 대한 개혁주의 선교적 접근. 『선교신학』. 26집 1권. 2011.

_____. "총체적 선교의 관점에서 보는 윌리암 캐리의 인도선교 평가." 임희모 교수 정년퇴임 준비위원회 편. 『생명봉사적 통전 선교 이해와 전망』. 서울: 도서출판 케노시스, 2015.

_____. 『인도 선교의 이해』. 서울: CLC, 2015.

_____. "시바파 힌두교에 대한 선교사 메시지 모델." 『한국선교계간(KMQ)』. 14권 3집. 봄호, 2015.

_____. "힌두선교와 예수 박타 모델." 『복음과 선교』. 32권 2015.

_____. 『인도 선교의 이해(II): 인도문화에 적합한 선교 방식의 탐구』. 서울: CLC, 2016.

『서양식 선교 방식의 종말: 타문화권 선교의 장벽, 윌리암 캐리의 선교에 대한 비판적 연구』. 서울: CLC, 2018.

홍성국. 『수축사회』. 서울: 메디치미디어, 2018.

II. 영문

Aghamkar, Y. Atul. *Insights into Openness: Encouraging Urban Mission.* Bangalore: SAIACS Press, 2000.

Alphonse, Martin. *The Gospel for the Hindus: A Study in Contextual Communication.* Chennai: Mission Educational Books, 2001.

Appasamy, A. J. *Temple Bells: Readings from Hindu Religious Literature.* Calcutta:

Association Press. Calcutta: Association Press, 1931.

Banerjea, Krishna Mohan. *The Arian Witness.* Calcutta: Thacker, Spink and Co., 1875.

Bavinck, J. H. *The Church Between Temple and Mosque: A Study of the Relationship Between the Christian Faith and Other Religions.* 1983.

Bharati, Dayanand. *Living Water and Indian Bowl: An Analysis of Christian Failings in Communicating Christ to Hindus.* Delhi: ISPCK, 1997. *Understanding Hinduism.* New Delhi: Munshiram Manoharial Publisher, 2005.

Bilimoria, Purushottama. ed. *Indian Ethics.* Burlington: Ashgate Publishing Company, 2007.

Boyd, Robin H. S. *An Introduction to Indian Christian Theology.* 2nd ed. Madras: CLS, 1975.

Cantegreil, Mathieu. ed. *Revealing Indian Philanthropy.* London: Alliance Publishing Trust, 2013.

Carman, John B. *Village Christians and Hindu Culture.* Delhi: ISPCK, 2009.

Chakkarai, V. *Jesus the Avatar.* Madras: CLS. 1932.

Doniger, Wendy. *The Hindus An Alternative History.* New Delhi: Speaking Tiger Publishing, 2015.

Duerksen, Darren. "Ecclesial Identities of Socioreligious 'Insiders': A Case Study of Fellowships among Hindu and Sihk Communities." *International Bulletin of Missionary Research.* Vol. 37. No.2, April 2013.

Ed, Viswanathan. *Am I A Hindu? The Hinduism Primer.* San Francisco: Rupra Co. 1999.

Farquhar, J. N. *The Crown of Hinduism.* London: Oxford Univ. Press, 1913.

Firth, C. B. *An Introduction to Indian Church History.* Delhi: ISPCK, 2001.

Fowlkes, Dane W. *Developing A Church Planting Movement in India.* Unpublished Ph.DThesis. University of the Free State. 2004.

Frykenberg, Robert E. *Christianity in India from Beginnings to the Present.* Oxford: Oxford University Press, 2008.

Gould, Harold. "The Hindu Jajmani System: A Case of Economic Particularism." *Journal of Anthropological Research*, 42(3), 1986.

Gupta, Dipankar. ed. *Caste in Question: Identity or Hierarchy?* New Delhi: Sage Publications, 2004.

Hale, Chris. "Reclaiming the Bhajan." *Mission Frontiers.* June 2001.

Hambye, E. R. *History of Christianity in India Vol. III Eighteenth Century.* Bangalore: The Church History Association of India, 1997.

Hedges, Paul. *Preparation and Fulfilment: A History and Study of fulfillment*

Theology in Modern British Thought in the Indian Context. Oxford: Peter Lang, 2001.

Hiltebeitel, Alf. *Dharma: Its Early History in Law, Religion, and Narrative.* New York: Oxford University Press, 2011.

Hoefer, Herbert E. *Churchless Christianity.* Madras: APATS, 1991.

Hrangkhuma, F. & Kim, C. H. Sebastian. *The Church in India: Its Mission Tomorrow.* Delhi: CMS/ISPCK, 1996.

Jorgensen, Jonas Adelin. "Jesus Imandars and Christ Bhaktas: Report from Two Field Studies of Interreligious Hermeneutics and Identity in Globalized Christianity." *International Bulletin of Missionary Research.* Vol. 33, No.4 Oct. 2009.

Klostermaier, K. Klaus. *Hinduism: A Short Introduction.* Oxford: Oneworld Publications, 1996.

Kolamkuzhyyil, Thomas Matthew. *The Concept of Sacrifice in Christianity and in Hinduism A omparative Study.* Ph. D. Thesis of the University of Lucherne, 2016.

Krishna, Raghav. "From Krishna Bhakti to Christianity to Krista Bhakti". *International Society for Frontier Missiology.* September 15-17, 2007.

Laing, Mark. "Mission by Education: An Examination of Alexander Duff's Missiology and It Outcome." *Banglaore Theological Forum.* Vol. XXXIV. No. 2. Bangalore: United Theological College, 2002.

Laurance, Robin. *Coconut: How the Shy Fruit Shaped Our World.* Gloucestershire: The History Press, 2019.

Lipner, Julius. *Hindus: Their Religious Beliefs and Practices.* London: Routledge, 1994. "Rise of Hinduism; or How to Invent A World Religion with Only Moderate Success". Hindu Studies. 10, 2006.

Mahadevan, T. M. P. *Outlines of Hinduism.* Mumbai: Chetana Pvt Ltd. 2009.

Mangalwadi, Vishal. *The World of Gurus.* Mumbai: GLS Press, 2009. *Why Are We Backward? Exploring the Roots Exploding the Myths Embracing True Hope.* New Delhi: Forward Press, 2013.

Nagar, S. Lal trans. *Shiva Mahapurana.* Delhi: Parimal Publications, 2007.

Olivelle, Patrick. "Caste and Purity: A Study in the Language of Dharma Literature." *Contributions to Indian Sociology.* (NS) 32. 1986.

O'Malley, Lewis S. S. *Popular Hinduism: The Religion of the Masses.* Cambridge: Cambridge University Press, 1935.

Omvedt, Gail. "Caste and Hinduism". *Economic and Political Weekly.* Vol. 38, No. 47. 2003.

Pandit, Bansi. *Explore Hinduism.* Wymeswold: Heart of Albion Press, 2005.

Parrinder, Geoffrey. *Avatar and Incarnation: The Divine in Human Form in the World Religions*. Oxford: Oneworld Publications. 1997.

Pathil, Kuncheria. ed. *Missionary India Today: The Task of St. Thomas Christians*. Bangalore: Dharmaram Publications, 1986.

Peterson, Brian K. "The Possibility of a 'Hindu Christ-Follower': Hans Staffner's Proposal for the Dual Identity of Disciples of Christ within High Caste Hindu Communities." *International Journal of Frontier Missiology*. 24:2 Summer 2007.

Prabhavananda, Swami. *Srimad Bhagavatam The Wisdom of God*. Mylapore: Sri Ramakrishna Math, 2004.

Radhakrishnan, S. *The Hindu View of Life*. London: Unwin Books, 1971.

Raj, Ebe Sunder. *The Confusion Called Conversion*. New Delhi: TRACI Publications, 1988.

Richard, H. L. *Christ-Bhakti: Narayan Vaman Tilak and Christian Work among Hindus*. Delhi: ISPCK, 1991. *Das: Evangelical Prophet for Contextual Christianity*. Delhi: CISRS, 1995. "A Survey of Protestant Evangelistic Efforts among High Caste Hindus in the Twentieth Century." *Missiology: An International Review*. Vol. XXV. No. 4, October, 1997. "Evangelical Approaches to Hindus." *Missiology*. Vol. XXIX No. 3, July, 2001. *The Christian Society for The Study of Hinduism, 1940-1956: Interreligious Engagement in Mid-Twentieth Century India*. Unpublished Ph.D Thesis of University of South Africa, 2011.

Robinson, C. H. ed. *The Attitude of Educated Hindus towards Christianity in the East and the West*. Vol. III, 1905.

Robinson, Rowena. *Christians of India*, New Delhi: Sage Publications, 2003.

Robinson, William. "How Shall We Preach to the Hindus?" *The Harvest Field*. Vol. VII. No. 9, March 1887.

Robson, John. *Hinduism and Its Relation to Christianity*. Edinburgh: William Oliphant and Co., 1874.

Rowlands, Helen. Chose, Hridesh R. comp. *Sermons and Sayings of Sadhu Sundar Singh During His Visit to the Khasi Hills Assam, March 1924*. Delhi: ISPC K. 1990.

Sarma, D. S. *Hinduism through the Ages* Bombay: Bharatiya Vidya Bhavan, 1973.

Sauliere, A. *His Star in the East*. Madras: De Nobili Research Institute. 1995.

Schreiner, Susan E. *The Theater of His Glory: Nature and the Natural Order in the Thought of John Calvin*. Durham, North Carolina: The

Labyrinth Press. 1991.

Sen, K. M. *Hinduism,* Middlesex: Penguine Books, 1961.

Shah Ghanshyam. ed. *Caste and Democratic Politics in India.* Delhi: Permanent Black, 2002.

Sharma, Arvind. *Hinduism and Its Sense of History.* New Delhi: Oxford University Press, 2003.

Slater, T. E. "How shall we preach to the Hindus? A Symposium." *Harvest Field* Vol. VII. No9. March 1887. "A Remarkable Contrast between the Bible and the Vedas." *Harvest Field,* December 1892. *The Higher Hinduism in Relation to Christianity: Certain Aspects of Hindu Thought from the Christian Standpoint.* London: Eliot Stock, 1901. "How to Reach the Educated Hindus Apart from the Higher Education in College." *Harvest Field.* XIV, 1903. "The Contribution of the Church in India to the World's Interpretation of Christ." Harvest Field, Vol. XXX, No. 3, March 1910.

Smet, R. De. and Neuner, J. *Religious Hinduism.* Bangalore: St. Pauls, 1997.

Smith, A. Christopher. *The Serampore Mission Enterprise.* Bangalore: Centre for Contemporary Christianity, 2006.

Sontheimer, Gunther-Dietz ed., *Hinduism Reconsidered.* New Delhi: Manohar Publishers, 1997.

South Indian Missionary Conference. *Proceedings of the South Indian Missionary Conference.* Madras: The Society for Promoting Christian Knowledge, 1858.

Stanley, Brian. *The World Missionary Conference, Edinburgh 1910* Cambridge: William B. Eerdmans Publishing Company, 2009.

Streeter, B. H. Appasamy, A. J. *The Sadhu: A Study in Mysticism and Practical Religion.* London: Macmillan Co. 1921.

Subbamma, B. V. "Smoothing the Paths: A Caste Hindu Tells Her Story." *Mission Frontiers.* January 2001 Special Issue.

Sudhakar, Paul. *Proclaiming Christ in India Today.* Madras: The Christian Literature Society, 1971.

Sunand, Sumithra. *Christian Theologies from an Indian Perspective.* Bangalore: Theological Book Trust, 1995.

Sylvester, Jerome. *Khristbhakta Movement: Hermeneutics of a Religio-Cultural Phenomenon.* Dehli: ISPCK, 2013.

Tagare, Ganesh Vasudeo. *The Bhagavata-Purana,* Vol. 7. Delhi: Motilal Banarsidass Publishers, 1976. trans. *Ancient Indian Tradition and Mythology.* Delhi: Motilal Banarsidass, Year Unknown.

Tandon, Nirmala. *Contemporary Indian Ethics*. Mumbai: English Edition, 2003.

Tennent, Timothy. *Christianity at the Religious Roundtable: Evangelicalism in Conversation with Hinduism, Buddhism, and Islam*. Grand Rapids: Baker Academic, 2002.

Unnikrishna, C. "Shiva Worship Not a Religious Act: Income Tax Tribunal Says." *The Times of India*. March 16th, 2013.

Vandana, *Gurus, Ashrams and Christians*. Delhi: ISPCK, 2004.

Varma, Pavan K. Being *Indian: Inside the Real India*. New Delhi: Penguin Books India, 2004.

Vemsani, Lavanya. *Krishan in History, Thought and Culture*. Santa Barbara: ABC CLIO, 2016.

Vivekananda, Swami. *Hinduism*. Chennai: Sri Ramakrishna Math, 2004.

World Missionary Conference. *Edinburgh 1910. Report No. IV: "The Missionary Message in Relation to Non-Christian Religions."* Edinburgh: Oliphant, Anderson, and Ferrier. 1910.

Zaehner, R. C. trans. *Hindu Scriptures*. Calcutta: Rupa, 1967.